劉必榮
談判精華課

33 年經驗集大成，
上過這堂課，視野、思維無限寬廣

劉必榮 —— 著

目次
CONTENTS

第 4 章 ─────────

談判桌上的拆招戰術
當對方先出牌，如何見招拆招？

第 7 章 ————————

談判的五大架構
權力、議題、成員、陣營、實質，相互影響   315

前言
什麼是談判？

　　談判是一門很讓人著迷的學問。它是智慧，是藝術，是兵家，也是道家。

　　一九八九年，我出版了第一本談判書，隨著時代的變化，之後又出版了文字的、有聲的、影音的等多本談判書籍與課程包。其中一本在北京出版的談判書被德國弗萊堡大學一個博士生翻譯成德文，還寫了一本博士論文，另外兩本（一本台灣出的、一本中國大陸出的）被翻譯成韓文在首爾出版。即便如此，我仍然覺得還有很多東西沒學完，還有很多新的想法與心得，在教學相長的過程中冒出來，所以一直有著要再寫一本談判書的想法。尤其多年下來，過去寫的書有些已經絕版，更需要一本總其成的書，把我這幾十年的想法做一個整理，因此才有了你手上這本書。

　　談判是一門歷久彌新的學問，這從多年來，書市上一直有新的談判書出版便可見其一斑。不管從事什麼行業，不管你是在職場，還是在家庭，只要有不同的意見，就可能需要談判協商。可以說，談判已經成了現代人必備的基本知識和能力。

　　可是，究竟什麼是談判？

　　四十年前，我到美國初學談判，我的老師札特曼（I. William Zartman）教授主張，談判是一個共同決策的過程，我很同意這句

話。有的學者認為，談判是一個學習的過程，我在書裡也引用了
這個概念，但是本質上，我覺得談判還是共同決策的成分多一點。

　　共同決策的過程有三個部分：首先，它是「過程」，所以談
判是連續體，前面談判的結果，會影響到後面談判的進展；第二，
它是「決策」，所以不是打仗，而是一種解決問題的方法，甚至
是一種思維方式；第三，它是「共同」，所以一個人決定的不算
談判，兩個人以上決定的才算。所以最好大家都學一點談判，才
能用同樣的語言溝通。

談判與溝通

　　談判跟溝通有什麼不同？這也是大家常問的問題。

　　有學者說，談判也是溝通的一種形式，這我不同意，因為這
樣溝通的範圍就變得太大了。我認為，溝通是談判的基本動作，
會談判的人一定會溝通，但光會溝通，不等於會談判。差別在
於，談判還多了戰略布局，而溝通比較單純。就好像會打籃球的
人一定會運球上籃，但光會運球上籃，不等於會打籃球，是一樣
的道理。談判時，我們有時會迂迴前進、聲東擊西，但你看過溝
通講幾句話，需要迂迴前進、聲東擊西嗎？

　　雖然談判和溝通不同，但良好的溝通技巧有助於談判進展，
這也是不爭的事實。溝通有助於談判，主要展現在三個地方：

　　首先，良好的溝通，可以避免談判變得情緒化。如果談判
者在言詞上不知自我克制，碰到原本就相當緊繃的案子時，雙方

情緒很可能會在談判過程中持續攀升，當民族大義、祖宗八代清白、個人死生榮辱等抽象議題也被帶上談判桌，談判就越來越難解了，這種狀況都要靠良好的溝通技巧來避開。

其次，談判前或下桌後的溝通，可以讓我們進一步了解對方真正的需要，知道對方正在煩惱什麼、遭遇到什麼問題，幫助我們找到更多可以交換利益的空間。

第三，經由溝通過程中的資訊交換，我們可以更清楚雙方的強弱態勢。談判有一個特性，叫「不完美的資訊」。沒有人有把握能夠百分之百的知彼知己，我們都僅擁有部分資訊，所以在談判過程中，彼此再交換資訊，我們釋放一點訊息給對方，也從他那邊接收一點訊息，一來一往之間，究竟誰比較強、誰籌碼比較少，一個相對權力的圖像便逐漸浮現。這個圖像會比單純溝通得到的資訊更貼近現實，也可能改變我們的談判行為或談判底線。

所以溝通不是談判，但有助於談判。有一派談判學者主張，談判首重表達，沒有良好的論述與邏輯觀念，怎麼可能說服對方或駁倒對方？另一派學者反對，認為談判就是權力的展現，弱者碰到強者，根本沒有談判的空間，會不會講話不重要，重要的是有談判的籌碼。這兩派就好像光譜的兩極，但中間還有折衷的第三派。

這一派認為，權力確實很重要，但權力有時是我們透過交換資訊，改變對方對相對權力的認知而來。這就是前面講的，我原來認為自己很強，但交換資訊一陣子之後，發現自己其實沒有原想的那麼強。所以權力很重要沒錯，但談判者對權力的認知是經

由溝通過程而來。這一折衷派主張，談判是以溝通為基礎的途徑。

　　談到溝通，可以再補充幾點。通常初學者都是先學「溝通技巧」：如何把我的訊息表達清楚，讓對方聽得懂，並且保證他接收到的和我想傳達的中間沒有落差。常常我們想傳達的是價值，但對方聽在耳裡就只剩下價格，這就是落差。

　　溝通技巧講的是 what，想講的話全講出來，跟吃火鍋一樣，所有材料一次下鍋，沒有時間差。

　　高一層次是「溝通藝術」，這就加上時間的層次了。談判者要學會克制，知道什麼時候講什麼話，有些話要先扣在手上，下次再說。這就像吃法國菜，重點在創造出層次感的 when。

　　最高層次是「溝通智慧」，你要決定什麼話可以說、什麼話不能說，讓它爛死在自己肚子裡就好。選擇說什麼是一種「留白」的功夫，就像吃懷石料理，享受那一種「空」。

　　從吃火鍋的 what，到吃法國菜的 when，到吃懷石料理的「空」，由溝通技巧到溝通藝術，再到溝通智慧，也是一種進化與沉澱。

談判與辯論

　　另一個談判初學者最常問的問題是：談判跟辯論有什麼不一樣？

　　談判和辯論是不一樣的，辯論是要封對方的口，談判是要贏得他的心。辯論時，我們是用耳朵聽對方講話；談判時，我們是

用嘴巴聽。用耳朵聽比較被動，用嘴巴聽，則是我們先講話，引導對方回答，讓對方越答越多，我們才進得到對方心裡。

　　但是和溝通之於談判的關係一樣，即便辯論與談判不同，會辯論的人還是有一個長處，可以幫助他談好一個案子，那就是邏輯。辯論的訓練，常讓我們有很強的邏輯。有些人談判的邏輯是有問題的，他可能是故意移花接木，也可能他自己都搞不清楚。初聽他講話我們就覺得怪怪的，但一時之間又說不出怪在哪裡，遇到這種情況，我都建議先叫停，好好把對方的論述梳理一下，看看有沒有邏輯的謬誤。常常停下來想一下，對方論述的問題就出現了。

實踐，才能真正學到談判的精髓

　　談判也有「談分」和「談合」兩種。談分是指分大餅，也就是談判理論所說的「分配型談判」。談合，則是雙方共同成就一個新的現實，比如合夥做生意，這在理論上叫「整合型談判」。

　　分配型談判是離開衝突的舊關係，整合型談判則是進入合作的新關係。離婚、分家產或單純的買賣，都是分配型談判；結婚、合夥做生意，則是整合型談判。兩種談判的基本動作都差不多，真正不同的是解題的思維。整合型談判要「求同」，這樣才有合作的動機；分配型談判則在「求異」，你要的剛好是我不要的，這樣才能交換。這本書裡教的談判技巧，用在分配或整合都可以。

　　談判的內容也很多樣，採購或業務談數字，法務談文字，其

他人可能談事，也可能談人。談判的內容或許不同，但基本技巧都是一樣的，所以不管你在公司裡是第一線還是第二線人員，只要你需要談判，書裡面的技巧都用得上。

最後談一下談判的英文。談判兩個字，英文用 negotiation 或 bargaining 都可以，當然，嚴格來講有一點不同，negotiation 多用在衝突解決，bargaining 則多用在買賣上的議價，但很多學者都是混用，兩者都可以翻譯成談判。也不一定非要把 bargaining 翻譯成狹義的「議價」不可，很多時候，bargaining 講的是「討價還價」，「討價還價」和「議價」是不一樣的。

為什麼會提出這個問題？一九九一年時，有一次我在經濟部上 GATT 班的談判課（那時 WTO 都還沒成立，可見有多早），一位官員跟我說，在跟美國進行貿易諮商談判時，他提出了一些要求，美國代表說：「我是來跟你們做 consultation 的，你要跟我做 negotiation 嗎？」他趕緊回答：「不不，就 consultation。」便撤回了要求。事後他覺得怪怪的，問我 consultation 和 negotiation 有什麼不同，我跟他說，他是被美國代表唬住了，兩者是一樣的，就算是 consultation，他還是可以提出要求。

就像中文，如果跟對方說我們來談判，可能會讓對方太緊張或太有戒心，你可以跟他說有事想商量一下或雙方研究一下，你也是在談判，但避開了談判這兩個字。就像前面講的，negotiation 是談判，bargaining 也是談判，武器管制談判叫 arms talks，世界上貧窮國家（即所謂的南方國家）和富有國家（北方國家）談判

叫 north-south dialogue，南北對話。這些不同的詞都是指談判，怎麼說都可以，只要大家覺得自在，能夠解決問題，不必陷入文字障礙裡面。

　　介紹完基本概念後，我們將正式進入談判的殿堂。我們將從談判發生的三個條件說起，然後介紹談判的五大元素：事、人、力、時、情。待大家上桌，接著討論出牌、拆招、控制節奏與收尾戰術，最後介紹沃爾（James Wall, Jr.）的談判戰術魚骨圖，再以談判的五大結構收尾。

　　我會介紹很多案例，有些是上課的標準案例，目的是為某個理論作注解，有些是同學跟我分享的案例，為的是帶大家深入思考談判的邏輯與原理原則。你不必急著把這本書看完，你可以一邊看，一邊想，把自己的經驗套進去看看。不是書裡的每一個戰術都能用在每一個案子，你可以挑著用，並記下哪一類型的案子用書裡的哪一個戰術最有效。下一次換另一類型的談判，就再挑另一種戰術，或是把書裡介紹的原則做一些修正，使之適合你遇到的狀況，並記下筆記。唯有如此，才能真正學到談判的精髓。

　　準備好了嗎？那我們開始了。

第 1 章

談判爲什麼會發生？

談判，才有雙贏的機會

談判發生的三個條件：

一、創造一個無法容忍的僵局；

二、雙方都體認，光靠一己之力，無法解決此一僵局；

三、雙方都認爲，透過談判解決問題是可行、可欲的。

　　所有談判要發生，都必須有一個動力，逼著雙方願意坐下來談。這就是談判學者所講的，必須有一個「僵局」，這個僵局是當事人所無法容忍的，或是會痛的，這樣才可能把大家推上談判桌。

　　光是我一人感受到僵局還不夠，那只是我的問題，一定要把我的問題變成大家共同的問題，談判才有可能發生。記得，**談判的目的是為解決僵局，但是在解決僵局之前，你得先創造僵局，維持僵局。**

　　有了這個基本概念在心裡，才能開始審視談判的局：假設今天的情勢是甲大乙小，乙想談，甲會不會跟乙談？正常情況下不會。當甲可以掌控全局的時候，他為什麼要談判？當談判桌上的東西他可以全拿的時候，他為什麼要談判，要分乙一點？

　　甲不談判，不代表不會給乙，他可能還是會給乙，但給多少是他決定的，不是乙應得的，這時的談判只有談判的形，沒有談判的實。我們在前言講過，兩個人共同決定的才叫談判，一個人單獨決定的不算。

　　綜合不同談判學者的看法，我們可以整理出談判的四個要件：

　　第一，**必須有動機**，包括向對方提出要求，或者希望達成什麼利益。僵局，就是為談判提供動機。雙方如果沒有動機，只是喊喊話，嚴格來說不能算談判。

　　第二，**必須有當事者**。不管是幾方或幾邊、幾造在談判，總要有誰代表某一方利益，坐下來談。朝核問題的六方會談，就有

六方（中、美、韓、朝、日、俄）坐下來談。如果政府要跟街頭的反對運動進行對話，但反對運動沒有一個組織，只是透過網路集結而來的示威群眾，沒有組織、沒有綱領、沒有領導，這樣的談判是很難進行的。

第三，**必須有一個結果**。不管談判有沒談成，都有一個結果。談判的結果是三重的選擇：一是接受對方最後開出來的條件，達成協議；二是破局下桌；三是繼續談判，只要談判者認爲繼續談判的成本不會大於談判最終帶來的效益，他就可能繼續談判。

第四，**必須雙方（假設是雙邊談判）都有移動立場**。經由談判，雙方都離開了原來了立場，往對方的方向移動，最後達到一個聚合點（如果有達成協議的話）。雙方移動的幅度未必相同，弱勢方會移動得多一點，最後的聚合點離他的起始點遠一點，強勢方會移動得少一點，最後的聚合點也會離他的起始點近一點，但總是雙方都有移動。如果一方不動，另一方完全放棄立場靠過來，那就不叫談判，而是投降。這就是爲什麼我們說一個人決定的不叫談判，兩個人共同決定的才算。

如何讓對方上桌跟你談？

但是有沒有例外，讓強者願意跟弱者談判，甚至做出讓步？有，我們大概可以整理出至少三種例外：

　　第一個例外是**借力議事規則**。這在國會裡看得尤其清楚，二
〇二一年，以色列政局的戲劇性發展剛好為這種情形作了最佳注
解。二〇二一年五月三十日，以色列政局變天，反對陣營組成八
黨聯合政府，扳倒了執政十二年的總理納坦亞胡。

　　以色列政局長期不安，兩年舉行四次大選都無法組成擁有國
會過半席次的政府，只有讓弊案纏身的納坦亞胡政府一路看守下
去。終於在二〇二一年五月，中間派的未來黨黨魁拉皮德聯合了
幾個小黨，逼近國會席次的一半，這是他最有機會打敗納坦亞胡
的機會，所以勢在必得。

　　於是他找了右傾黨黨魁班奈特談判。右傾黨的席次只有七
席，比未來黨少，可是它卻擁有兩個籌碼：一是，它是右派政黨，
一旦加入聯合政府，聯合政府的政治光譜就從左派跨到右派，還
包括了阿拉伯裔的以色列政黨，讓聯合政府看起來更有團結全民
力量拉下納坦亞胡的正當性。另一是，班奈特當過納坦亞胡內閣
的部長，他要是能加入聯合政府，對納坦亞胡無疑是重大打擊。

　　所以，只有七席的小黨黨魁班奈特獅子大開口，表示要他入
夥，只有一個條件：他要當總理！未來黨要是不答應就算了。

　　因為最想拜相組閣的是未來黨黨魁拉皮德，不是班奈特，這
是拉皮德最接近拜相門檻的一次，要是談判破局，拉皮德損失最
大。不過班奈特也沒整碗端去，表示他只擔任一半任期，任期過
半後，就把總理位子讓給拉皮德，這樣剛好接下去布局大選連任。

　　談判一個亙古不變的原則是：「誰想要誰輸」。拉皮德想
打敗納坦亞胡，只好同意讓班奈特先當總理，他暫時擔任外交部

長。小黨黨魁班奈特之所以敢獅子大開口，靠的就是在選舉制度與議事規則上借力使力。

　　甲大乙小，甲還願意跟乙談的第二個例外，是**甲拿乙作秀**。甲拿乙當樣板，為的是吸引丙進來跟甲談，這才是甲的目的。如果我是乙，甲是否拿我作秀我不管，但如果知道他拿我當樣板，只要我要的東西不過分，應該都要得到。過了這個時機，當丙坐下來了，或甲放棄吸引丙了，我可能就要不到原來要得到的東西了，所以談判出牌的時機非常重要。

　　第三個讓甲願意跟乙談的原因，是**甲喜歡乙**。這不一定是人與人之間，國家與國家之間也是一樣。比如甲是大國，乙、丙是兩個小國。乙、丙都沒有能力賞甲，也沒有能力罰甲，但乙的制度、價值觀都和甲相近，在其他條件相同的情況下，甲雖然可以不必理會乙、丙的要求，但仍可能願意與乙互動，而不是跟丙。

　　研究談判心理學的學者發現，如果我們喜歡一個人，通常也比較容易接受他的意見。假設我經常在演講活動上看見一個熟悉的面孔，只要是同類主題，比如環保或音樂，他都會出現，顯示他跟我有同樣的嗜好或關切，雖然沒正式講過話，但點頭之餘，總有點惺惺相惜的默契。某天我去一家公司談一個案子，發現主談者居然就是這個人，他看到我也有點高興，可以想見，這場談判應當比完全陌生的兩個人之間要好談一點。

　　要人家喜歡或不討厭我們，從低到高，可以有三個層次的做法：

　　第一層是**國際禮儀**。國際禮儀不是出國才要學，平常都碰得到的，包括乘車或用餐的席次安排、行進的禮儀，都是進入職場一定要會的基本素養。

　　往上一點，第二層是**國際文化的敏感度**。要勇闖世界，一定要有國際文化的敏感度。

　　一九八〇年，我剛到美國念書時，班上一個同學是來自紐約的猶太人，在台灣住過三年，中文講得非常流利。聖誕節快到的前幾天，他很生氣的拿著一張聖誕卡片跟我說：「你看，我台灣的房東居然寄聖誕卡片給我！」

　　我問：「這有什麼不對嗎？」

　　他說：「我是猶太人啊，我不過聖誕節的。」

　　我那時候才知道猶太人是不過聖誕節的，我本來還以為每個西方人都過聖誕節。原來，猶太人不認為耶穌是神，而是先知，所以十二月二十五日是猶太人的光明節。如果你去美國大一點的卡片店買卡片，店家會問你是送基督徒的還是猶太教徒的，不同的對象有不同的卡片。如果你的客戶是猶太人，送他一張基督徒的卡片，他也許不會像我同學那樣生氣，但你若送他一張猶太人過節的卡片，他應該會很感動你的用心。

　　阿拉伯世界的禁忌也很多，比如金字塔型的東西在中東就不好賣，一些為了讓茶葉能夠舒展而做成金字塔型的茶包，在中東就不好銷。還有，在中東如果你讓對方看到你的鞋底，對對方是很大的羞辱，所以男生在中東千萬不要太放鬆就翹腳，很容易腳一抬起來，鞋底就朝向對方了。如果讓對方看到鞋底，都是對

對方的侮辱，那麼把鞋子丟在他身上，更是一種羞辱了。可是在別的地方沒有這種文化背景，如果也學著對政治人物丟鞋子，就沒有太大意義。美國人也發現，在中東談判，你不能用「彼此妥協」之類的字眼，因爲阿拉伯男人是不能輕易妥協的，你只能用「共同找到解決方案」，取代直截了當的妥協一詞。

掌握文化的敏感度，會讓你在不同文化環境下比較好談。

更上一層的喜歡，是**具有戰略意義的愛屋及烏**。有一年，我到馬來西亞吉隆坡上課，剛到飯店登記入住，就看到好幾個新加坡學生在那裡等我，要請我去吃肉骨茶。我很高興，問他們怎麼會來，原來他們是兩家公司，在新加坡上過我的課，覺得收穫很多，知道我在吉隆坡也有課，就開了四、五輛車過來，準備再聽一次。

一個新加坡學生也很高興的和我分享他的談判經驗。他說有一家台日合資的公司生產一種防癌食品，想在東南亞找代理商，他和一個馬來西亞拿督都想爭取。可是那個拿督比他有錢，他只有一百萬的本錢（沒跟我說是新幣還是美元），拿督有五百萬，結果是他拿到了代理權，所以很高興的和我分享。

爲什麼五百萬的爭取不到，一百萬的反而爭取到了呢？原來，這家公司的台灣股東先帶了一些樣品到新加坡試賣，由我學生接待，展現了豐厚的人脈，讓台灣股東印象深刻。在接觸的過程中，他曉得台灣股東是修道之人，推廣產品是爲了懸壺濟世，我學生剛好認識一些新加坡的法師，也介紹給他，大家聊得非常愉快。

　　我學生就逮著機會跟台灣股東說：「你把代理權給我，我花一百萬買，將來售價一定比較便宜。你給馬來西亞拿督，他花五百萬買，將來售價一定比較貴，怎麼能達到你救人的目的呢？」台灣股東聽了覺得很有道理，我學生因此取得了東南亞總代理。

　　其實我學生講的沒道理，誰說本錢出比較少的，將來售價就一定比較便宜？本錢出比較多的就一定比較貴？這中間並沒有邏輯關係。但台灣股東為什麼會對這種說法買單？因為他已經喜歡這個新加坡人了，所以他講什麼都格外悅耳。

　　我問我學生：「你也是修道之人啊？」

　　「不是，我只是剛好認識幾位法師。」他說。

　　所以台灣股東是愛屋及烏，才對我這個新加坡學生有好感。修道是「屋」，新加坡學生是「烏」。我把愛屋及烏列為讓對方喜歡我的三個層次中，最高的戰略層次。

　　還有一種讓甲願意跟乙談的感情因素，不是喜歡，而是被情緒勒索。比如甲大乙小，甲原本可以不必理會乙的要求，但乙公司裡有個股東，是甲公司承辦人之前的老長官。甲公司現在負責談這個案子的經理，剛入行時就是這個長官帶的，後來長官退休，和朋友一起成立了乙公司。乙公司比甲公司小很多，但基於這一層交情，甲公司承辦人不得不對乙公司特別關照，於是也出現了甲大乙小，甲仍願意跟乙談判的情況。

創造一個無法容忍的僵局

　　有人說，這三種例外我又碰不到。第一，我在馬路上或球場上談的，並沒有議事規則可循；第二，強者想拿我作秀，吸引第三者進來談，可是我根本不知道，所以這個例外對我也沒有用；第三，喜歡，這更虛無飄渺，完全沒把握對方喜不喜歡我或我們公司。

　　在沒有例外的情況下，理論上甲不會跟乙談判，這時候，乙就必須「造勢」，把談判的條件造出來。首先，要創造一個無法容忍的僵局。

　　談判理論有一個很辯證的講法：談判的目的是要解決僵局，但是在解決僵局之前，你得先創造僵局，維持僵局。如果你的問題永遠只是你一個人的問題，人家根本不會跟你談，一定要把你的問題變成大家的問題。所以，談判要做的第一件事，是四個大字：小題大做。

增加議題

　　小題怎麼大做？第一個方法是增加議題。

　　量販店或公家單位的聯合採購，談判籌碼之所以比別人多，就是因為採購量大。當然，不是每件東西都是量多就便宜，比如純手工的精品，量再多，價格也還是一樣。但大部分大量製造的

東西，的確是量多就有殺價空間。

　　知識經濟的產品，也跟大量製造的商品不同。以我上課的鐘點費為例，我不會因為企業請我去上課的鐘點多，而在鐘點費上打折，因為我每個小時都是一樣認真，品質沒有打折，不可能因為你找我去講的是六小時還是三十六小時，而在課酬上打折。

　　但我卻會因為你請我去講的鐘點沒超過三小時而漲價，因為雖然鐘點少，但是交通成本一樣，也還是得耗掉我一整天的時間，所以鐘點少，課酬會比較貴。「量少所以加價」和「量多所以減價」是兩件截然不同的事，不是一體兩面。

　　有些談判者喜歡玩語意上的陷阱，美國賓州大學華頓商學院的戴蒙（Stuart Diamond）教授分享過一個案例，一個年輕的高階主管到紐約愛馬仕門市買一條絲巾，絲巾原價五百美元，特價兩百五十美元，年輕主管請店員提供禮物包裝，因為這是要送給太太的生日禮物。店員說特價品不提供禮物包裝。

　　年輕主管問：「所以，如果我為這條絲巾付全額，你就會提供包裝嗎？」

　　店員說：「當然。」

　　年輕主管說：「所以現在愛馬仕光是一個禮物包裝就要價兩百五十美元？」

　　最後年輕主管成功獲得了禮物包裝。

　　戴蒙說這是年輕主管談判成功，因為他用「禮物包裝要價兩百五十美元」來指責愛馬仕，批評其行為與其標榜客戶滿意的服

務精神不符，成功讓愛馬仕讓步。

　　但我認爲這根本是客人在玩語意上的陷阱，店員自己邏輯也沒到位，因爲愛馬仕從來就沒說禮物包裝要價兩百五十美元，禮物包裝是公司提供給付全額顧客的額外服務，和全額價與折扣價之間的差額沒有關係。硬要拿差價和禮物包裝畫上等號，是移花接木的小伎倆。

　　店員應該告訴客人：「付折扣價的顧客若需要禮物包裝，得額外付多少錢（當然不會是兩百五十美元），但我們很樂意在包裝費用上打個八折給您，祝夫人生日快樂。」這會是比較好的解法。

議題掛鉤

　　除了增加議題的「數量」之外，還可以增加議題的「項目」來增加我方籌碼，這就是議題掛鉤。

　　比如我今天跟對方談 A，A 是我比較弱的議題，幾乎沒有籌碼。我會試著找找有沒有什麼東西是對方要的，後來發現，談 B 和 C 的時候對方有求於我，我就把 B 和 C 掛上來和 A 一起談，告訴對方：「如果你不給我 A，我就不給你 B。」如果不夠，我可以再把 C 掛上來：「不給你 B 之外，C 也不給你！」談判桌上本來只有 A，現在我把 B 和 C 掛上來，這叫議題掛鉤。

　　你不給我 A，我就不給你 B，這是負向掛鉤，是一種勒索戰術。有負向掛鉤，當然就有正向掛鉤：「如果你給我 A，我就給

你 B，C 也可以給你。」這種「給」的掛鉤當然就不叫勒索了，
叫諂媚。

　　掛鉤戰術要成功，掛上去的必須是對方想要的東西才行。如
果你跟對方說，你不給我 A，我就不給你 B，他卻回：「我根本不
想要 B。」這個掛鉤就沒有用。

　　諂媚戰術也是一樣，賣方可能跟客戶說：「如果你買 A，我
就送你 B，C 也可以送你。」誰知對方卻說：「你送的 B 和 C 我
根本不需要，但你既然可以送我 B 和 C，可見 A 的價格裡有不少
水分，乾脆 A 打個折扣給我比較實惠。」

　　這些問題都不是出在掛鉤，而是出在時間：掛得太早。對
方還沒有想要 B 和 C，你就急著掛上去，那樣是完全沒效果的。
你要先說明這東西的好處，或是創造競爭者，凸顯它的稀有性之
後，再掛上去。對方在厭惡損失的心理焦慮之下，很可能就答應
你的要求，這樣的掛鉤才有用。

　　時間的掌握非常重要。我常提醒學生，所有我們在課堂上教
的都只是「如何做」，學了之後一定要沉澱出「何時做」，這個
學問才會變成自己的。所有的管理課大概都是同樣的道理。

　　以上的掛鉤例子都是商業買賣的談判，這比較簡單，難的是
「事情」的談判。

　　比如甲、乙談判，甲告訴乙：「如果你答應我 A，我就答應
你 B 作為回報。」問題是，甲答應做 B 這件事，對甲自己有沒有
好處？如果對甲有好處，就算乙不答應 A，甲可能還是會做 B，那

乙爲什麼要用 A 去換甲遲早都會做的事？

　　所以甲一定要強調做 B 對他沒好處，可是這話講多了，卻又容易把自己綁死，尤其在外交談判的時候，甲國的外交官老是強調做 B 對甲國未必有利，甲國的國會就會想，既然做 B 對我國沒好處，我們爲什麼要同意？甲原本想以「勉爲其難」的姿態把 B 給出去，弄到最後卻被國會綁死，給不出去了。

　　有時諂媚式的掛鉤，不是我答應做什麼，而是我答應「不做」什麼。比如甲對乙說：「如果你給我 A，我就答應不做 B。」

　　這句話有兩種意思：一是甲做 B 對乙是不利的（比如實施石油禁運政策，不賣石油給乙），如果乙同意給甲 A，甲就不做 B。但這有個前提，就是做 B（石油禁運）對乙固然不利，對甲是不是也有損失（甲在乙國的石油市場可能被競爭對手搶走）？甲的損失必須少於乙的損失，這招才有用，要是結果是兩敗俱傷，甲的掛鉤就不會有效。

　　第二種意思是，做 B 對乙不利，但是對甲有利。如果乙同意給甲 A，甲可以同意不做 B，但乙可能會想：「如果做 B 真的對甲這麼有利，我怎麼敢相信甲會信守諾言，放棄不做？」除非做 B 對甲而言，也不如他自己所宣稱的那麼有利。既然不是真的有利，甲其實也可能不會做。既然甲自己都可能不會做，乙爲什麼要給甲 A 來交換甲不做 B？除非乙本來就想給甲 A。

　　二〇二〇年八月，以色列與海灣國家阿拉伯聯合大公國（或稱阿聯酋）建交，這是川普主導下的以色列外交突破，也改變了

中東的權力格局。阿聯酋與以色列建交，當然引起巴勒斯坦的抗議，認為阿聯酋背棄了巴勒斯坦人。

阿聯酋說：「我這是為中東阻擋了一場災難啊。因為以色列答應我，一旦兩國關係正常化，它可以放棄兼併約旦河西岸，這是對中東和平有功。」

這裡要說明一下事件的背景，以色列在一九六七年中東戰爭後占領約旦河西岸，但是並沒有正式兼併成為以色列的國土，而是「占領區」。巴勒斯坦人也一直認為，將來若是建國，國土就在約旦河西岸。

川普上台後，認為國際政治應當實事求是，既然以色列已經占領約旦河西岸，那就放行以色列正式兼併大部分約旦河西岸，將來巴勒斯坦人要建國，以色列另外劃一塊地方讓他們建國就行。這個政策顛覆了戰後多年來的中東禁忌，大家都睜大眼睛看，要是以色列真的兼併了西岸，中東會不會炸鍋。

當時以色列總理是納坦亞胡，他做足了準備正式兼併西岸的姿態，但就是沒有付諸行動。最後還以「不兼併」與「外交關係正常化」掛鉤，爭取到與阿聯酋的關係正常化。

其實很多分析早就指出，納坦亞胡根本不打算正式兼併約旦河西岸，因為一旦西岸的巴勒斯坦人成為以色列正式公民，以色列作為猶太人國家的純度就下降了。而且阿拉伯裔和猶太人在民主制度下，都是一人一票，同票同值，以色列也不願意。

阿聯酋應該也看得出以色列不會真的兼併西岸，但為什麼還願意接受納坦亞胡「如果你跟我建交，我就不兼併西岸」的掛鉤

交換？因爲阿聯酋本來就準備要承認以色列，缺的是一個可以向其他阿拉伯國家交代的理由。以色列的掛鉤，剛好給了阿聯酋這個絕佳的藉口，所以這整個掛鉤根本就是虛的，政治雙簧而已。

結盟

增加議題，是小題大做，是創造僵局的第一個方法。第二個方法是增加人數，也就是結盟。我們先談談結盟的基本概念。

假設甲、乙、丙三人，甲有四票，乙有三票，丙有兩票。九票裡面，任何案子要過，得有半數五票，沒有一個人有五票，所以勢必要結盟。請問，哪兩個人結盟的機會比較大？

理論上當然是乙（三票）、丙（兩票）結盟的機會最大。因爲乙會去找丙，跟丙結盟，他可以當老大，跟甲（四票）結盟，他只能當老二。能當老大的時候，爲什麼要當老二呢？

丙也會找乙。丙跟乙結盟，剛好五票，如果跟甲結盟，加起來六票，五票就可以贏了，多一票沒有太大意義。而且跟甲結盟，會稀釋丙的貢獻，將來分戰利品的時候聲音又小一點。所以當然乙、丙結盟的機會最大。

可是實際上呢？那就不一定了。因爲在動態的關係中，我們還要看甲、乙、丙三人是獨立的個體，還是在一個單位裡面。如果是在一個單位裡面，三人關係是持續的，將來丙可能還有求於甲，這時甲、丙結盟的機會就最大。

即便不在一個單位裡面，我們也很難根據靜態的票數去算

誰會跟誰結盟，因為當甲、乙、丙呈現四票、三票、兩票的態勢時，甲一定會算到乙、丙可能會結盟，如果乙、丙結盟成功，甲就從最強變成最弱了，所以他一定會採取行動拉攏丙，希望丙不要加入乙。

甲的行為乙一定也算得出來，所以乙會全力護盤，告訴丙：「你當然是跟我啊，跟我才能變天。桌上的東西不夠分，我就拿自己的東西出來跟你分，拚，也要拚贏這一場。」為了打贏這場仗，乙可能會在桌上加碼。也就是說，乙在這件事情上可能只是老二，但乙還可以加別的議題上去，改變談判的態勢。

值得注意的是丙的行為，當甲、乙兩人都想拉攏丙的時候，丙成了關鍵少數，反而最有叫價的本錢。他可以根據甲、乙兩人哪邊出價高，決定加入哪一邊的陣營。

所以，如果你是乙，當你找丙結盟時，絕對不要讓丙知道你沒有別的選擇，讓他知道的話，他會得意得不得了。談判時一定要小心控制情報，不要讓對方知道太多他不需要的東西，否則，你的籌碼就會像春天的雪一樣，逐漸消融而渾然不自覺。

萬一我們不小心講出了不希望對方知道的訊息該怎麼辦？比如不小心讓對方知道我們的底價，怎麼辦？也不必太緊張，先觀察一下再說，因為對方可能也沒把握這些訊息的真實性。之後你可以再傳出一些假消息，讓對方沒辦法肯定他知道的到底是真是假。

有些談判者可能一開始太過自信，認為「我知道的，對方一定都不知道」，後來發現，這種想法太一廂情願了，如今資訊

如此發達，怎麼可能我知道的他都不知道？於是就把「不」字拿掉，變成「我知道的，對方一定都知道」。這麼一來又把自己嚇壞了，如果我知道的他全都知道，我起心動念，他就知道我的下一步，那我還有什麼戲唱？所以這句話也不對。正確的講法應該是，「我知道的，他不一定都知道」。他一定會知道，但不可能全都知道，這樣我們才有迴旋的空間。

再回來看結盟。如果我是丙，今天是我主動要加入乙的陣營，以增加跟別人談判的籌碼，我就要評估：

第一，**我過去能貢獻什麼？**我擁有的技能或知識，是不是他們現階段最需要的？如果對方是公司，公司發展到不同的階段，會需要不同的人才，以我的能力，在這個時間點靠過去，對他們有沒有加分？如果是到一個國家投資，就要了解該國的經濟計畫，現在是第幾個五年？這個五年計畫的重點是什麼？我們有什麼機會與風險？這就是《孫子兵法》所說的，必須先知道「諸侯之謀」，才能「豫交」。

第二，**對方歡不歡迎我？**會不會認為我是去搶他們資源的？這在《孫子兵法》中叫「山林險阻，沮澤之形」，也是我要考慮的。以前我有一個學生，跳槽到一家公司擔任副理，沒想到一過去就陷入公司經理和協理惡鬥的漩渦之中，苦撐了一年，才調到別的單位脫離苦海。這就是跳槽之前沒有注意到山林險阻，沮澤之形。

第三，**我有沒有嚮導？**《孫子兵法》說，有嚮導才能得地利。

當你要進入一家新公司，或是到一個國家投資，總要有嚮導跟你
分析一下該公司或國家有哪些規定或法律必須留意，哪裡是流
沙，哪裡是陷阱，這樣才能減少許多試誤的時間。

　　結盟之後，談判者可以有更多的資源，也有更多的選擇與籌
碼。以議題掛鉤戰術為例，我知道，如果能把 B 議題和 C 議題
掛上來，和原有的 A 議題一起談，我跟甲談判的籌碼就會增加很
多。可是知道歸知道，我的口袋裡卻只有 A，沒有 B 和 C。B、C
在我朋友的口袋裡，所以我必須先跟朋友談判結盟，結盟成功以
後，朋友來了，B 和 C 也帶進來了。注意，人和事常常是連在一
起的，有這個人，才有這個事。人、事一改變，權力的天平也會
跟著改變。

　　結盟對談判還有另一個效果，就是當很多人聚在一起的時
候，會更堅持立場，更不可能讓步，這樣的訊息也清楚傳達給談
判對手：既然我們都結盟了，個別成員都不可能輕易退讓，還是
你們退讓吧。

引爆衝突

　　製造僵局的第三個方法，是引爆衝突，這是把我的問題變成
大家共同的問題，最直接的方式。

　　罷工、街頭示威、戰爭，都是引爆衝突的方法。二○一一年
十月二十九日，澳洲航空執行長喬伊斯下令無限期停飛澳洲航空

國內外所有航班，逼著政府介入，更是引爆衝突的典型。

當年澳洲航空爆發勞資衝突，工會從九月開始採取每天不定期罷工一小時的戰術，讓大量乘客流失，公司損失達每週一千六百萬美元之多，但是工黨政府卻遲遲不願介入調停。於是喬伊斯斷然決定停飛所有航班，把他的問題變成大家的問題。

突如其來的停飛，震撼整個澳洲。六百多個航班取消，八萬多名旅客的行程受到影響，二十二個國家受到波及，甚至到伯斯開大英國協高峰會議的各國領袖中，有十七位總理被迫滯留澳洲。

第二天政府馬上介入，澳洲工作公平委員會宣布，勞資雙方停止罷工、停駛，開始談判，二十一天內達成協議。若二十一天後仍無法找到妥協方案，政府將再介入仲裁。

喬伊斯的決定充滿膽識，換作一般人，恐怕難以做出影響八萬多人，以及讓十七個國家領導人回不了家的停飛決定。但這個豪賭的確解決了資方當時深為工會罷工所苦的被動困境。

準備引爆衝突的一方，必須想好在什麼時候、在什麼問題上引爆衝突。從國際政經情勢、政府政策，到公司業績、老闆心情，全都要順一遍，看引爆的時機對不對，現在是不是提出這個問題最好的時候。如果是在公司內部跟老闆或別的部門協商，還要掂掂自己的分量：我有足夠的分量在這時候提出這個問題嗎？還是分段提出，循序漸進比較好？

如果我是另一方，就要算，對方可能在什麼時候、在什麼議題上引爆衝突。我不一定都算得到，但必須養成預先評估各種可能性的習慣。

當然，不是每次引爆衝突都會成功，像泰國紅衫軍幾次走上街頭示威遊行，甚至占領街頭，之所以無法逼政府讓步，就是因為當時的情勢尚未到讓對方無法容忍的地步。既然還可以容忍，自無須談判讓步。

升高衝突也會造成一些困惑。我們一方面升高衝突，一方面又表示願意跟對方談判，會讓對方難以解讀我們的行為。就升高衝突的一方而言，這是以戰逼和；但是對另一方而言，他可能覺得我們傳達的訊息是矛盾的：既然要和，為何又做出不惜一戰的姿態？

一九六八年，美國總統尼克森上台，決定經由談判結束越戰。當時美國的策略是，在戰術上升高越戰，在戰略上降低越戰。冀望以加強轟炸的方式，升高越戰，逼北越坐上巴黎和會的談判桌。但是一邊要談，一邊又加強空襲的做法，讓北越很難解讀美國真正的意圖，談判也就遲遲無法展開。

前面講的是國際談判，如果是個人與個人的人際關係談判，升高衝突，反而有助於解決衝突。因為在衝突升高之前，兩人的衝突可能只是一種感覺，並不具體。但是當衝突升高，衝突越來越具體，越來越聚焦，最後可能鎖定在某個事物之上。

比如我們兩人互看不順眼，想改善關係，卻又不知從何著手。直到有一天，我們為了搶一個杯子，爆發衝突。人吵架常常是沒來由的，當衝突升高的時候，一個平凡的杯子突然被賦予了沉重的意義，兩人的敵意全都聚焦在這杯子上。這時，如果我想

緩和衝突，就可以主動把杯子讓給你。換作平常，根本沒人在乎
這個杯子，但是當衝突聚焦在這個杯子上時，讓杯子的行為就是
很明顯的示好姿態，如果你也想緩和衝突，就可以正面回應我，
因為這是順勢降低衝突的好機會。

　　研究衝突的學者指出，「衝突升高的頂點，常常是衝突降低
的起點」，就是這個意思。從談判的角度來看，這是衝突由抽象
議題轉換成具象議題的轉捩點。

　　引爆衝突有一個潛在的風險，就是它可能會失控。比如走上
街頭，不管是罷工、環保抗爭，還是占領華爾街，最終目的都是
要談判，而不是要住在街上。所以決定要走上街頭時，一定要思
考如何回來。學者談到，上街頭抗爭，要注意兩個D，一個是「方
向」（direction），一個是「距離」（distance）。方向比較好控
制，你跟你的群眾說：「兄弟們，往右邊走。」他們應該不會轉
到左邊。可是你跟他們說：「走得夠遠了，回來！」卻不見得收
得回來。所以每一個把群眾拉上街頭的人，都得為如何把群眾拉
回來預作綢繆。

創造既成事實

　　除了走上街頭之外，第二個引爆衝突、製造僵局的戰術是創
造既成事實，這是弱者最常使用的戰術。

　　甲、乙兩人談判，甲強乙弱，乙希望從甲處取得放行的綠

燈，同意他做某件事，但預期甲可能不會答應，或者開出的條件
非乙所能負擔。這時乙可能乾脆豁出去，不顧一切就做了。如果
我們是甲，會非常生氣的質問乙：「你怎麼沒經過我同意就做
了？」乙說：「你又沒告訴我不能做。」於是我們要求乙提供資
訊，說在哪些地方做了哪些事，讓我們趕緊做損害控制。於是一
下子，我們發現這個局改變了，原本是我擁有乙所想要的放行綠
燈，現在變成乙擁有我所想要的資訊。乙也有了談判的籌碼！

　　乙為自己辯護的理由，是他不知道不能做。為什麼他不知
道？因為他先切斷了溝通管道，讓我們威逼或利誘的訊息傳不過
去。威逼或利誘，是因為要對方做一件事或不做一件事。乙是弱
者，知道一旦接到我們的訊息，他將很難抗拒，所以最好的方式
就是沒接到訊息。

　　除了搬家或出國，手機沒電、偏遠地方沒訊號等等，都是切
斷溝通管道的方式。公家機關更常使用的方式是週末：星期五五
點以後，星期一九點以前，因為沒上班，所以收不到傳真、看不
到公文。

　　溝通管道不可能永遠切斷，乙只是在搶時間，搶時間把我們
不希望他做的事先做了，或者想辦法讓我們要他做的事做不了，
比如先歸還工具，等接到訊息時再說已經晚了一步，沒工具，做
不了。這都是既成事實，逼著我們在既成事實的新環境下，思考
如何應變。

　　所以學習這個戰術，必須抓到兩個重點：第一，如果我們是
乙，一定要先切斷溝通管道，才能為後面的既成事實找好藉口。

不然對方都當面警告不准做了，我還做，不是明擺著要跟他正面衝突嗎？

第二，如果有一天，我們發現談判的對象忽然找不到了，腦子裡馬上要跳出這幾個大字：「他想造成既成事實！」開始思考如何做損害控制。根據戰術邏輯，「切斷溝通管道→造成既成事實」是一個配套，如果對方切斷溝通管道後，並未造成既成事實，那很好，但如果真的造成既成事實，形成傷害，我們不能沒有準備。

叫停的智慧

以上我們介紹了三組造勢的戰術：增加議題（議題掛鉤）、增加人數（結盟）、拉高情勢（引爆衝突與既成事實），目的是為了製造僵局，讓弱勢的乙可以把自己的問題變成甲、乙共同的問題。

當弱勢的乙力量逐漸變大，等到雙方一樣大時，你認為乙會叫停嗎？很多時候不會。因為當弱者變大時，叫停需要洞悉情勢的智慧，也需要能擺平內部鷹派攻擊聲浪的勇氣。

很多弱者看起來力量變大，其實只是因為單一事件，或者當時的情勢剛好可以讓他借力使力，或者只是單純運氣好，但本質上他還是弱者。最有名的例子就是清朝末年，清廷跟法國打了一場中法戰爭，中國打贏了，但李鴻章還是跟法國簽了不平等條約，讓他一直被罵到現在。其實中國當時打敗法國只是偶然，再

打下去中國必敗，所以即時叫停，是有智慧的選擇。

　　當弱者力量變大，但本質上還是比對方弱的時候，去談判叫做「謀和」。以前很弱的時候去談只是「求和」。謀和和求和是完全不一樣的概念，談的條件也完全不同。

　　二〇〇六年十月，《商業周刊》報導過驊訊電子的例子，可以為此作注解。驊訊是音效晶片大廠，二〇〇〇年時，是華碩、精英等主機板大廠的最大音效晶片供應商。二〇〇一年，瑞昱、威盛加入競爭，它們都比驊訊大，產品品項也多。瑞昱開出的條件是「買網路晶片，音效晶片打八折」，威盛更打出「買網路晶片，就送音效晶片」，這讓驊訊承受很大的壓力，只有盡量在產品上增加附加價值。

　　二〇〇四年，威盛退出戰場，驊訊也在這年推出一個新規格產品，一週後，英特爾下單，其他主機板大廠也紛紛跟進。瑞昱同規格的產品發展得比驊訊晚一點，但也快要推出。就在大家搶下單的時候，驊訊突然停止報價，跑去找瑞昱談判。這就是我們講的，當弱者力量變大時，就是最好的談判時機。

　　驊訊檢視全局，發現自己雖然在這個新規格產品上領先，但口袋還是不夠深。瑞昱資金雄厚，又擅長成本控制，還是比驊訊強。所以驊訊還是老二，不是老大，但技術的領先，讓它有了謀和的籌碼。

　　最後是瑞昱入股驊訊二〇％，驊訊技術轉移給瑞昱，但仍收權利金。兩家聯手，拿下全球個人電腦晶片八〇％的市場。

強者如何製造僵局？

可是，不是每一個弱者在力量變大時都會適時叫停，尤其是群眾運動走上街頭，更難叫停。當弱勢的乙不斷變大、不斷變大，最後認為自己比甲還大，可能就不願意談了。這時，如果我們是甲，也要把自己變大。

創造僵局是一個過程，從甲大乙小，到甲、乙一樣大，再到乙大甲小，再回到甲、乙一樣大。過程中的一次次碰撞，讓雙方慢慢貼近事實，理解到他們不像自己想的那麼強，這樣才會甘心談判妥協，這就是談判發生的過程。

所以勞資談判時，勞方會募集罷工基金，罷工走上街頭，我都跟資方說這是正常的，弱勢的一方一定是這樣做。當勞方越來越得意，資方開始強硬反擊的時候，我也告訴勞方，資方一定是這樣做，這樣你們才願意談判啊。

那麼，強勢的甲方要怎麼變大？乙能做的，甲都能做，乙能議題掛鉤，甲也可以，乙能結盟，甲也可以，唯一難的是上街頭。勞方可以上街頭，資方上街頭方便嗎？不能上街頭，那就上法院。弱者上街頭以力逼和，強者上法院以理逼和，方法不同，道理是一樣的。

除了上法院以外，強者或上位者最常使用的另一種方式是「斷然拒絕」：不給任何理由的拒絕。如果我們今天要拒絕對方，又沒有很好的理由，就不要講任何理由。不講理由就不會被駁倒，因為無從駁起。

　　商業談判時，我們告訴對方沒辦法答應，因為上面說不行。什麼理由？上面沒說。但注意，「上面」不是一個人，而是一群人，比如一個委員會。如果是一個人不答應，比如我上面的經理，那對方去找經理就好了。但如果是委員會沒通過，對方找不到那麼多委員，我就可以鎖住我自己。

　　政治上也有許多類似操作，將一切說 no 的決定都推給委員會。下位者或在野黨要求公布委員名單，官員一貫的說法都是「名單保密」，要求看會議紀錄，官員就說那次沒有紀錄，這些都是經常在我們周邊上演的故事。哪天官員想解套了，又可以以白臉姿態出現，說委員會開會通過了，現在趕快做吧，免得他們改變心意。

　　這些都是強者製造僵局的方式。然而甲、乙兩造的談判關係，還有另一種狀況：甲大乙小，但是甲想談，乙不想談，怎麼辦？

　　這裡我們先把時間因素排除在外，沒有誰熬得下去、誰熬不下去的問題，大家都有時間。可能是甲想買乙的專利，但乙不想賣；或是勞資衝突，資方想談，勞方雖知罷工的結果未必對他有利，但就是不敢談或不願意談，這時，甲該怎麼讓乙坐下來談？

　　先看買專利的例子，如果我們是甲，乙是一個年輕人，他有一項我想買的專利，但他可能底子薄，就這麼一項專利，所以惜售，或者他有傲骨，最討厭才大氣粗的人拿鈔票砸他，所以不想賣。不管是哪一種，我都應該慢慢跟他談，讓他了解我是真的欣賞他的才情，也尊重他的專利，會把他的專利做最好的運用，讓

他能獲利，也能照顧到最多的人。《孫子兵法》說「兵貴拙速」，孫子主張速戰速決，寧可拙，但速度要快，但是談判不一樣，強者要讓弱者敢談，速度就不能太快，快了就沒溫度了。

　　但如果我是那個想賣專利的人，一旦決定要賣了，不妨動作快一點，因為我不知道對方同時接觸幾個人，或者他能等多久。所以一旦決定了就要快，以免夜長夢多。

雙方都要相信雙贏的機會

　　我真正要提醒的是像勞資談判這樣的例子。我曾經在一些勞資衝突的場合問過工會代表：「你們為什麼不談判，而執意要罷工呢？」他們說：「我們又沒學過談判，談判是資方在學的，跟他們談穩輸。」

　　我也問過一些談判失敗的工會代表：「你們的談判方法根本不對啊，照這樣談法，一定是破裂的，為什麼要這樣談呢？」工會很無辜的說：「我們以為談判就是這樣啊。」

　　所以碰到甲想談，乙不想談或不敢談的情況，甲就要教他，讓他願意跟你談。我常跟資方說，勞資雙方可以一起來上談判課，這樣比較能夠找到雙贏的解決方案。

　　「雙贏」的概念從來不是先天的良知良能，而是後天學習來的。只有相信雙贏是可能的，我們才會努力找到雙贏的解決方案。如果其中一方不相信雙贏，雙贏就只是口號，不可能成真。談判是一種思維方式，最好大家都學過，這樣才不會鑽牛角尖。

　　有一次，我到一家藥廠上課，藥廠經理跟我說他們的故事。他們的藥想賣到診所，跟醫生談判，報價以後，醫生問：「你們一定要賣這個價錢嗎？」這題怎麼答？說「是」，對方回：「噢，那我買不起，你們賣別人好了。」說「不是」，對方回：「那你剛才報價報假的呀？」說：「本來是不能打折的，看在老朋友的份上，就給你個折扣。」對方又說：「老朋友，讓你虧錢不好意思，你還是賣別人好了。」怎麼講都不對！

　　這就是學過談判和沒學過談判的差別。沒學過談判，腦子裡只有黑色、白色；學過談判，才會看見灰色。沒學過的人，會問你要白馬還是黑馬；學過談判，我們會說要斑馬。學過談判，思維就不會那麼僵化。有人說，但對方就是沒學過，怎麼辦？那就請他來上課，有些人會買我的課送給客戶，就是這個意思。談判是最不自私的學問，大家都學一點，腦子裡都有一些解題的案例可以參考，談判就比較容易打開僵局。

　　除了**談判教育**之外，強勢的甲方讓弱勢的乙方敢上桌的第二個方法，是**在姿態上不要太強勢**。社會心理學家發現，我們比較敢相信比自己弱的人。二〇〇〇年，北京爭取到二〇〇八年的奧運主辦權後，便著手培養一批反恐談判專家以因應突發狀況，當時的甄選標準就是要男的、老的、矮的、醜的。看到一個乾瘦的小老頭出來談判，恐怖分子會比較沒戒心，也比較願意聽他把話說完。

　　扮豬吃老虎之所以會成功，或是說話結巴的人之所以會成為超級業務員，關鍵常在於對方比較敢相信比自己弱的人。如果甲

本來就比乙強勢，甲又如人生勝利組般盛氣凌人，乙對甲當然充滿戒心，不敢坐下來跟甲談。

第三個方法是甲願意簽一個**向乙方傾斜的不平等條約**，如果甲違約，他的罰金比乙違約要重得多。甲就可以告訴乙：「如果我違約，我的懲罰比你重得多，你說我可能違約嗎？」

第四個方法是**第三者保證**。在制度上有第三者適時介入，擔任履約保證，弱者就比較敢跟強者談判。比如買預售屋，買方付的錢是先進入一個信託帳戶，而不是立刻交給建商，這就是第三者保證的一種。

這幾個方法只是舉例，你一定還可以找到其他方式讓弱勢的一方敢跟你談。

有學生問我：「老師，你講的都是讓對方敢上桌談判，但為什麼我的談判對手總是讓我不敢上桌呢？」我苦笑，這就是理論和實務的不同，我回答他說：「可能你的對手沒上過談判課吧。」

這使我想起二十幾年前在美國，我曾問過美國貿易代表署的官員：「你們美國人寫的談判書，總說談判談完之後，要讓對方覺得跟我們談判是很愉快的經驗。可是為什麼跟你們貿易談判談完，總覺得不愉快？」他也苦笑答不出來。我半開玩笑說：「可能是寫書的人和談判的人，是不同的人吧？」

這裡的狀況也一樣，理論上，我們要讓對方敢上桌，但實際上，可能是我們不敢上桌卻被逼著上桌。這時你就要想好，你要的到底是什麼。

　　一次在深圳上課，有個學生跟我說他的苦惱，他們是乙方，準備賣一套設備賣給甲集團。甲集團會利用乙公司的設備製造產品，賣到世界各地，市場前景看好。甲、乙兩家公司還未簽約，到了要正式簽約時，乙公司發現甲集團的合約裡有一條：「若因為乙公司設備問題，造成全球召回，乙公司要罰售價的一千倍。」

　　乙公司看了嚇一跳，甲集團的採購說：「沒事啦，這只是我們法務的意見，目的在強調兩家公司綁在一起，共存共榮，不是真的要罰你們啦。」

　　我學生跟我說：「老師你知道那套設備要多少錢嗎？一百萬人民幣。如果被罰一千倍，我們當場破產。」

　　我說：「那家甲集團我也幫他們上過課，是正派經營的公司，這個約不是陷阱，可以放心。」

　　他回答我：「可是我總不能回去跟我老闆說，我們老師說甲老闆是好人，就簽下這個約啊！一千倍耶！」

　　可是如果不簽下去，兩家公司的合作就要叫停了，市場前景看好，要放棄誰也捨不得。所以我跟他說，你們要想好自己要的到底是什麼，敢不敢賭下去。我不知道最後這個約簽了沒，或者雙方有沒有找到妥協方案。我把這個例子帶回台灣，問台灣的企業家們敢不敢簽，結果一半敢簽，一半不敢簽。看來要讓對方敢上桌，好像也不是那麼容易。

　　我們可以把前面的討論做個整理：
　　甲大乙小的時候，乙想談，甲因為可以掌控全局，所以不會

認真談判。這時乙要把自己變大，製造僵局，逼甲坐下來談。

當乙逐漸變大，甚至比甲還大，可以掌控全局時，可能就不想談了。這時甲也要把自己變大，讓情勢重回僵局，逼乙認真談判。

還有一種狀況是甲大乙小，甲想談，乙不敢談，這時甲要幫乙變大，讓乙放心，敢坐下來談。這個狀況就不是製造僵局，但同樣是創造讓談判發生的環境。

談判發生的其他「推力」

到這裡為止，我們只談了談判發生的第一個條件：**創造一個無法容忍的僵局。**

談判發生的第二個條件：**雙方都體認，光靠一己之力，無法解決此一僵局。**

第一個條件是創造僵局，但光有僵局還不夠，必須大家都清楚，他們沒辦法單獨解決這個僵局。當我們認為自己就可以解決眼前問題的時候，腦子裡想的是「單邊途徑」。而當我們走向談判桌，便意味著放棄單邊途徑，願意接受以「多邊途徑」解決僵局，這裡頭當然有一段心路歷程。

光是一方有這種體認還不夠，要「雙方」都這麼認為。所以有時候我們要「燜」一下對方，讓他慢慢面對現實，發現他其實

沒有自己想的那麼強。你可以暫時不跟對方接觸，即便接觸，也先不觸碰那個話題，這就是「熰」，我把它定義為「態度溫和，立場堅定」。舉例來說，你可以以經理出國為由，先不回應對方的提案，然後看對方的反應。

我一個學生以前在高雄做房屋仲介，是個超級業務員，他跟我說，他房子賣得好，除了一般仲介都有的認真態度以外，還有兩個原因：第一是，他會看風水，買房還附贈風水建議；第二是，他很少接第一手的案子。每當業主委託他賣房子，他都以手頭太忙為由，請他們先找其他同業。我問他為什麼，他說業主剛把房子拿出來賣的時候，都把自己的房子想得很棒，定的售價也比較高。這時，先讓他們到市場上試試水溫，如果房子賣掉就算了，如果賣不掉，再回來請我學生賣的時候，業主的信心開始下滑，委託的價格也不會那麼高，這時就好賣多了。

我學生的做法其實有風險，因為好的物件說不定一下子就賣掉了。但他這種方法也屬於我所講的「熰」，目的都在於讓對方變得比較務實。

如果熰不了，就打一仗。兩個相互競爭的企業，之所以願意休兵，把市場劃分一下，一致對外，很大一個原因就是雙方打過一仗，發現誰也吃不掉誰。與其鷸蚌相爭，漁翁得利，不如雙方止戰言和。

外交談判也是一樣，當初美國和北越之所以願意坐在巴黎和會的談判桌上，就是因為一九六八年初雙方激戰過一場，發現誰

也贏不了誰，才讓他們確定，也許談判是結束戰爭的唯一方式。

我們說，談判是共同決策的過程，為什麼談判者願意放棄單獨決策的權力，和對方共享這個權力呢？因為單獨決策根本辦不到。燜了一段時間以後，發現時間不在我這邊，或是打過一仗以後，發現誰也贏不了誰。這種現象，談判學者稱之為「相互否決」，而這個僵局又沒辦法無限期拖下去（還記得第一個條件嗎？僵局是無法容忍的），所以只好談判。

在燜對方的過程中，我們不只是消極的避不見面而已，我們也可以把握時間學習。談判學者指出，談判除了是共同決策的過程，也是學習的過程。比如跟對方談久了，會知道對方的立場，於是我跟老闆說：「我現在很清楚了，跟這個人可以談 A 議題，但 B 議題完全不能碰。」老闆問我怎麼知道，我說：「我有經驗啊。談 A 的時候，他的態度溫和，但是一談 B，他就發飆。所以我曉得 A 可以談，B 沒辦法談。」

就這樣，在相互學習、相互摸索對方底線的過程中，我們逐漸走上談判桌。

談判發生的「拉力」

到這裡，我們介紹了談判發生的兩個條件：第一是，創造一個無法容忍的僵局；第二是，雙方都體認到，光靠一己之力，無

法解決此一僵局。

只有這兩個條件，還不能保證對方一定會坐下來跟我談。因為就算符合這兩個條件，還是有可能上法院，也可能上街頭。上法院是「理」，上街頭是「力」，而上談判桌是「利」。談判是解決僵局的方式，但不是唯一的方式。前面兩個條件只是把對方往談判桌上推，並不能保證他一定會上桌，要他上桌，還得讓談判很有吸引力才行，也就是還需要一個「拉力」。

這就是談判發生的第三個條件：**雙方都相信，透過談判解決僵局，是可行、可欲的。**

可行，就是留一條路給對方，讓他知道我們的立場是有彈性的。他是來談判的，不是來投降的，這樣他才有可能上桌跟我們談。

比如對方問：「價格能不能改變？」

我說：「不行。」這道門就是封死的，沒得談，對方也就不跟我談了。

我說：「可以。」門便打開，但既然門都開了，也就不用談了。

所以應該還有第三條路：鎖門，掏鑰匙。雖然門鎖上了，但是你把鑰匙掏出來，跟對方說：來談啊。

議題切割

要談，得先畫出談判的空間。怎麼畫？透過議題切割，創造

出交換的空間。我把議題切割稱為談判的鐵律。

　　我們一定要有一個觀念，談判桌上不是一個東西，而是一組東西。以商業談判為例，買賣雙方可能在價格上纏鬥，可是價格並不是存在於真空中。為什麼是這個價格？那是因為有這樣的規格、這樣的付款方式、這樣的交貨條件、這樣的數量、這樣的保固，所以才有這樣的價格。所以當對方問價格有沒有折扣時，標準答案是「如果」，如果規格不同、數量不同，或是付款方式、交貨條件、保固條件不同，價格當然就會不同。價格能不能改變？「可以，但是配套要跟著變。」這叫「yes, but」。

　　這是談判技巧，也是談判思維，假設 yes 是白，no 是黑，黑白兩頭構成一個光譜。如果談判是非黑即白，要不就是我贏，要不就是他贏，根本不可能雙贏。所以談判的結果不是全黑或全白，在兩極之間，還有很多黑白的組合，這就是我前面說的斑馬。比如價格聽我的，付款方式就可以聽你的；或價格聽你的，規格你就要讓一點，配合我的生產線，這樣才有讓價的空間給你，這就叫「切割交換」，談判的門就是這樣開啟的。

遠景和小利

　　除了可行之外，還得讓談判者有個期待，認為談了以後，我擁有的東西會比現在更多，這樣的結果才是可欲的。對雙方都一樣，每個人都覺得自己談了以後會更好，才會願意上桌，並且願意留在談判桌上繼續談。

　　期待來自兩個部分，第一是**遠景**，談判者要會講故事，勾勒一個遠景吸引對方來談。這個遠景最好有圖像，讓人可以想像，預售屋的樣品屋就是典型的例子。買預售屋，其實是買一個夢，而樣品屋，就是一個立體幻覺。沒有樣品屋的房子你會買嗎？你連幻覺都沒有。

　　第二是**小利**。遠景是釣他的，小利是給他的，比如一些自由貿易協定的「早收條款」，就是小利。但是給小利時要注意，小利不是我們說了算，要對方認為這是小利才有用。我怎麼知道他要什麼？多問、多觀察，是唯一的方式。

　　覺得談判是可行的，覺得自己再談下去，結果會比不談更好，是一連串不斷評估的過程。我們都是一邊談，一邊計算得失，如果談著談著，發現談判的路被封死了，越談越沒勁，或者發現對方貪得無厭，再這樣下去還不如不談，我就會退出談判。所以在結構上，談判是有出口的，對方上桌，並不保證他會一直留在桌上。

　　所以我們要做兩件事，一是**不斷強化談判的可行性與可欲性**，也就是不斷拿遠景和小利鉤住對方，並且在關鍵時刻表達我們對這議題的興趣，或是在立場上展現一點彈性，為談判添加動力。只要對方持續認為談比不談好，他就會留在桌上。

　　第二件事是，**只能欲擒故縱，不能關門**。前面講過，談判在結構上是有出口的，我們要讓對方知道，只要他不滿意，隨時可以退出，這樣他才敢坐下來談。

　　比如你在店裡看到一個漂亮的杯子，問老闆要多少錢，他

說一百元，你問：「可不可以便宜一點？」老闆說：「您是不是真的要買？真的要買，我們再來談價錢。不然談了半天，您又不買，不是浪費你我的時間？」

聽起來好像很有道理，但如果是你，你會怎麼反應？很多人跟我說，如果老闆這麼說，他就直接走了。為什麼？「因為我們買東西，都是談好價錢，再決定要不要買。今天你要我先決定要買，再來談價錢，萬一價錢談不攏，我連退都退不出來，誰敢談啊？」老闆犯的毛病就是把門給關上，大家就不敢進來了。

商業談判時，你問對方：「能不能今天決定？」對方可能會猶豫一下。你可以跟他說：「如果回去後法務說沒問題，您這邊是不是就沒問題？」你替他留了一個「萬一想反悔還可以推給法務」的迴旋空間，他會比較敢談，也會比較專心聽你介紹產品的優點，而不是一直在想你接下來會不會有什麼陷阱想誆他簽字。

以上就是談判發生的三個條件：

一、創造一個無法容忍的僵局；

二、雙方都體認，光靠一己之力，無法解決此一僵局；

三、雙方都認為，透過談判解決問題是可行、可欲的。

一和二是「不談的成本」，是把雙方往談判桌上推的力量；三是「談的效益」，是把雙方往桌上拉的力量。

重疊的利益，才是開啟談判的關鍵

　　你有沒有發現，傳統認為跟談判應該有關的元素，在這裡並沒有提到：一是合法性，一是互信。

　　我們先看合法性。基本上，談判是權力遊戲，跟對方合不合法沒有關係。只要對方造成僵局，而且是我無法容忍的僵局，我就得跟他談判。如果只能跟合法的對象談判，那我們不是永遠不能跟綁匪或叛軍談判了？

　　所以我們才說談判的目的是為解決僵局，跟對方會不會因為我跟他談判，而取得了合法性或正當性沒有關係。美國談判學者也把這種願意跟對方談判的行為，稱作「工作上的接受」，而不是法律上或情感上的接受。這種工作上的接受是一個通則，沒有任何給予對方合法性與正當性的意涵。因為是通則，任何人都可以坐下來跟我談，也稀釋了我跟這個人談判的象徵意義。

　　第二是互信。談判時，互信非常重要，當我說要賞他或罰他的時候，對方一定要相信我是認真的，是言出必行的，這樣我的戰術才有用。《孫子兵法》講的「不戰而屈人之兵」，關鍵也在於對方真的相信我有死戰的決心，才能達到嚇阻的作用。儘管賞罰都要有互信，才能事半功倍，但互信並不是決定談判會不會發生的關鍵。

　　一九九一年，東歐剛變天，政治上一團混亂，當時我到羅馬尼亞參訪，正好遇到國會裡兩個敵對政黨在為制定新憲法談判，

我問其中一黨的議員：「你們相信現在在跟你們談判的政黨嗎？」

他說：「坦白說，我不相信。」

「那你們怎麼敢跟他們談判？」我問。

「我不相信他們，但我相信我們有重疊的利益。」他回答。

這句話點出了談判發生的關鍵：重疊的利益。光有互信，但沒有重疊的利益，是談不出協議的。缺乏互信，但有重疊的利益，談判還是可能發生，也可能達成協議。達成協議並付諸執行，雙方就可以從執行的經驗中逐漸累積互信。互信赤字的缺口，在執行協議之後，逐漸完整。

本章介紹這三個談判發生的條件，是理解談判的根本，後面介紹的所有戰術都環繞著這三個條件。任何談判，從外交到兩岸、到商業、到勞資、到親子，都跳脫不了這三個條件。掌握這三個條件後，下一章我們將進到談判的五大元素，帶領讀者打通談判的任督二脈。

第 2 章

掌握談判的五大元素
事、人、力、時、情，環環相扣

「事」：想定我要什麼，決定我要談什麼。

「人」：我得跟誰談？

「力」：我有什麼是對方要的？

「時」：時間在哪一邊？

「情」：交情是助力還是阻力？

　　決定要談判之後，上桌前我們必須盱衡全局，弄清楚自己要什麼，也看清楚博弈棋盤上有多少人，我們對應不同的人，又有什麼不同的籌碼，這樣才能開始出牌。

　　談判的博奕有五大元素，分別是事、人、力、時、情，弄清楚這五者之間的相互關係，談判的任督二脈就打通了。我們先從「事」談起。

事：想定我要什麼，決定我要談什麼

　　談判時，最難的就是確定自己到底要什麼。管理學大師杜拉克（Peter Drucker）有個知名故事，有人向他請教一個問題，他先問對方：「在我回答問題之前，請你先告訴我，你要什麼？」那人答不出來。杜拉克慢慢引導他，連問了幾遍：「你要什麼？」最後他想通了，說：「我知道了，謝謝。」然後就告辭了。

　　這個看似簡單的故事，道出了一個最難的問題：我們真的知道自己要什麼嗎？

避免歧路亡羊

　　曾經有一家甲公司開了一個副總的缺，負責經營乙公司的產品，於是人資連繫了一家外商獵頭公司，也順利幫他們找到了丙

公司的 A 先生。A 在丙公司也是擔任副總,而且丙公司在業界聲
望不錯,所以甲公司很希望能夠挖角他。

　　我學生是那家獵頭公司的主管,剛好負責這個案子,他除了
把 A 介紹給甲公司之外,還想弄清楚 A 想要的到底是離開丙公
司,還是進入甲公司,所以他先試探了一下,告訴 A 還有另一
家公司也有副總的缺,但是待遇比甲公司差一點,他願意試試看
嗎? A 說好啊。於是我學生確定,連待遇較差的公司他都願意去
試試,可見 A 離開丙公司的動機要大過進入甲公司。

　　這時甲公司開出了條件,包括薪水、紅利、簽約金,第一年
這些數字加起來和 A 的期待差不多,但是第二年沒有簽約金,雖
然紅利有增加,A 仍然不高興,覺得太少。我學生跟他解釋,第
二年沒有簽約金很正常,本來就是如此。A 說:「要不我們先燜
他們一下,如果人資再打給你,就說我出國。看看他們有多急,
再來確定我有多少籌碼往下談。」

　　我學生問 A:「萬一半路殺出程咬金來搶這個缺怎麼辦?」

　　A 說:「那就賭賭看囉。」

　　果然,後來另一家公司的 B 先生也來搶這個缺。B 比較年輕,
要的薪水也比較少,更重要的是,他在原公司就是負責乙公司的
產品,跳槽到甲公司後可以馬上進入狀況。甲公司的董事長因此
對 B 很感興趣。

　　我學生得知消息,趕緊跟甲公司的人資打聽,人資說:「我
們都還滿喜歡 A 的,但是上頭好像比較喜歡 B。」最後當然 A 沒
有成功,甲公司選擇了 B。

獵頭公司的主管後來來上我的課，跟我說了上面的故事，他說：「A 就是沒上過課，搞不清楚自己要什麼，本來要的是離開丙公司，談著談著，居然變成了要簽約金，整個迷失了方向。」

我說：「這就是談判過程中的陷阱：歧路亡羊。」我們常常就像在追一頭羊，追著追著，就把羊給追丟了。

美國談判專家甘迺迪（Gavin Kennedy）也給過下面的例子。一家美國公司將產品賣到瑞典，瑞典代理商以市場艱困為由，頻頻要求美方降價。於是，美國這個產品線的主管親自飛到瑞典調查，卻發現代理商把產品加了八倍價在市場上賣，而且還賣得很好，這樣居然還來要求降價，真是太過分了。

盛怒之下，美國公司打算解除代理商的代理權，但甘迺迪建議先冷靜一下，想清楚自己到底要什麼。甘迺迪指出，代理商加了八倍價還賣得出去，表示它很會賣，它賣得好，美國公司也有利潤，不是嗎？只要有利潤，何必在乎代理商加了幾倍價？美國公司真正反對的是代理商要求降價，所以他建議，下次談續約時，只要若無其事的問一下：「你們那邊的定價策略是什麼？」代理商被這麼一提醒，不曉得美國公司到底還知道多少，原先想提出降價的要求，應該也會收回去了。

如果美國公司因為代理商加價，就一怒解除了代理，新的代理商未必那麼會賣，結果可能雙輸。這又是談著談著就忘記我們真正要的是什麼的例子。

注意議題轉換

有時候，不是我們忘了要談什麼，而是在談判過程中，議題在不知不覺中轉換了。

我有個學生是大型連鎖量販店的專案負責人，一次得知一家機車公司因為有新的車款推出，委託公關公司找量販店做異業結合，想在量販店展示新車，找網紅與電視節目主持人一起辦活動招攬顧客。

我學生很有興趣，認為這個活動對雙方都有利，所以主動連絡公關公司，爭取在他們店裡辦活動。除了比較他們和競爭對手的差異之外，更提議將來不只在一家店辦活動，所有連鎖店都可以，一起把餅做大。我學生還提議，他們公司年中剛好有個大型購物節活動，乾脆把機車的促銷活動包進去，宣傳一起做，資源統一調度，豈不比在單一家店辦活動更實惠，也更有效果？為了吸引機車公司辦活動，我學生畫了很大的餅，公關公司聽了也興奮得不得了，決定也不必找別家公司了，就跟他們公司合作。

這樣的活動後來卻發生問題，量販店的購物節活動，比公關公司幫機車公司規畫的活動時間還要早，購物節的宣傳打出去後，活動就沒有辦法取消了。我學生只能催著公關公司和背後金主機車公司在程序上加速配合，不然就趕不上購物節了。本來談判的議題是「機車展示與促銷活動」，後來就變成了「辦好購物節」，期限壓力也跟著轉移到我學生肩膀上，讓量販店在過程中險些陷入被動。

　　雖然活動最後還是很成功，但這個例子所凸顯的議題轉換現象，卻不能不提高警覺。

　　還有一種情況是，我同時追求好幾個目標，但這幾個目標可能相衝突，到頭來，我們勢必要做出取捨。

　　二〇一八年，美國對中國發起貿易戰，但貿易戰在爭什麼，卻也不斷變動。首先，貿易戰當然是貿易赤字所引起，所以美國對中國輸美產品徵收懲罰性關稅，同時要求中國增加對美採購，希望能平衡貿易逆差。

　　另一派官員則指出，貿易逆差事小，美中真正的問題出在不公平競爭。美國企業進到中國，遇到的是國營企業的國家隊，要與之競爭，非常不公平。中國很多政府採購也沒有對美國企業公平開放。所以應該要求中國停止補貼國企，讓美國企業有公平競爭的機會。但是也有人指出，公平競爭之後，美國企業成功到中國投資設廠，但生產的產品最後還是回銷美國，不是又造成貿易逆差嗎？要求中國改變制度，不再補貼國企，停止不公平競爭，與平衡貿易赤字，是兩個相衝突的目標，哪一個比較優先？

　　還有官員表示，要求中國保護智慧財產權，才是重中之重。中國大陸當時為推動「中國製造二〇二五」，用各種方式彎道超車，與西方競爭，以合法、非法、灰色地帶等各種利誘或威逼方式取得專利，包括要求到中國投資的外國企業必須做技術轉移，國際上對這樣的做法非常反彈，所以美國在跟中國進行貿易談判時，應特別要求中國加強對智慧財產權的保護，並承諾會確實執

行。尤其美中競爭已經進入科技冷戰時代，守護好美國自身的科技專利，才是當務之急。

於是，到這裡我們看到至少三個貿易談判的標的。二○二○年一月，美中達成第一階段的貿易協議，就是中國承諾增加對美的進口與對智慧財產權的保護。至於要求中國取消補貼國企的結構改革問題，則推到第二階段談判再議。

美中貿易戰的議題轉換，漣漪效應會影響很多在中國投資並與美國貿易的企業。當貿易戰的重點是貿易赤字，美國因此對中國進口產品課以重稅的時候，許多企業開始把生產移出中國，造成全球供應鏈的斷裂與重組。當美國要確保關鍵科技與專利掌握在自己手中時，其他用到美國專利的外國企業，國際擴張的布局也因此受到束縛。當美國拜登總統也開始用國家力量補貼企業，發展關鍵技術以抗衡中國的時候，要求中國結構改革，取消所謂國家隊的不公平競爭，可能就不會成為美中貿易談判的重要議題，因為美國現在也在學中國培養國家隊。作為美中貿易戰的旁觀者，我們需要關注談判議題的轉變或談判重點的挪移，也就是盯著「事」，才能做好超前布署。

比如，當我們發現供應鏈為了閃開美中貿易戰的砲火而移出中國時，就要觀察大家都去了哪裡？哪些國家將因此得利？如果那些廠商都移往某幾個特定國家，那些國家談判的姿態必然越來越高，因為選擇多了，丟出來招商引資的條件也差了。若我們也想搶進該國，就必須早先一步，或聯合其他廠商一起談判，才能增加談判的籌碼。

　　「問題」和「解決方案」的混淆，也常常像雲霧一樣，遮掩了我們對事物本質的認識。

　　韓戰停戰談判時，北韓提出「以北緯三十八度線為停戰線」的要求，就是混淆「問題」和「解決方案」的障眼法。因為聯合國與北韓真正要談的是「如何劃定停戰線」，而不是「以北緯三十八度線為停戰線」。「停戰線」是要談的問題，「北緯三十八度線」只是北韓片面想要的解決方案，不是問題本身。雖然後來朝鮮戰場也的確以北緯三十八度線為停戰線，但碰到類似這種「以解決方案包裝成問題本身」的談判手法，一定要腦筋清楚，不要被誤導。

　　就如同工會要求「加薪兩千元」一樣，真正的問題是「要不要加薪」，而不是「要不要加薪兩千元」。如果資方不即時戳破這種移花接木的伎倆，工會就掌握了談判的主導權與詮釋權，資方將因此陷入被動。這也是為什麼混淆問題和解決方案，會被認為是談判桌上的陷阱之一。

思考「我要什麼」之前，先思考「我」

　　我們還可以將「事」做更進階的剖析。確定自己要什麼，是坐上談判桌前第一個要想定的事，可是，什麼是「我」？

　　這裡的我，可以區分為「我」和「我的公司」（嚴格來講應該是「我的老闆」）。我和我的公司要的東西可能不一樣，雖不至於南轅北轍，但經常不是百分之百重疊。老闆要的可能是利

潤，也可能是長遠的市場布局，但一個業務員要的，可能就只是眼前業績能夠達標，這在談判時表現就會不一樣。

有一次，我研究一個談判個案，問當事人：「你們公司可以破局出場啊，這個案子無利可圖，就出場吧，你們公司的財力又不是破不起。」

我們常講「委屈求全」，求得了全，委屈才有意義。如果委屈還求不了全，那何苦委屈？

後來發現我錯了。我講的破得起，是他們公司破得起，但是他破不起，一旦談判破局，他會被老闆責怪，指責他事前沒有做足準備，在同事面前也可能沒面子，所以他不敢破。這就是我講的，人和公司的不同。

談完「我」之後，再談「我要什麼」。

「要什麼」就是「事」。如果是商業談判，我們第一個要確定的是，我要的是市場還是利潤？這是公司的經營策略，是大老闆要決定的。一般而言，市場就是關係，利潤就是利益。你是重關係還是重利益？這點西方人就和中國人不同。學者研究指出，西方人希望維持關係，為的是增進利益。中國人則反過來，我們會犧牲利益，為的是維持關係。中國人基本上是「關係取向」，所以我們常講以和為貴，吃虧就是占便宜。

可是維持關係以後呢？如果維持關係以後還是沒有利益呢？或者發現都是我們在犧牲利益，維持關係，對方一點犧牲也沒有呢？我們還要繼續犧牲嗎？犧牲有停損點嗎？

　　比如我們在一些通訊軟體上可能有好幾個群組，我一些當業務的學生每天都花好幾個小時耗在群組裡，但問他有實際接到訂單嗎？只剩下一臉苦笑。如果你也是這種狀況，就要開始想，還要花多少精神做這種無效的社交？我們一定要做好時間管理，包括每天耗在群組裡的時間。

　　如果不是商業談判，而是公司裡面部門之間的衝突，那就要想，我們爭的是什麼？是目標？是方法？是資源？還是地位？這些爭執是零和的嗎？有時候我們跟別的部門起衝突，只是因為使用的方法不同而已，目標是一致的，可不可以從這個角度向對方或向老闆說明？

　　如果我今天想執行一個點子，要說服老闆放行，同意我做這件事，我是要老闆現在就同意？還是可以「部分」同意，先執行一部分，評估成效以後再決定是否繼續放行？如果是這種情況，評估成效需要多久時間？是一季？還是半年？換句話說，我可以把我要爭取的計畫分成好幾個階段，逐段執行、逐段評估、逐段開放，這樣老闆會不會比較沒有受到威脅的感覺？

　　有個學生被挖角到另外一家公司，問我薪資該怎麼談？很多人都想問這個問題。其實，所有的薪資談判都不應該只談工資，而是談待遇。待遇是「多議題」，包括工資、津貼、保險、假期、培訓機會等等。只有多議題談判，才能在議題之間交換。如果只有一個議題，那就是硬碰硬、一方贏一方輸的鬥牛了。這就是談判理論講的「議題疆界」，有多少議題應該納入今天談判的主題

之內？納入的議題越多，由於雙方對各個議題的重視程度不全然一樣，透過交換達成協議的機會也越大。

當然，在這之前要先想定，我應徵這家企業的目的是什麼？是賺錢？是學習？還是因為公司的前景？知道自己為什麼而來，也就是知道我到底要什麼，才能決定我談判的目標該怎麼設。

年輕人找工作可能要的是薪水和訓練、成長的機會，中年轉業的話，可能要的是能夠發揮的舞台，這些都要先想定。年輕人找工作可以說是來學習的，中年轉業就不必說來學習了，因為老闆付你錢是要你來貢獻的，不是花錢讓你來學習的。

同時你也要知道公司的制度，比如你是對誰報告？由誰打你的考績？你的 KPI 怎麼定？公司調薪的制度為何？這些不是你能談的，卻是你在面試時必須問清楚的。

當我決定要什麼的時候，還要想想我有多少分量，能要到什麼。這就是談判的籌碼，是稍後會討論的「力」。這裡我們先討論，如果力有不逮，無法想要的都要得到，我要放棄哪一個？

排定你的 must、want、give

談判時不可能要什麼得什麼，如果我要的拿不到，總得放棄一、兩個。既然要放棄，就表示桌上的東西不是一樣重的。

比如業務員可能跟客戶說：「王先生，要不這樣，價錢就不降，但是我幫您拉長付款時間，從三個月拉長為半年，這樣您一樣減輕不少負擔，好嗎？」

　　業務員這麼說，就是「拿付款方式換價格」，典型的切割法。價格不讓，付款方式可讓的意思，就是對我方而言，價格比付款方式重要。

　　有人說，談判是「抓大放小」，或是英文的 give & take，但要知道抓什麼、放什麼，或 give 什麼、take 什麼，就必須把桌上的議題按重要性排序，哪些是 must（沒有它我就不簽字），哪些是 want（可要可不要），哪些是 give（可以放出去買交情），這樣才好交換。

　　談判桌上不是每個議題都一樣重，通通都要拿到，這不可能，也沒必要。因為如果我要什麼就有什麼，那也不必談判了，直接下命令就好。即便我真的那麼強勢，一些對我不是那麼重要、但是對對方很重要的東西，不妨就讓給對方，建立一些交情，也為日後萬一情勢改變必須再談判時預留退路。這也是為什麼我一直認為談判不只是謀略、技巧，更是一種素養。

　　當我們確定哪些是我的 must 之後，還要想，我憑什麼跟對方提出這個要求？這就是要求的「正當性」。我們可以用「柱子」來比喻，所有我提出的要求，尤其是我認為 must 的要求，一定要有柱子支撐。所謂柱子，就是一些客觀的數據，比如通貨膨脹數字、成本分析、法律先例等等。用這些客觀的統計數字來支撐我的立場，表示我是對事不對人。將來如果我決定讓步，也可以說是因為其中某些數字改變，比如通貨膨脹數字改變，或油價降低等等，所以價格有了調降的空間。

　　平常我們讓步，最怕的就是被對方認為是示弱。讓步是我的

行為，示弱則是我的形象，讓步是軟，但軟未必等於弱，如何軟而不弱？靠的就是有章法。章法就是這些柱子，要讓對方知道，我們決定要或給、進或退，都有柱子支撐。哈佛大學法學院的談判研究計畫標榜的「原則式談判法」，講的就是這個概念。

要排出 must、want、give 的順序，必須留意三件事：

第一，must、want、give **的順序是誰定的？**尤其一家公司裡，可能採購的 must 是價格，所以他會跟供應商慢慢磨。但採購買回來的東西不是自己用，而是給工廠製造產品。工廠端覺得什麼是 must？可能是規格和交貨速度，這樣他才有足夠的時間做出產品，交給客戶。所以當採購為了談出好價錢而燜供應商的時候，工廠就急得跳腳。因為採購燜的時間越長，工廠製造的時間就越被壓縮，這時工廠和採購發生衝突也是可以想像的。所以內部的共識很重要，一定要先搞定內部的不同意見，才能理出一致的對外立場。

第二是，**不要用你的** must、want、give，**去猜對方的** must、want、give，因為你猜不到，也不要太自信的說：「根據我的經驗，他一定是這樣。」很多談判者最後就是敗在這裡。

我一個學生，他們公司想將產品賣給一家外商電腦公司。那家電腦公司原本就有穩定的供應商，我學生初入江湖，就想搶原供應商的生意，他刻意壓低價錢，希望能夠吸引電腦公司下單。結果沒有成功，價格的誘因對電腦公司的採購完全沒效。後來我學生離開那家公司，有意思的是，因緣際會之下，他居然進了原

來是他買方的電腦公司擔任採購。

他跟我說，他成為電腦公司的採購之後，才發現他當初在擔任業務時，想的完全不對。他說他在當業務時，以為價格上的讓步可以吸引對方，後來發現採購真正關心的是能不能保住自己的位子，也就是 job security，而不是一點價格上的折扣。原來的供應商做得好好的，品質穩定，交貨準時。今天採購如果因為一點折扣就給他訂單，要是產品品質不穩定或交貨不準時，到頭來反而讓採購成為被攻擊的對象，何苦來哉？所以採購絕對不會為了一點折扣就輕易改換供應商。

這裡就對應到兩個理論：第一是，個人要的和公司要的不一定一樣，像 job security 就絕對是採購的私心。第二是，不要拿你的想法去猜對方的想法，你猜不到，只能在談判時用各種不同方案去「試」對方要什麼，而不是從我們的角度去想當然耳。

第三是，must、want、give **是會變的**。有些東西是 must，是因為我們沒得選，可是在熰對方的過程中，可能熰著熰著，選項就出現了。可能有新的人、新的供應商或新的買家出現，我們的選擇多了，這時，我們原本要爭的東西就沒那麼重要了，不再是must，可能變成 want。也可能因為隨著時間過去，有更重要的事情冒出來，我們不想繼續在這個問題上耗那麼多時間，於是，這個標的物甚至變成 give，先放掉再說。

所以我們在談判桌上，一定要讓自己是一川活水，而不是一潭死水，這樣才能根據情勢的不同調整戰略。

有人問，我們說談判桌上要「求異」，但若排序之後，雙方的 must、want、give 都一樣，撞在一起了，怎麼辦？

其實，就算雙方都說這是各自的 must，我們還是可以堅持立場。這有兩個原因，一是，堅持本就是一種談判戰術，我們透過堅持告訴對方，我們願意比他付出更多的成本，也不會輕易讓步。

第二個原因是，對方說那是他的 must，可能是虛張聲勢，也許那只是他的 want，但他假裝是 must，看能不能要得到。這時，我們兩邊在做的是意志力的較勁，如果對方撐一下後，發現撐不下去，或者發現在這個對他不是真的那麼重要的問題上糾結並沒有意義，他就會讓步。

我們來看下面這個例子。

一家水產公司從事海水蝦的大規模養殖與銷售，最近整個海域疾病嚴重，危及其利益，於是他們跟生技公司談判，希望購買其技術，解決蝦子生病的問題。這家生技公司研究免疫相關技術，可用於保健食品、藥品、免疫營養添加劑、疫苗等，但沒有實質的產品。

水產公司的第一優先是解決蝦子疾病的問題，而且成本能夠負擔，如果能買到整個技術那更好。生技公司則需要現金與知名度，也樂意進入經濟動物的廣大市場，但必須確保其技術的價值，不能賤賣。

第一回合談判，水產公司直接提出要購買技術，並根據養蝦成本提出價錢。生技公司完全不能接受，他們認為價格應該根據技術運用的廣度計算，而不是養蝦成本。雙方的價錢差距太大，

談判因此破裂。

　　第二回合，生技公司提出方案，表示可以由他們製造蝦子疫苗賣給水產公司，這樣就不必廉價出賣技術，但希望水產公司可以分攤前期製造成本。水產公司反對，因為生技公司為保護業務機密，無法讓水產公司參與疫苗生產作業，這樣成本就不透明。水產公司不願在這種情況下付錢，於是談判又沒成。

　　雙方各自回到原點，生技公司繼續它的研發工作，但是時間卻對水產公司不利，因為蝦子疾病問題未解，收成越來越差，公司快撐不下去了。於是水產公司又去找生技公司談第三回合，表示願意支付疫苗代工費用，不過要等蝦子收成後，按每隻售價的百分比給付。生技公司同意，雙方圓滿達成協議。

　　這是個很漂亮的案例。但是看到沒？水產公司的 must 是解決蝦子疾病的問題，但第一回合提出來的卻是購買技術，這只是它的 want。除非水產公司也搞不清楚自己要什麼，不然這就是前面講的，先多要一點看看，既然只是要看看，自然不會堅持。反觀生技公司，技術不能賤賣是一定要守住的 must，對方要低價來買，它當然不幹，所以第一回合破局。

　　第二回合生技公司出牌，可是提出的方案似乎又只圍繞著價格打轉，買方不可能在價格結構不透明的情況下注資，所以又沒成。對生技公司而言，現金、知名度、進入經濟動物的市場，這三個都是它的 want，必須做出取捨或平衡。在一個目標（比如價格）上太過堅持，妨礙其他目標（比如進入經濟動物市場）的達成，未必明智，這才有了第三回合的談判。

　　時間壓力把水產公司拉回先解決蝦子疾病問題再說的正軌。生技公司根據每隻蝦子的售價抽成，這是最公平且可驗證的計價方式，因為蝦子必須先治好病，才能賣好價錢，這也讓兩家公司得以發展長遠的關係，這是最好的結局。

區分「立場」和「利益」

　　哈佛大學法學院的談判研究計畫提出將「立場」和「利益」加以區分，雖然有些歐洲學者不贊成，認為在實際談判中，利益的複雜程度可能遠超過學者的想像，但我認為，這樣的區分還是可以幫助我們整理思緒。

　　根據哈佛這派的說法，我們要爭的應該是利益，而不是立場。立場（也就是方案）可以不同，但都是為同一個利益服務，所以我們應該在利益上堅持，但在立場上卻可以有彈性。比如我們跟老闆爭取加薪，因為兒子念私立大學，學費比較貴。解決學費問題是我們真正要的，也就是利益，加薪只是解決學費問題的一個方案。因此，如果老闆能提出另一個方案，同樣能幫我解決學費問題，但不是我要的加薪，可不可以？根據哈佛的邏輯，當然可以。

　　或者我要求加薪的目的，是要證明我的價值，如果老闆有別的方法證明我的價值，比如派我到國外培訓半年，或是給我更大的舞台，但不是立即的加薪，我可不可以接受？按照哈佛的說法，只要利益獲得滿足就可以。

　　賓州大學華頓商學院的戴蒙教授把「利益」稱為「目標」，其實是同樣的東西，就是這裡講的，「我要什麼」。

　　然而，立場與利益的區分，卻也可能隱藏著陷阱，不可不慎。

　　二〇一五年，拜登還是歐巴馬的副總統時，跟俄羅斯總統普京就敘利亞問題進行談判。拜登當時告訴普京，俄國支持敘利亞的小阿塞德政府，還不是為了俄國在敘利亞的軍事基地？如果推翻小阿塞德，讓美國支持的反抗軍政府上台，美國保證一樣把基地租給俄國，俄國在敘利亞的利益並不會受損。俄國何不跟美國一起支持反抗軍取代小阿塞德？

　　拜登的意思是，俄國在東地中海的影響力是「利益」，支持小阿塞德或支持反抗軍都只是「立場」，只要利益守住，立場不妨有點彈性。

　　不知拜登是不是真的相信他自己講的話，如果真的相信，那他實在有點天真。如果他自己也不相信，只是來騙普京的，那更是天真，因為普京根本不會上當。拜登的提議錯在哪裡？錯在俄國現在已經擁有在敘利亞的基地和各種軍事利益了，要他放棄盟友小阿塞德，改支持反抗軍，等反抗軍上台了，再把俄國已經擁有的利益，象徵性的再給他一次，需要這樣嗎？你給我的是我已經擁有的，你就只出一張嘴，其實根本什麼都沒讓，俄國怎麼可能讓步呢？

　　過去，敘利亞內戰剛爆發的時候，美國鼓勵反抗軍跟基督徒聯盟，這樣內戰才有民主革命的正當性，否則看來就只像遜尼派

（反抗軍）對抗什葉派（小阿塞德）的教派之爭。反抗軍於是去找基督徒談判。

　　小阿塞德因為是少數教派組成的政府，為了增加正當性與擴大支持，已經拉了基督徒入閣，擔任國防部長。反抗軍跟基督徒國防部長談判，希望他倒戈到反抗軍陣營，並承諾事成之後，就讓基督徒入閣，一起分享政權。

　　基督徒會想：小阿塞德是少數教派，需要我們入閣以支撐他的正當性，所以是他需要我，給的利益也比較實在。一旦多數派的遜尼派拿下天下，他們足夠多數，不再需要基督徒來支撐正當性了，他現在的承諾還會當真嗎？更何況，反抗軍承諾讓基督徒入閣，基督徒現在不是已經入閣擔任國防部長了嗎？

　　還是同樣的問題，你給的是我已經有的，我為什麼要跟你談？所以談判沒成。

　　談判沒成，反抗軍惱羞成怒，把國防部長暗殺了，這下更坐實了敘利亞的內戰只是遜尼派與什葉派的教派戰爭，沒有民主革命那麼崇高。

為議題「定義」

　　談判的「事」，除了「要什麼」（利益）、「談什麼」（議題疆界）之外，還包括我怎麼為談判桌上的議題「定義」。定義不是解釋名詞，說明這件事是什麼，而是「我想讓它是什麼」。我們要為議題創造一個定義，讓它可以被處理，進而被解決。

　　一九九〇年八月二日，伊拉克入侵科威特，隔年一月十七日，第一次波斯灣戰爭爆發，這段期間各國不是沒有努力防止戰爭爆發，各種檯面上、檯面下的談判都在進行。當時最重要的，是確定我們要談什麼。也就是伊拉克入侵科威特，這件事怎麼定義？

　　最初，國際把入侵事件定義為邊界衝突。因為伊拉克說和科威特邊界有油田糾紛，伊拉克跟伊朗打了八年的兩伊戰爭，科威特趁機盜賣邊界油田的油，賺了不少錢，現在要討回來。如果伊拉克打科威特只是油田問題，那很好解決，找國際仲裁或科威特乾脆把油田給伊拉克，不就解決了？但衝突還是沒解決。

　　於是，各國又從伊拉克總統海珊的話裡面找線索，將入侵事件定義為伊拉克想為南部大城巴斯拉找波斯灣的出海口。科威特在波斯灣有兩個大島，布比楊和瓦巴。當時國際的調停方案是，只要伊拉克撤軍，科威特復國，國際就協調科威特把這兩個島租給伊拉克，這樣問題不就解決了，也具有合法性？結果衝突還是沒解決。

　　直到伊拉克正式把科威特併吞成為伊拉克一省之後，國際上再也找不到台階讓伊拉克下台，因為這就是兼併，沒有別的定義了。至此，戰爭已無法避免。

　　一九八八年，聯合國調停兩伊戰爭時，伊朗提出先決條件：伊拉克必須答應面對面談判才願意談。伊拉克的回應是從來不接受任何先決條件。談判看來是卡住了，但時任聯合國祕書長的裴瑞茲把問題重新定義，指出伊拉克反對的只是先決條件，並非面

對面談判，所以雙方可以先停火，然後立刻面對面談判。這樣面對面談判的實質有了，先決條件四個字也閃掉了，這就是議題定義的靈活運用。

　　在談判過程中，我們想定我「要什麼」，也在決定我「要談什麼」。要什麼是目的，談什麼是方法，是過程，可以一邊走，一邊決定。敏感、但不需要立即解決的問題，可以留到以後關係變好，或者情勢有利的時候再談，這也是治標或治本的選擇。

　　比如爆發勞資衝突，勞方已經走上街頭了，這時，我們在街頭跟工會談判，目的就是要他們先回家。積累多年的問題不可能一下子在街頭全都獲得解決，所以先結束罷工，是治標，是現在立即要談的，治本的方法可以拉到室內慢慢談。

　　決定這一回合要治標還是治本，才能決定我的議題疆界要擴得多大。疆界裡面不能只有一個議題，但也不是議題越多越好，這樣也容易失焦。如何維持平衡，就看談判者的智慧與耐性了。

人：我得跟誰談？

　　決定我要談什麼之後，再想：要達成這個目的，我得跟誰談？

　　假設我是賣方，我有一個東西想賣一百元。我是賣給甲？賣給乙？還是賣給丙？如果甲願意出一百元，乙只願意出八十元，

丙出六十元，那當然是賣給甲。可是如果乙和丙都願意出一百元呢？如果不考慮私人交情等因素，那就沒有差別，賣給誰都一樣。當我在跟甲談的時候，乙和丙就是我的選項，有選項，我就不會被甲勒索。這就是我們為什麼說選項也是籌碼的原因。

如果不是一對一，而是對一家公司，情況又不一樣。假設我是甲公司，跟乙公司談判，我要找誰當對口？乙1、乙2，還是乙3？這個問題的背後其實有一個假設，就是一家公司裡不同的人，要的東西不一樣。所以我們是在跟這個人談，而不是跟這家公司談。這跟前一段討論的「事」剛好可以相互呼應。外國學者經常提到，談判要人性化，就是這個意思。

跟人談和跟公司談最大的不同是，人是有情緒的，有性格的弱點，有年齡的差別（不同年齡的人可能在乎不同的東西），這些都可能成為我們談判的突破點。

在談判實務上，有時候，人的問題遠比我們想的複雜。你真的知道你在跟誰談嗎？我一個學生，是中國大陸一家知名科技公司的業務，有一次，他到印度新德里跟塔塔集團談判。塔塔的窗口他很熟，所以他帶了一些禮物，準備送給窗口一家人。誰知他下飛機後，迎接他的是一張陌生的面孔，他熟識的窗口並沒有出現。原來，塔塔把這個案子委託外部的顧問公司來談判，顧問公司負責談判的人，對我學生而言，就是完全陌生的路人甲。

他再回頭一看，才知道這次跟他一起到印度的，連同他，共四家同業。顧問公司在新德里的飯店訂了八間房，每家公司兩間，然後告訴他們說：「我們認為兩天就可以談完。你們每一家

都有訂單，多寡就看這兩天個別談的條件了。但如果你們中途離開，那肯定沒有訂單。」

遊戲規則幾乎由印方主導，談多久、怎麼談，都是印方決定，而且也告訴你，破局是下策，將什麼都沒有。印度人似乎把人性摸得很透，晚上他也很放心的回家，隨便中國人怎麼去串聯。印度人很清楚，就算中方四家公司今天晚上達成共識，明天拉開個別談，誰也沒把握隔壁房間那家公司會不會信守前一晚的諾言。這就是博弈理論中典型的「囚徒困境」：如果一個遊戲只玩一次，而不是一直玩下去，要建立互信真的很難。

用事帶人，把你想要的人釣上桌

還有一種狀況是，我想跟公司裡面某個人談，但那個人就是不出面，該怎麼引他或誘他上桌？最直接的方法就是用議題來帶，也就是用事帶人。

美國談判學者分享過下面的例子。一個工會因為覺得公司提供的保險保障少、保費又高，很不划算，所以在一次勞資談判中，夾帶了重新評估保險問題的動議。當談到這個議題時，工會說自己對保險了解不多，所以請保險公司的人來擔任顧問。資方說這樣不公平，工會找了專家，資方也要找專家，要請財務經理上來一起談。

等財務經理上來後，工會很高興，說財務經理難得上來，為表示歡迎，保險問題就不談了，完全照公司的意思。不過，既然

財務經理都來了，工會就把握機會，跟財務經理請教工資的問題。

於是資方恍然大悟，這從頭到尾就是一個局，工會用保險這件「事」，帶出保險公司這個「人」，然後帶出財務經理這個「人」，再帶出工資這件「事」。

有人會問，為什麼談工資要找財務經理？因為財務經理是專業人士，就像很多工程師、技師一樣，知道很多，但因為不常在第一線談判，沒有足夠的談判警覺性，常常會不經意透露一些他認為沒什麼了不起、但我們覺得很有價值的資訊。所以我們才要想辦法，把對方陣營中有專業、但沒有警覺性的人釣上桌。

《哈佛商業評論》一篇文章討論過一個例子。一場談判，賣賣雙方勢均力敵，談判陷入僵局，這時，賣方一個工程師忍不住問了一句：「你們到底要我們怎麼做，才能拿到訂單嘛？」

賣方主談者一聽，心想：壞了，大勢已去。因為這樣一講，顯示賣方有多巴望這張訂單。既然賣方急著要，買方還可能讓步嗎？後來果然是這樣，買方一聽大喜，堅持不讓步，最後是在賣方讓步的情況下達成協議。

對賣方而言，這是多麼鬱悶的結局，就只是因為一個無辜、老實的工程師講了一句話。文章作者以此警惕談判者必須做好內部管控，不要讓什麼人都可以隨意發言。可是作為讀者，我們還可以從另一個方向想：大嘴巴的人每家公司都有，我們要如何讓這些人上桌，讓他不小心說溜了嘴，說不定還可從中找到談判的突破點？

確定對方以什麼身分跟你談

有時候我們認為應該跟誰談，結果卻不是。這未必是對方出其不意，而是我們對制度有所誤會。

一九八〇年，日本的豐田汽車到台灣和中鋼談判合建汽車廠，這在當時是很轟動的案子，可惜談了四年還是破局。

在談判的過程中，中鋼董事長趙耀東被擢升為經濟部長。後來豐田和中鋼將談好的投資企畫書送經濟部投審會審查，經濟部大筆一揮，在上面加了「自製率」「科技轉移」和「產品五〇％外銷」的投資三原則。豐田認為當初跟中鋼談的時候，都沒談到這三原則，怎麼中鋼董事長升任經濟部長後，就冒出這難以做到的三原則？認為台灣沒有信守承諾。

在雙方一來一往的言詞交鋒中，我們發現，雙方對談判的結構可能有所誤會。豐田認為他是在跟台灣談，尤其中鋼的董事長接任經濟部長，中鋼跟經濟部根本就是一家，所以豐田和中鋼談的條件，經濟部應該很快就會批准。

可是，經濟部和中鋼怎會一樣？這場談判不是兩造，而是三造，豐田、中鋼、經濟部各自獨立。豐田和中鋼達成的協議，經濟部作為主管官署，當然可以添加意見，何來承諾之有？

這就是從一開始日方就沒搞清楚跟誰談的典型例子。

談判對象也可能是一套人馬、兩塊招牌。在兩岸進入官方接觸階段之前，為了便於交往，中國大陸官員常使用非官方的另一個身分與我接觸，這就是一套人馬、兩塊招牌。所以談判時，不

只要弄清楚眼前這個人是誰（比如是經濟部，還是中鋼？），更要問對方，他代表誰，確定這個人是以什麼身分跟我談之後，才能調整成對應的身分與其交涉。

拉高視野，看見借力使力的機會

有時談判必須借力使力。比如我們是甲，要跟乙談，可是對乙，我完全沒籌碼。沒學過談判的人，可能鼻子摸摸就回去了。可是學過談判，就會多問一個問題：如果我對乙沒籌碼，誰對乙有籌碼？後來發現丙可以影響乙。所以現在要問的是，我對丙有籌碼嗎？可不可以借力丙去影響乙？在籌碼的運用上，這是以丙為槓桿的權力折射；在人的問題上，則是引丙入局。

我有一個學生在公關公司，主要做藥廠的公關。有一次，他想讓藥廠把一年的公關合約都簽給他。藥廠說：「那你得展現一下你的能力。能不能幫我搞定那個醫生？」

於是，我學生研究這個醫生想要什麼，發現他好名。我學生過去在報社打工的時候，發展出很好的媒體關係，他就用媒體關係滿足了醫生的需求。醫生要回報他，他說不用，只要他對藥廠好一點就好。

藥廠得到醫生的回報很高興，跟我學生說：「沒想到那麼難搞的醫生你都可以擺平，我就跟你簽約吧。」

我學生拿到合約那天很高興的打電話給我：「老師，搞半天這是食物鏈啊。」

　　沒錯，職場就是一物降一物的食物鏈，你只要不是食物鏈最底端就可以了。這故事是從公關公司角度看，若是從藥廠角度看，藥廠是借力公關公司，增加跟醫生談判的籌碼（圖 2.1）。

圖 2.1　談判的食物鏈

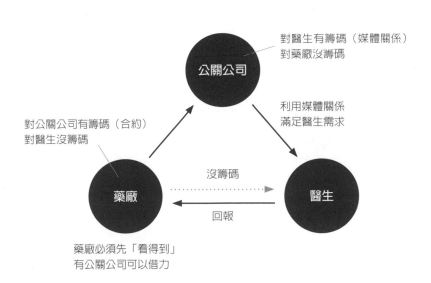

可是，借力有一個條件，你必須先「看得到」有誰可以借力才行。我常說要「拉高看局」，談判時不能只盯著桌子對面那個人，要關照整個局，看有哪些看得到或看不到（只在心裡造成談判者壓力）的玩家。我們必須擁有「星垂平野闊，月湧大江流」的高遠視野，才看得清局裡有多少人。要怎麼拉高視野？欲窮千里目，更上一層樓，最直接的就是升官，讓自己從更高的位置看

局。來不及升官就學習，用前人的經驗將自己墊高，這是最快的方式。

談判桌上的人們

人的部分還包括我們這邊幾個人去談、誰擔任主談者、誰擔任觀察者，都得規畫好。大型的談判都會安排一個觀察者，因為主談者是沒有時間思考的，要靠觀察者注意一些細緻的變化，及時提醒主談者。

有些人以為觀察者是新兵去見習的，這完全錯誤，觀察者是主談者的搭檔。他可能看到對方一個穿黑西裝的人坐下來，其他人就變得緊張，就要想，這個人會是誰？或者對方早上立場和下午立場差這麼多，是發生了什麼事？或者總公司來了一個新的指令，要不要暫停，先研究一下？觀察者可能發個暗號，讓主談者叫停，先研究一下再上桌。

也有同學跟我分享，他們談判時，碰到對方用車輪戰法輪番上陣。他們是兩個人出國談判，但對方是研發、法務、採購、財務、製造，五個人上桌，採購談完價錢之後，換研發上陣，研發談完後換製造……他們只有兩個人，疲於應付，這個也要懂，那個也要懂。

如果是在自己的地方談，我們也可以有幾個不同的窗口，一個對一個，用圖畫出來，就是一個正三角形、一個倒三角形。可是如果因為某些原因，只有兩個人出去談，那就變成了兩個正三

角形（圖 2.2）。

圖 2.2　出國談判的情況

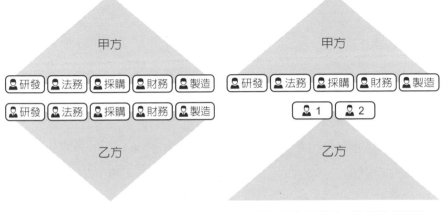

理想中的談判應該是這樣　　　出國談判為了省錢，常常變成這樣

　　這時怎麼辦？其實反過來想，對方願意擺出這麼大的陣仗，表示很在乎我們。當對方五個人上桌，發現我們只來兩個人，可能會不高興，認為我們等閒視之。為了避免給人這種感覺，派出去的層級要夠高，才能展現誠意。

　　有人說，這也要看談判進展到哪一個階段。沒錯，但如果只是試探階段，對方也不會一下子就派五個人出來。如果試探階段對方就派五個人出來，那就是想從一開始就鎮住你，讓你知道他們是認真的，是有備而來的。如果我們真的準備不足，就休會，

改約下次再談。不要隨意在談判桌上做出自己做不到的承諾，這樣將來一定會後悔。

還有，派出去談判的人是可以換的。有人說，陣前換將不好，其實不一定。有時我們想換一套談判戰術，比如由硬攻改成懷柔，就可以透過換人上桌的方式，轉換我們的策略，重洗牌，重談。

反過來，如果看到對方換人來談，比如換了部門主管，就可能是他們要轉換策略的前兆。對方的態度改變或人改變，都可能是談判的轉捩點。態度改變藏在他心裡，我不見得都能發現，但人改變卻是看得到的，我們要有敏感度。

上桌的時候，能拍板的人不一定都會在桌上，但是桌上一定得有人發號施令，告訴團隊什麼時候叫停，或約束團隊成員不得隨意發言。這就是我們常講的，領導不一定在桌上，但桌上一定要有領導。

談判的「人」又連上談判的「力」。面對不同的人，我們有不同的籌碼，所以接下來我們就談「力」。

力：我有什麼是對方要的？

談判是權力遊戲。

有同學問我：「我講話結結巴巴能不能談判？」

　　我說：「結結巴巴的缺點，是你沒辦法把意見表達清楚，但是你也有優點，你一定是最好的聽眾，絕對不會搶話，因為你也搶不過人家。」

　　其實真正重要的不是結不結巴，而是我們兩人誰有求於誰。如果我有求於你，你再結巴，我也得強迫自己把話聽完，所以重要的是有沒有籌碼。

　　西方學者談到籌碼，大概都有共識列出下面幾個：**酬賞、高壓、親和、正當性、資訊、專家**，另有學者提出**行為**和**選項**也可以作為籌碼。這些權力的元素，在談判界大概都有一致的看法，但是實際操作的時候，卻可能因時因地而有所不同，我們一個個來剖析。

酬賞

　　先看酬賞。酬賞之所以為酬賞，是因為對方想要這個東西。酬賞要發生作用，根據談判理論，必須滿足三個條件：一是剛剛講的，**對方想要**；二是，**他相信我有這個東西**；三是，**我知道如何操作，才能確保他的順從**。也就是說，我們不能一下子都給他，他還沒做出我們想要的行為，我就把酬賞都給他，他就不聽我的話了。所有的酬賞都是慢慢給，我們經常聽到的「前金」「後謝」，也是同樣道理的操作。

　　酬賞不一定是實質的金錢或物質，也可以是抽象的，比如老闆公開的誇獎，也能讓屬下覺得非常受用，這也是一種酬賞。

二○○二年一月我在上海給西門子移動通信上課，我問他們的採購經理：「你的談判籌碼是什麼？你的價格很好嗎？」他說：「不好。」「付款條件很好嗎？」「也不好。」「那你的籌碼是什麼？」我問。

「西門子這三個字啊。如果對方成為西門子的供應商，以後跟別的公司談判，身分就不一樣了，談的價格也會比較好。」所以，西門子供應商的身分，就是西門子可以酬賞供應商的籌碼。

這使我想起台灣 EMBA 學生跟我說的故事。一位做水電工程的董事長跟我說，他們接過幾個豪宅的案子，對方要求很苛，做下來不但沒利潤，甚至還賠錢，可是咬著牙也要做。因為只要做過這家豪宅的水電工程，身價立刻就提高了，以後談別的案子，價碼就完全不同。這和西門子的情況完全一樣。

我們擁有的關係和人脈也可能是對方要的。美國人曾經研究過一個中國大陸的個案：乙和丙都想把東西賣給甲。乙的產品無論質量、價格或付款方式，都比丙好，但是最後甲選擇了丙。大家很納悶，為什麼會這樣？後來才發現，問題出在「關係」兩個字。只是這關係不是甲和丙是親戚這類，而是甲看上丙後面的人脈。甲之所以把訂單給了丙，是想和丙後面的人脈建立關係。所以，人脈就是丙的籌碼。

酬賞的內容，也會因時代不同而有不同的操作方式。

台北一家公司代理一個外國品牌的產品。代理商跟原廠談判時，它的籌碼是什麼？傳統上都是訂單。可是訂單不能太多，

也不能太少。太多，原廠可能就自己進來了；太少，它可能就換代理商了。過去那家公司總在訂單的多與少之間調節，我去上課時，公司老闆跟我說，他自己都覺得老是重複這樣的動作很沒意義，所以想，一定要用另一個方法增加自己的價值才行。

他決定從硬體和軟體雙管齊下。硬體是他的設計能力。原來，外國原廠的產品進到台灣，並不符合台灣人的使用習慣，所以不好賣。現在他改成進原廠的核心組件，由本地的團隊設計周邊的部分，等於設計出台灣的解決方案。這樣本地的客戶使用起來比較習慣，價錢也便宜，原廠也因為核心組件賣進來很多，利潤反而增加，大家都很高興。

軟體部分就是提升自己的談判能力（這就是他找我去上課的原因）。原廠當然也可以自己進來，但是代理商可以談出比原廠更好的銷售條件，也有全套的後勤體系提供維修服務，比原廠自己進來，重新建立一套體系更有效率，也更經濟。所以原廠想想就不需要自己進來了。

代理商用硬體的設計能力滿足客戶的需求，用軟體的談判能力滿足原廠的需求，創造自己的價值，也保住它的代理權。這就是代理商的酬賞能力，所不同的，這個能力以前是訂單，現在是硬體和軟體能力。

創造需求，讓對方「想要」

光有能力還不夠，還必須對方「想要」。這就要靠說服的能

力，這也是為什麼有些學者認為談判力就是說服力，雖然這種說法太窄，卻也點出了說服的重要性。

很多教溝通與表達的書都介紹過說服的技巧，這裡我們就不著墨太多，但仍有幾點必須提醒。首先要留意，**我們想傳達的訊息，不見得就是對方接收到的訊息**。

比如我們去澳門玩，現在可能是去看水舞或賭場秀，但早年去澳門，經常會碰到中國大陸尤其是四川的人來兜售中藥。他們總是費盡唇舌告訴我們這中藥「好珍貴」，可是聽到我們耳朵裡，就只剩下「好貴」兩個字。他想傳達的是價值，到我耳朵裡只剩下價格，為什麼會這樣？因為沒有對應到我的需要。如果我今天恰巧生病，正在遍尋靈丹妙藥，那他說好珍貴，就是好珍貴；但我又沒生病，好珍貴就只剩下好貴。所以先了解對方要什麼，再看看如何把我的訊息配合他的需要傳送過去，這樣才有說服成功的機會。

其次，**「需要」也可以被創造出來**。美國有些超市有幾百種起司供客人挑選，客人一看到這幾百種起司都昏了，哪知道如何挑選？這時就必須求助銷售員的「導購」。客人可能說他上週在朋友家吃到一種有煙燻香腸味道的起司，想請銷售員幫他找一下。銷售員在幾百種起司中挑出了五種，還建議如何搭配紅酒。客人對銷售員的服務與訓練大為讚賞，也很開心在這裡消費。其實超市擺出幾百種起司，創造客人對銷售員服務的需要與依賴，也是一種談判技巧。

調整供需的結構，創造競爭的第三者，或是故意不供貨，製

造飢餓行銷，在客戶端造成搶購，也是增加我方談判籌碼的方式。

高壓

　　接著看高壓的權力。高壓就是懲罰對方，懲罰有三種，一是把一個不可欲的情況加在對方身上，比如加稅；第二是剝奪他一個他喜歡的東西，比如沒收或凍結他的財產；第三是防止他得到一個他想要的東西，比如不幫他達成目標，或者我們熟知的石油禁運、甘地的不合作運動等等，都屬於這一類。

　　一個動作是賞是罰，都跟對方的原始期待有關。如果對方沒有期待獎金，給他一萬元，他會很高興。但同樣一萬元，如果是作為年終獎金，他卻會認為是懲罰，因為他對年終獎金的期待並不只一萬元。

　　更重要的是，賞和罰的戰術之所以有效，就在於它還沒有兌現。如果已經賞了或罰了，就沒用了。有人會問，如果我們先給酬賞，他可能就走了，不幫我做了，可是，對方也會擔心，如果他先做了，做完我們卻不認帳，不賞了，怎麼辦？

　　所以酬賞要分段，常聽人說的「前金」「後謝」，就是把酬賞分兩段來執行。要不就是兩條平行線，我們要求對方做的事，做到麼地步，就給他多少酬賞，再往下做到什麼地步，就再給酬賞。兩條平行線是比較公平的方法。

　　罰也是一樣。我有個深圳的學生是中國大陸嚴格執行一胎化政策時超生的，他說母親懷他的時候，因為是超生，所以躲在外

面不敢回家。村裡的幹部要他奶奶傳話給他媽媽，要她回來，不然就燒他們家房子，叫了幾次，他媽媽還是沒回去，幹部一怒，就真的把房子給燒了，我學生苦笑：「房子都燒了，當然就更不回去了！」

　　理論上，賞，但是還沒兌現，叫承諾；罰，但是還沒兌現，叫威脅。真正發生作用的是承諾和威脅，如果承諾和威脅兌現變成酬賞和懲罰，那就沒有想像空間，不再是談判籌碼了。除非能像北韓那樣玩。

　　北韓在第一次核子試爆以前，故作姿態了好幾次，揚言將進行核子試爆。國際上又威逼又利誘，提供很多經濟誘因，希望交換北韓不要進行核子試爆。後來北韓還是試爆了。當時我想，作態要進行核子試爆才是談判籌碼，今天你試爆了，等於攤牌，把威脅兌現了，還怎麼拿試爆作為談判籌碼啊？

　　我還在納悶的時候，北韓話頭一轉，說這次試爆沒有完全成功，所以還有後續的第二次、第三次。於是，要不要試爆又再度成為談判籌碼，威脅可以兌現好幾次，用西方的比喻是，同樣一匹馬賣了好幾次，也是高手。

　　到了二〇一七年又是另一個光景，這年顯然北韓在核武與飛彈的發展上取得了突破，我們看到北韓不斷進行飛彈試射、核子試爆。任憑美國、中國、俄國誰講都沒用，威逼也好，利誘也好，都沒辦法讓北韓收手不再試爆、試射。很多同學問我，為什麼所有的談判工具都用了，碰到北韓都沒用呢？這時只有一個解釋，就是它核武發展快成功了。就差這臨門一腳，只要過了門

檻，它就是核武國家，不再是昔日的吳下阿蒙。所以越到這關鍵時刻，就越要挺住，越不可能讓步。

行為權力

防止對方得到想要的結果，是弱勢談判者可以思考的權力運作方式。比如在國會中，多數黨想表決通過一個案子，因為他們票數夠多，幾乎可以通過任何想通過的案子，少數黨覺得沒受到尊重，因此退席抗議。多數黨挾其多數，真要一意孤行，自己投票讓案子通過也不是不行，但總不希望玩得這麼難看，所以還是希望少數黨回到議場，就贊成或不贊成進行投票，哪怕投不贊成票也沒關係，只要他們參與投票，最後的表決結果就有更大的正當性。所以多數黨會跟少數黨談判，應允在某個方面讓步，交換在野黨就這個議題進場投票。

札特曼教授表示，少數黨雖沒有「否決的權力」，但可以不進場投贊成票，防止執政黨得到他想要的結果，這種權力叫「贊成的權力」。

但否決的權力也好，贊成的權力也好，這種權力之所以出現，是因為有一個議事規則在規範大家的行為。所以，弱勢談判者一定要在正式的地方談判，在正式的地方才有議事規則的程序性力量，讓你借力使力。如果是弱勢談判者，還喜歡在走廊上這些不正式的地方談判，你提出來的要求最後可能就是被搓掉了，不可不慎。

　　從這裡帶出來的是「行為權力」。行為權力是憑空創造出來的權力，用英文來講，就是你必須do，才能undo。先做，才能不做。

　　我們常講「會吵的小孩有糖吃」，請問這個小孩之所以要得到糖的籌碼是什麼？你也許會說：不哭。我們可以追問：為什麼可以用不哭作為籌碼？答案是因為他先哭。就好像前面講北韓的例子，如果北韓決定讓步，爭取國際經援，它的籌碼將是棄核。為什麼它可以用棄核作為籌碼？因為它先擁核。只有先擁核，才能棄核。

　　假設你在公司是助理，辦公室上下都把你的服務視為理所當然，要怎麼做才能讓大家重視你的存在，增加你的談判籌碼？請假兩天試試看。你一請假，辦公室可能就亂了，你的價值就凸顯了。「先哭」「擁核」「請假」，都是憑空創造出來的談判籌碼。

　　可是為什麼有的小孩哭，不但沒糖吃，還被打？因為只學到談判的「形」，沒掌握到「神」。要抓到「神」，必須注意，第一是**「時機」**，也就是timing，媽媽心情好的時候，小孩哭才有效，你不能在媽媽心情不好的時候，還用哭來添亂。第二是，必須有**「節度」**，也就是limit，我建議助理可以請假兩天，沒說請假三天，就是這意思。請假三天，老闆會覺得太沒責任心，搞不好回來就被炒了。把這兩點添加進去，才能抓到這個戰術的精髓。

親和權與其他籌碼

　　親和權也是一個很有意思的籌碼。假設今天甲是乙的粉絲，

甲崇拜乙、模仿乙，乙講什麼話，甲都奉為圭臬，乙介紹的產品，甲都趕緊去買，我們就可以說乙對甲有一定的籌碼，這就是親和權。

　　但是，這種喜歡或崇拜不會永遠存在，所以談判學者才會建議，乙應該趁甲還崇拜自己的時候，把這種喜歡轉換為真正具體重疊的利益，這樣雙方關係才會長久，光靠崇拜維繫雙方關係還是太虛幻了。還有一點乙要注意，當甲崇拜你的時候，也是對你完全信任，相信你不會傷害他，如果後來發現你利用他對你的信任刻意欺騙他，兩人的關係會立刻崩盤。

　　正當性權力跟親和權不同，但也是讓對方繳械的權力。所謂正當性權力，是我認為他有權提出這樣的要求，我也有順從他的責任。他為什麼有權提出這樣的要求？可能他是民選總統、總理，或是國王，本來就有權提出要求。也可能因為他在我沒有期待他會幫我的時候幫了我，比如在經濟困難時還撥了一筆預算給我，所以我欠他一份情，必須回報。有人就是抓住這點，先讓步給你，讓你覺得欠他一份情，然後再提出他的要求。

　　資訊與專家的權力也很容易懂。我掌握了資訊，讓我可以先一步布局，或者我有什麼別人所需要的專業知識，都是我的談判籌碼。

　　談判籌碼的運用，有「推對方」跟「鎖自己」兩個方向。運用籌碼的目的，是要對方移動位置，我保持不動，所以最後是他

讓步。他為什麼會移動位置？兩個原因，一是被我推得「節節敗退」，一是推我推不動之後，他自己「知難而退」，不管是哪一種，都是他退。所以談判籌碼可以用在手上，推對方，也可以用在腳上，鎖自己。

酬賞、高壓、行為權力、正當性，都是可以推對方的權力。

專業知識可以推他，也可以鎖自己。

完全屬於鎖自己的權力，一是時間：我有時間慢慢耗，可以等待新的選擇出現，所以拒絕讓步。一是選項：我有別的退路，所以我可以不理會他的要求。有選項，就有了說「不」的底氣。「力」就連結上了前面討論的「人」。

這裡又衍生出一個問題：如果有選項就有籌碼，那要增加自己的談判權力，我應該砍他的選項，還是增加自己的選項？

砍他的選項，會增加他對我的依賴，他就比較弱；增加我的選項，可以減少我對他的依賴，我就比較強。這有什麼不同？不同在於：他比較弱，不一定我就比較強，也可能是雙輸的局面。我砍了他的退路，不等於我就有退路，我可能還是卡在這樣的關係裡面。所以為了安全起見，我們還是應該增加自己的退路，這才是增加權力的正確方法。

時：時間在哪一邊？

再來看「時」。時間元素的第一個面向是**「天時」**。我們講天時、地利、人和，所以要問：現在是談這件事的最佳時機嗎？

比如中東可能有爆發戰爭嗎？油價會上漲或下跌？美國總統拜登的基礎建設計畫在國會會不會過關？政府什麼時候會公布一個關鍵的統計數字？公司的財報如何？老闆的心情如何？這些因素從大到小，但都彼此相連。談判者要做的第一件事，就是先審視這些事件的相互關係，然後決定我們什麼時候要談什麼。

越是高階的談判，越是鑲嵌在國際政經情勢裡面。比如美國跟中國大陸打貿易戰，造成很多供應鏈南移，越南成為許多公司最想搶進的地方。在眾多企業都想進入的情況下，越南有了太多選擇，也因此有了更多的談判籌碼，我們跟越南談判也越來越辛苦。這不是單單研究越南的民族性或越南人的談判風格等就可以解決問題，因為越南的底氣來自這個時間點的國際政經情勢。

如果越南太強勢，那我們新南向要去哪裡？印尼是不錯的選擇。因為眾多企業南移，卻沒有進印尼。印尼總統左科威檢討後發現，印尼招商引資的繁文縟節太多，基礎交通建設不足，是各國對印尼望之卻步的原因。印尼政府因此決定簡化外國企業進入的規定，加強基礎建設，並祭出優惠的條件吸引外資。這都成為我們進入印尼的誘因，可以想見，這時到印尼談判應該會比到越南好談。加上印尼中產階級勃興，是很好的消費市場，所以這個

時間點進印尼正是時候。

可是另一方面，印尼新冠疫情非常嚴重，居東南亞之冠，又拖累了印尼的經濟，所以我們需要審慎評估後再定奪。這些都跟天時有關。

如果我們是工會，想跟老闆要求加薪，這時考慮的天時應該是國家整體的經濟狀況。如果現在經濟不好，失業的人多，我們在這時候提出加薪的要求，也很難獲得社會大眾的支持。如果我們罷工，影響到民眾的生活，只怕讓工會承受很大的壓力，所以這就不是一個引爆的時間點。

除了天時之外，「時」的第二個面向是**「時間」**。我們常說，有時間的人贏，為什麼？因為有時間，我就可以氣定神閑。很多事我可以等，等更多的資訊出現，讓我做更周全的決策，或等新的選項出現，讓我不必受制於對方。前面講過，用時間「鎖住」自己，就是這個意思。

有沒有時間，跟談判的期限也有關。期限構成了談判的結構。每次有學生問我該怎麼談的時候，我都會先問：「時間在哪一邊？誰比較熬不下去？」沒有時間的人棄子認輸的機會很大。

假設我公司的辦公室租約三月三十一日到期，這就是期限，而且是不能改的。房東要漲價，如果我沒辦法在期限以前找到新的辦公室，四月一日起就要照新的價格付租金。如果我是那種做事拖泥帶水的人，就得給自己多留一點談判時間，可能剛過元旦，就得啟動尋找新辦公室的談判工程，不然越靠近三月三十一

日，我將越被動，越沒有談判籌碼，也越沒有精神好好談判。

　　除了租約到期之外，季節也是期限。春天雪融之前，冬天冰封之前，都會影響到雙方的談判籌碼。出國談判的時候，也不要把自己的時間算得太緊，這樣你讓自己落入被動。美國人談到跨文化談判時就提醒，在阿拉伯世界，他們談判的步調很慢，所以一定要預留一些寬裕的時間，否則會逼死自己。

　　「時」的第三個面向是**「時機」**。所謂時機，是在對方最想要的時候出手，才能發揮談判籌碼的最大效用。

　　第一章介紹議題掛鉤戰術時提到，如果我跟對方談 A 議題，A 議題是我比較弱的，對方根本不跟我談，於是我把 B 和 C 兩個議題掛上去一起談。這兩個議題就是他有求於我，是我比較強的議題，我就可以告訴對方：「如果你給我 A，我就給你 B，甚至給你 C。」或「如果你不給我 A，我就不給你 B，C 也不給你。」

　　有學生問：「我用了掛鉤戰術，結果對方根本不理我，一定要我一樣一樣談，否則不跟我談。怎麼辦？」可能很多人在操作議題掛鉤戰術時都有這樣的挫折，問題出在哪裡？

　　出在「時機」。我們掛上去的東西，必須是對方想要的東西，不是隨便從口袋裡掏出東西就掛上去。可是，他不會永遠想要，可能這個當下想要，過一陣子，有別的選擇出現，就不想要了。所以我們一定要把握他想要的時機，在最關鍵的時刻出牌。

　　還有，A、B、C 三個議題不見得會在同一時間出現，所以談判者必須有足夠的戰略耐性，等對方有求於我的議題出現（圖

2.3）。我怎麼知道他什麼時候有求於我？這就是情報蒐集的工作了。我們跟對方談判，也隨時關注大環境的改變（比如政府哪個政策改變，現在他需要我了），或對方經營策略的改變（他們公司現在想布局某項新產品，我們剛好在這項產品的研發或行銷上可以幫上忙）。把握了情報，才曉得什麼時候是議題掛鉤的時機。

圖 2.3　議題掛鉤需要戰略耐性

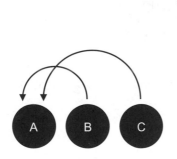
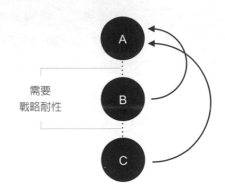

我們以為議題掛鉤是這樣

實際上，三個議題可能在
三個不同的時間出現

　　從時間與時機的討論，我們可以得到一個結論，就是談判的權力是不斷變動的。可能這個議題你有求於我，那個議題我有求於你；或這個時間你有求於我，另一個時間可能就是我有求於你了。所以談判的權力，用一個詞來形容，就是「消長」兩個字。《孫子兵法》說：「兵無常勢，水無常形。」就是這個概念，而這個概念是相當道家的。兵家和道家的源頭是一樣的。

　　「時」的最後一個面向是**「時候」**。我們什麼時候談？早上談？下午談？晚上談？首先要考慮的，是體能狀況。我們什麼時候精神最好？有人是夜貓子，要他一早起來談判不如殺了他，有人中午吃過午飯後就呵欠連連，有人晚上八點以後就不能做事，不然整個晚上腦神經亢奮睡不著覺。你是早上的人？下午的人？還是晚上的人？

　　如果是到另一個國家談判，還必須考慮該國的文化與生活節奏，看什麼時候談最好。像歐洲很多國家，晚飯吃得特別晚，或午覺睡得特別久，他們的生活步調不要說跟東方不同，跟美國也不同。所以入境隨俗很重要，要根據對方的起居時間，調整我們談判的時程。

　　宗教因素也要列入考慮。在基督教世界，星期日是主日，可是在伊斯蘭世界，星期五是做禮拜的日子，星期日可能是上班日。這都是進入不同文化圈談判時要先做好的功課。

情：交情是助力還是阻力？

　　最後我們看「情」，這裡講的情，不是情緒，而是**交情**。

　　談判者之間有沒有交情？交情是助力還是阻力？如果交情是阻力，對我綁手綁腳，我們就必須設法簡化交情。如果交情是助力，我們就要設法培養交情與建立人脈。

　　外國學者研究中國人的人際關係，以天平為比喻，天平兩端，一邊是交情，一邊是要求。沒有這個交情，就不敢或不便提出這個要求。我們說「交淺不言深」，就是這個意思。

　　但問題是，談判雙方對彼此有沒有這個交情，可能有不同認知。也許我認為有這個交情，所以提出了這個要求，結果對方認為沒這個交情，拒絕了我的要求。這時我會怎麼反應？我可能不會反省我的要求是否太過分了，只會覺得他不夠意思。要承認是自己對交情一頭熱，熱臉貼他冷屁股，那多沒面子。

　　所以交情、要求、面子是三合一的，我們常講「買賣不成仁義在」，但最後常常仁義都不在。為了避免這種情形發生，最保險的方法就是在天平的交情這一端減重。除非你能處理得很好，否則太多私人的關係，常會帶來太多額外的要求。關係越單純越好，君子之交淡如水，有它一定的道理。

　　反過來，如果我們認為交情有助於談判的進展，就應該設法建立人脈。在公司裡，如果想在各部門之間推動一項新計畫，若沒有盟友幫你，這個涉及經費、人員調度、時間安排的新計畫肯定推動不了。

　　建立人脈的方法因人而異，以公司裡面為例，最簡單的方法就是參加人資舉辦的培訓活動，成為同一小組的成員，這樣就自然認識了。又比如公司開主管會議，有個案子跟我的部門無關，我可以贊成，也可以反對，甚至可以棄權，但我想結交的那個部門主管希望這個案子能夠通過，所以我就投了贊成票。舉手之前，我可能刻意看了他一下，散會後不管他有沒有來感謝，交情

就開始萌芽了，今後只要刻意灌溉，在有來有往的情況下，關係可以慢慢鞏固。

人際關係的品質，建築在有來有往之上，我幫他一點，也讓他有機會幫我一點，這樣雙方關係才是實在的。商業上的關係也是一樣。我們可能認識很多人，但是關係要用，才會變成人脈，所以有時候不妨開口請對方幫個小忙，比如請他提供一個資料（不會難找），之後我們同樣幫個小忙回報他，這樣雙方的關係就活絡了。

美國開國先賢富蘭克林有一個觀念可以參考，他說人際關係的建立，應該是我欠他一份情，而不是他欠我一份情。因為如果是他欠我一份情，他好像矮我一截，跟我在一起壓力特別大，因而處處閃避我。但如果是我欠他一份情，他的形象就變高大了，是高大的債權人，而我是小咖的債務人，他跟我在一起也比較沒有壓力。

還有一點要注意的是，交情是會用掉的。比如我們跟對方有交情，他也承認這一點，所以我們提出要求後，他也按照我們的意思做了，於是交情就用掉了。以人脈存摺為比喻，這筆交情的存款用掉了，我們一定要想辦法再「存回去」才行。交情不是空白支票，更不是提款機，別老想用情緒勒索人家，這會引起反彈的，不可不慎。

事、人、力、時、情，環環相扣

最後我們來順一下事、人、力、時、情五個元素的相互關係，這五個元素不是各自獨立的。

首先，「事」和「力」是連在一起的。我們說，談判的權力是議題權力，談這件事時我有求於他，談另一件事可能他就有求於我，所以我們可以用議題掛鉤戰術，藉由增加「事」的數目，來增進我們的「力」。

第二，「人」和「力」也是連在一起的。我們對這個人沒有籌碼，對另一個人也沒籌碼嗎？談判之所以可以借力使力，就是利用人脈網絡，用不同的談判對象為槓桿，最後達成我們的目的。

第三，「時」和「力」也有關。我有的東西之所以會成為跟對方談判的籌碼，關鍵就在對方「想要」。但對方不可能每時每刻都想要，所以我要把握時機，在他最想要的時候出手，才能發揮籌碼的最大效用。

第四，「人」和「事」也是連在一起的。人進來，就會帶事進來，事進來，也會帶人進來。有人斯有事，有事斯有人。所以不想扯進這個人，就不要談這件事；不想談這件事，就不要扯進這個人。

比如甲、乙兩人在談 A 議題。甲想引進丙，因為丙跟甲是一邊的，如果丙進來，三個人裡面，甲就有兩票。可是，如果甲直接跟乙說要讓丙進來，乙肯定不幹。所以甲會告訴乙，如果 A 議

題要談得完整的話，勢必要一起談 B 議題，否則是討論不出結果的。乙不疑有他，就一起談 A、B，但談著談著，發現甲、乙兩人都不是 B 的專家。誰是 B 的專家？丙。因為談了 B（事），所以帶進了丙（人）。

如果乙看得清楚這個局，當甲說要一起談 B 的時候，乙就要拒絕，說：「還是專注在 A 吧，不然焦點就模糊了。」大家嘴巴講的都是「事」，心裡想的都是「人」。

又比如議題掛鉤戰術，我是甲，跟乙談 A，他根本不理我。所以我想，如果我有 B，甚至還有 C 能掛上來一起談就好了，這樣籌碼將增加不少。可是我口袋裡只有 A，B 和 C 在我朋友丙的口袋裡。怎麼辦？我只有先跟丙結盟，只要能說服丙，加入我這邊，他來了，B 和 C 兩個議題（事）也帶進來了，我跟乙談判的籌碼（力）也增加了。

最後，再看「情」，「情」跟「人」是連在一起的。我是甲，要跟乙談，可是我跟乙沒交情，也說不上話。可是我跟丙有交情，而乙欠丙一份情，所以我會先跟丙結交，看看丙願不願意為我動用他的關係，勸乙跟我談判。

當我用「情」為槓桿的時候，如果還輔之以「力」（不管是懲罰還是酬賞），會更有分量，運作起來會更順暢。

就這樣，我們發現，事、人、力、時、情，這五大元素環環相扣，構成我們的談判情境，後面要談的出牌與拆招，都是在這個情境裡面操作。

第 3 章

談判桌上的出牌戰術

你想談出什麼結果，決定你怎麼出牌

開場談判的三層考量：

一、先決定我要走哪一條途徑來解決衝突：是力？是理？還是利？

二、決定這一回合我想達到什麼：是贏？是和？是輸？是破？還是拖？

三、根據我想達到的目標，搭配出牌的高、低、平戰術。

　　現在我們要上桌了。該麼出牌？先談哪一個議題？硬出牌還是軟出牌？**決定先談哪一個議題是戰略，設計怎麼出牌是戰術。**我們一個一個來談。

先談難的，還是先談容易的？

　　先談議題的選擇。先談難的，還是先談容易的？

　　這裡講的是難易，不是重要或不重要。談判雙方對每件事重要與否看法可能不同，有的議題可能他覺得重要，我覺得不重要，每個人要的東西不一樣，這樣才能交換，但是對難易的看法就比較有共識。大家都覺得不重要的議題，或一方覺得重要，另一方覺得不重要的議題，都屬於容易談的議題。當然，這個議題對我的重要程度，對方未必都清楚。

　　分出難易之後，再決定，是先談難的（攻其所必救），還是先談容易的（攻其所不守）？這跟我們的談判戰略有關：這一回合，我想談出什麼結果？

　　每一回合的談判結果，大概不出贏、和、輸、破這四種，如果再加上個相應不理，那就還有拖，共五種結果：

　　贏，按照我的意思達成協議；

　　和，雙方各讓一步，只要你沒有覺得不公平，就是和；

　　輸，按照對方的意思達成協議；

破，破局，走人；

拖，沒有協議，也沒有談出結果，但還繼續留在桌上。

這裡有幾點必須說明，首先，談判的目的是「利」，只要有利，贏、和、輸、破、拖這五個裡面，每一個都有可能是我這一回合想要的結果。

我們講這一回合，是因為談判可能有好幾個回合。如果我想先用低價爭取訂單，讓買方把訂單慢慢都轉給我們，逼得其他競爭對手不得不退場之後，我再在對方沒有選擇的情況下漲價，把過去該賺的一次賺回來。這在戰略上就是「先輸再贏」，誘敵深入，這一回合先輸給他，下一回合再贏回來。

反過來，如果我想先挫挫對方的銳氣，我會選擇第一回合不管談什麼議題，先贏再說，或先破局再說，展現我的氣勢，後面再看情況慢慢緩和。

其實我們沒有辦法決定談幾個回合，可能原來想談三個回合，結果談了五個回合才談出結果，但我們可以至少決定不要一個回合就談完。這樣我們才敢破局，為後面的戰術創造出迴旋空間。

談判目標確定了，才能決定先談哪個議題。如果我想誘敵深入，我會選擇容易的議題先談，這樣比較容易談成，也讓對方更有信心繼續談下去。選擇容易的議題，就是「軟出牌」，開低，目的是輸或和。

如果我想展現強勢或挫挫對方的銳氣，我會選擇困難的議題，也就是「硬出牌」，開高，目的是贏或破，或至少拖一下談判的速度。

　　「確定這一回合的目標→選定談判議題→決定出牌戰術」是一個完整的邏輯配套。

　　談判過程變數很多，也不是我這一回合想贏就贏得了，雖說如此，我們在設計戰術時，總是根據想贏或想輸、想破、想拖的初始目標去設計，萬一沒能如願，後面該怎麼變招，那是後面的事。唯一要注意的是，如果我選擇先破再和，一定要想清楚破了以後怎麼和？隔多久再放軟姿態開門？有沒有人可以扮白臉？

　　隔多久才掏鑰匙是 when，由誰扮白臉做下台階是 how，這也是每一回合交替，戰術轉換能否平順的關鍵。

　　下面我們開始詳細討論開高、開低、開平的戰術邏輯。談判時，硬出牌，開高，是提出我想要的；軟出牌，是提出我認為他能接受的。

　　比如一個東西我買五十元，現在我想賣一百元。不要問我為什麼想賣一百元，張三的東西比我爛都能賣九十元，為什麼我不能賣一百元？這就是硬出牌，考慮的是我自己。但如果我看到對方衣衫襤褸，想賣一百元，他可能也出不起，算了，就八十元吧。這就是軟出牌，考慮的是對方。但八十元還是大於五十元，軟出牌並不等於賠本出牌。

　　硬出牌或軟出牌跟談判者的個性有關（像我就大概都是軟出牌），也跟談判的戰術有關。個性我們沒法改，這裡談的是戰術。

硬出牌

　　硬出牌的第一個目的，就是單刀直入，直接告訴對方我要什麼，不兜圈子。

　　有一派談判學者反對這種戰術，他們表示，如果我們先出牌，不管講什麼，對方都會抓著我們開的價錢或條件往下砍。所以他們主張，不要先講我要什麼，而是用問句作起手式。華頓商學院的戴蒙教授就支持此看法，他拿買房子為例，買方直接告訴賣方他出多少錢，這是單刀直入講數字。買方如果分析給賣方聽，跟他說這一帶房價都在跌，如果真的想賣就不要等，越等下去價格越差，這是在講事實，目的在鬆動賣方對價格的堅持。

　　戴蒙教授認為，好的談判不應該講數字或事實，而是用問句：「這房子好棒，你住在這感覺怎樣？」先表示對賣方房子的欣賞，然後用問句引賣方講話，再從賣方的回答裡面，找到可以切入的資訊，說不定這些資訊還可以幫助我們把餅做大。

　　這是很棒的出牌方法，我們後面也會談到，但是問句好用，不等於我們就不能用肯定句先出牌。戴蒙沒提或忽略的，是用肯定句先出牌的「錨定效應」。

錨定效應

所謂錨定效應，是我們對事情的判斷經常受到第一印象所影

響。放到談判上，就是「我們對於成交價的期待，經常受到對方開價所操縱」。

　　比如你到埃及旅行，在不同商店買紀念品，在甲店，你看到一個滿喜歡的雕刻品，開價一千五百元，在乙店，另一個雕刻品開價一千元。我們不可能事前做好全部功課，所以對成交價的期待，就直接受到對方開價所操縱：開價一千五百元的應該貴一點，開價一千元的便宜一點。美國人也做過實驗，兩個東西同樣底價，但一個開價高，一個開價低，開價高的成交價常常就比開價低的要高。

　　第一印象的效果我們經常可以體驗到。有一次我到上海上課，聽學生介紹杭州王星記扇莊的摺扇，王星記是百年扇莊，他們的黑色素面紙扇，清朝時候還是貢品。那是用雲南棕竹做扇骨，扇面是浙江天目山的桑皮紙，上的是會稽的柿子漆，經六十幾道工序而成，聽得我當時就很想買一把來把玩。

　　二〇〇八年，我陪家人到上海旅遊，剛好在豫園附近看到王星記的店面，找到這種黑色素面紙扇。店員開價四百元人民幣，我覺得太貴，幾經討價還價之後，三百元成交。我還是覺得太貴，但導遊已經在催大家上遊覽車了，也就算了。當店員包好扇子，交給我的時候，旁邊一個年輕店員瞪著他，好像在說：「這麼黑心的價錢你也收得下去？」看得我心裡更毛。因為在觀光景點一般都是可以砍一半的，應該兩百就可以買到。

　　第二年，我剛好應邀到杭州講課，就想到西湖邊的王星記扇莊再買一把，看能不能以兩百元買到。我一進店面，就往定價兩

百元的那一區找，一看，沒有！

　　我急著問老闆：「你們不是有一種黑色素面紙扇嗎？怎麼沒貨了？」

　　老闆指著另一個方向：「先生，您真識貨，那紙扇以前是貢品呢，在另外一邊。」

　　我過去一看，差點暈了：九十元一把！

　　我問老闆上海豫園那邊是怎麼回事，他說那不是他們的店，王星記是沒有分點的。可見上次我是盡了觀光客的標準義務，讓自己被砍了一刀。

　　因為我心裡想的是兩百元，這就是當初被下的錨，所以只要低於兩百元，我都很樂意出。老闆如果把價格往上加（也就是我們說的加法談判），建議我扇子加一個中國結，或裝飾一個狴貅的墜子，只要不超過兩百元，我可能都出了。但是老闆並沒有遊說我加別的東西，於是我一口氣買了五把扇子，回台灣還可以送給朋友，以後自己把玩扇子時，也可以比較輕鬆，不怕玩壞它。

　　這裡的錨，不是賣家刻意下的，而是我們很自然的從第一印象發展出對成交價的期待。

　　有一次，我為一班上海的 EMBA 學生上課，一個學生跟我說：「老師，錨定效應對我沒用。因為在談判之前，我一定會做好充分的準備，所以不會受到對方開價所影響。」

　　我回答他：「準備充分很好，但是過度自信，也可能是將來失敗的原因。」

　　當時我們談的是買房子的例子，他說的準備，包括打聽附近的行情、屋子的現況、這一帶房地產的走向等等。但決定房價的因素不只這些，舉凡賣方的財務狀況、家庭狀況（急著把房子變現以支付醫藥費，或是把房子賣掉好分家等等），或者如戴蒙教授說的，我有什麼資源或人脈，剛好是賣方現在迫切需要的，都可能影響到他把房子賣給我的意願與價格。這些都必須在談判桌上一來一往的資訊交換中，像拼圖一樣慢慢拼湊出來，不是事前準備就準備得到的。

　　買方因為過於自信，所以根本不理賣方下的錨，當然也不會花精神去了解賣方沒說出來的，屬於「人」的那一塊。他只關心「物」，只是在供需的天平上硬碰硬對撞，最後就算成交了，那個價錢也一定不是最好的價錢。如果有另外一個關心賣方心情的買家半路殺進來，可能就把房子買走了。所以關心「人」，是很重要的談判潤滑劑。

開價要有「柱子」

　　再回來看先出牌下錨。先出牌有錨定的效果，但你的價格或方案必須有一定的理由支撐，用我們的講法，就是要有「柱子」。講得出道理，這樣門才鎖得住，我們來看一個新加坡的案例。

　　二十幾年前，我去新加坡上課，一個學生跟我分享他的談判經驗。我學生是做餐廳和按摩的，他按摩尤其好，各國的政要，像日本前首相橋本龍太郎，還有很多中東王子，每一次到新加坡

都喜歡找我學生按摩。所以新加坡政府一個新的商場開幕，就想請我學生到商場設點。

　　我學生想租一個四千平方英尺的店面，商場開出的租金是每平方英尺十八元新加坡幣。結果他多少錢租到？一平方英尺三元！這是怎麼談成的？

　　我學生用的招式，八成是我教他的，但剩下的兩成才是他成功的關鍵。我們來看一下那八成是什麼，又為什麼說剩下的兩成才是關鍵？

　　首先，招商單位每平方英尺十八元新加坡幣的價錢，是沒有柱子支撐的。因為是第一批招商，所有價錢都是理論上推想出來的，沒有實際業績支撐之下，很容易被推翻：為什麼不是十七元？為什麼不是十六元？所以對方先出牌，但下的錨定不住。

　　其次，談判籌碼講的是誰想要誰輸，這裡明顯是招商單位想要我學生的按摩店去設點，所以立場不可能太強硬。

　　第三是談判地點，我學生選在按摩店跟對方談。對方一到按摩店，看到牆上掛著橋本龍太郎、中東王子等人的照片，就非得把我學生請去設點不可，所以在談判氣勢上就輸了一截。如果是我學生到招商單位談判，就不可能有這效果。你怎麼可能把這些照片帶過去？如果帶照片過去，只顯得你有多想在這裡設點，還有什麼籌碼往下談？

　　第四，他談的最後協議是階梯式的協議，也就是現在租金是每平方英尺三元，以後業績做到什麼數字，租金是十元，又做到什麼數字，是十五元。這樣的階梯法解題，是我們認為最公平的

一種解題方式。因為在大家對前景沒有把握時，用階梯法循序漸進，誰也不吃虧。

　　以上都是我教他的，但是我教不了的，也是成功的關鍵是第五點：在地。想想，就算我去談，我們在新加坡是外國人，我怎麼知道在新加坡，對方開價十八元，我們砍到三元，能不能被接受？新加坡人習不習慣殺價？習不習慣砍這麼多？如果我們這樣做，對方會不會認為我們太不文明？不了解當地的文化與談判風格，我們哪敢輕易出手。

　　所以我跟我學生說，如果是我去談，人家開價十八元，我砍到九元都覺得很了不起了，哪談得到每平方英尺三元？因此我們出國談判，能請當地同事幫忙，或先了解一下他們的風格，這點非常重要。

沒行情的情況下，如何出牌？

　　有人問，如果我們有充分的資訊，可以下錨引導談判，可是如果資訊不足，或對這個產品完全不懂，這時還先出牌下錨嗎？會不會不開口還好，一開口反而洩底，顯得我們很外行？

　　這有兩派說法，一派學者主張，的確，沒有資訊就不要開口，可以多找幾個供應商來報價，在對話中引導他說出他們產品和競爭者的差異。這樣多幾個人來「教」我，我們對這項產品就越來越懂，也就越有辦法奪回主動權。

　　第二派主張還是可以先出牌，但說法是：「幕僚告訴我，這

東西大概多少錢算是合理價錢。」然後等對方回應。無論對方是溫和接受，還是對這沒行情的出價暴跳如雷，都給了一些我們想要的資訊。

有些談判者就有類似的做法，他們到風景區，看到一排賣紀念品的商家，賣的東西都差不多。到第一家詢價，老闆回答後，他們砍個價，然後走人，看老闆拉不拉他們回來。如果老闆理都不理，表示他們砍得太多了，接著到第二家，稍微加一點價錢，看對方反應。這樣試過幾次，大概行情也就出來了。

這就是在沒行情的情況下先出牌，然後從對方的反應中調整自己出價的戰術。可是很多談判遠比這複雜，太沒行情的出價，反而洩了自己的底，表示自己完全不懂，這時對方可能表面上客氣應對我們，後面卻準備了一個坑等我們掉下去。所以碰到對方用小動作試探的時候，一定要小心因應。

連續劇《李衛當官》裡有一段，雍正派親信李衛去查一個貪官，李衛假扮成山西富賈前去。貪官沒把握眼前這個人是不是真的山西富賈，於是端出茶來試一下李衛：「這明前茶不錯吧？」明前就是清明之前採摘的茶葉。

沒想到李衛雖是叫化子出身，但跟在雍正身邊久了，也學會一些本事。他端起茶杯，啜飲了一口，幽幽的說：「明前是明前，但是去年的。」貪官一驚，原來眼前這個人是真懂，趕緊叫下人把茶換了，端上真正今年的明前茶。

談判桌上常常會有這種明前茶式的試探，對方問我們一個問題，看我們懂不懂，或拿個物件給我們看，看我們識不識貨。但

我們往往都太溫良恭儉讓了，即便看出東西不好，也假裝敷衍兩句：「不錯。」心想以後不要買就是了，何必當下得罪人呢？如果是正式的談判，這種鄉愿只會讓對方覺得我們沒料，對我們更加進逼。所以，如果我們對這東西是真懂，無須深藏不露，把握時機露出一、兩句專業評論，鎮住對方，這就是所謂的「亮劍」。

有的買方是這樣亮劍的，他們在賣方報完價之後，用「明知故問」的方式，若無其事的問他一些問題。這些問題非常專業，不是對這產品或市場行情非常了解的人，是問不出來的。這樣的問題出來後，賣方會一驚，摸不清買方到底掌握了多少資訊，他後面的行為就會比較老實，也比較不敢隨便玩一些小動作了。

亮劍也可以是虛張聲勢，川普的律師羅斯就講過他的故事。有一次，他代表川普的公司去談一個案子，川普當時還不是總統，但已經是成功的地產商人，川普的律師當然也不是一般的小咖，可是那次的案子真的是他沒處理過的，怎麼辦？他選擇了虛張聲勢。他告訴對方律師：「噢，這種案子我過去處理過好幾次，沒問題。來，我們開始談吧。」從容自信的神態，讓每個人都相信他以前真的處理過這種案子，他可是川普的律師！羅斯說，對方律師也許曾想過耍一些談判的小技巧，但在他這麼一說之後，那些小打小鬧的技巧都沒用出來，真用了，那就是在關公面前舞大刀了。

羅斯用戰術叫「虛張聲勢」，成功的基礎就是我們討論籌碼時講的，權力都是對方的「認知」，我們要做的，就是「亮劍」。

可是，萬一我們真的沒有這方面的專業，也欠缺資訊，實在

無劍可亮怎麼辦？那就真的不要先出牌了。像前面所說的，找幾個供應商來報價，多問幾次，從他們相互攻訐的話語中，趁機學習必要的知識，是比較平實的做法。

開高走低，先破後立

再回來看先出牌的戰術。先出牌開高，還有一個目的是開高走低。

所謂開高走低，就是我提出第一個要求，對方拒絕了；我過一陣子降低要求，提出第二個方案，他又拒絕；於是我再降低要求，提出第三個方案。對方不好意思每次都拒絕我，又看到我鍥而不捨，沒有走，還那麼認真的降低要求，於是勉為其難接受我們最後的提案，但其實那才是我真正要的。這招叫「先破後立」，前面好幾個方案，嚴格來講都是等著對方拒絕的，等著他把門摔在我臉上，英文就叫 door-on-the-face。這也呼應心理學的「對比效應」：用前面的「開高」，襯托出後面「走低」所展現出來的彈性與上道。

這裡有個分寸，雖然我們提出第一個要求等著他拒絕，但不能是太離譜的要求。提出一眼就知道對方不可能答應的要求，對方會認為我們是來亂的，一點誠意都沒有。所以必須是至少有一點機會（不管機會多小），對方可能會答應的要求才行。

先破後立的戰術，在數字談判上是這樣用的：假設我是賣方，有個產品過去都是賣一千元，這次忽然報一千五百元，一下子漲

了五〇％，可想見對方的不解與憤怒。眼看談判快破局，我跟買方說：「今天早上我跟老闆報告，說一下子漲價五〇％，你們一定氣得從椅子上翻下來。老闆說他也沒辦法，國際油價飛漲，成本不斷翻升，我們價格也是非漲不可。要不我回去再跟老闆爭取一下，如果是一千三百元，你們能接受嗎？」

對方說：「那就試試看啊。」

最後很可能就是一千三百成交。表面上看起來，我們是從一千五百讓到一千三百，讓了兩百，其實我們是從一千漲到一千三百，漲了三百。

傳統的漲價是怎麼漲的？我們從一千往上漲一點，一千零五十，看對方有什麼反應。如果沒反應，表示一千零五十的價錢他吃得下來？於是我怎再往前推一下，一千一百？可以，就再推，一千一百五十？像這樣一步一步往前推，要到什麼時候才漲得到一千三百？而且這種漲價法，對方還可能說我貪得無厭。所以不如反過來，一次開到一千五百，破局，再降到一千三百，順勢漲了三百，這就是先破後立。

這招要成功，必須有足夠的 EQ，經得起對方發飆，並且抓準引爆的時間點。很多人告訴我，他們最終的目的是要跟對方達成協議，所以一直不敢破，深怕談破了，轉不回來，後面的可能協議也飛了。其實，達成協議和破局並不矛盾，**達成協議是目的，破局是過程，是戰術**。有的文化對這種戰術是樂此不疲。

一個學生跟我分享過和法國人談判的經驗。他說，有的國家談判者像獅子，一靠近他就撲上來，一口把你吞了。有的國家

談判者像狼，你一進去，狼從四面八方撲過來，在你背上撕一塊肉、腿上撕一塊肉，你渾身血肉模糊，遍體鱗傷，踉踉蹌蹌走出去，但你不會死。第二天你再回去，這些狼跟沒事一樣，可以跟你談笑風生。他說法國人談判起來就像狼，跟他談你不會死，但是 EQ 要很高。

德國是法國的鄰居，可是德國人也不見得了解法國人的性格。一個德國人就講，他跟法國人談判，好幾次他都以為談判沒希望了，沒想到法國人談到後面，居然峰迴路轉，不但跟他達成協議，兩人還共進了美味的法式晚餐。對法國人來講，破局真的就只是戰術，是過程，跟後面要達成協議的終極目標完全沒有矛盾。

有時候我們開高，預期他會破局，是想探探他心裡的價錢。比如我們報價後，對方說：「怎麼那麼貴？別的廠牌才多少。」我們的制式反應當然是：「那家公司的產品跟我們不一樣啦！」但也從他的話語中，知道了他能接受的價格範圍。

開高或開低，是我的戰術，但是對方心裡的感覺未必完全一樣。可能我覺得不高，但對方覺得很高。中國大陸一家公司，過去都是買一家供應商的設備，但生產成本一直降不下來，我一個台商學生，經由中間人介紹，也想進入那家公司。

我學生報了一個合理的價錢，但還是比現在的供應商高，怎麼辦？我學生跟我說，買方非常重視成本，你價錢再合理，只要比現在的供應商高，就是太高。所以他們本來想打退堂鼓的，因為沒有機會嘛。可是這一走，會讓介紹的中間人覺得很沒面子，

得罪他又不划算，這該怎麼辦？

　　傳統上，賣方這時都會不斷說服，告訴買方他們產品品質好，非原供應商所能比。但這樣講太抽象，老闆在乎的是成本，你強調品質，根本打動不了他。所以我跟我學生說，品質是虛的，品質好是什麼、能帶來什麼，講得清楚才是實的。

　　他聽懂了，於是他告訴對方，他們的產品雖然貴一點，但是運轉以後，無論耗電、維修、人力，都比原供應商的產品節省，使用年限也比較長，所以算總帳，他們的產品比較省錢。

　　他又告訴買方，他們的產品品質好，將來製成成品後，有可能讓他們打進韓國三星的供應鏈。他也列舉了很多他們客戶進入三星供應鏈的例子，老闆眼睛一亮，因為他從沒想過他的產品能進得了三星。

　　就這樣，「品質好＝運轉成本降低＋進入三星供應鏈」的前景，買方聽進去了，我學生的產品也順利賣進該公司。本來因為對方嫌報價高而瀕臨破局的案子，就這樣被救起來了。

　　所以開高，可能是我們故意開高，去試一下對方反應，也可能是我明明沒有開高，對方卻覺得我開高，結果一樣是破局。所以，我們得準備好破局之後該怎麼處理。預留白臉是一定要的，如果是故意要破局，除了白臉之外，還得留意破局的時間，不能等到最後一刻，太接近談判期限的時候才破局，就來不及挽回了。所以**破局的時間拿捏非常重要**。

　　有沒有以破局為戰術，最後卻挽不回的例子？有。一個英

國人分享過他的例子。他到黎巴嫩談判，黎巴嫩的供應商開了很高的價錢，英國買方覺得太離譜，談判因此破局。後來才知道，黎巴嫩那邊常常因為不知道買方是真的要買，還只是同行來詢價，一開始都會開很高的價錢來測試買方。如果買方聽了價錢生氣了，拂袖而去，賣方確認你是真的想買，才會回頭來找你。想想，如果這麼離譜的價錢，買方居然沒動怒，也沒反應，顯然不是真的想買，就不需要浪費這麼多時間在他身上了。

可是這個例子的結局是，賣方看到買方生氣了，看來是真的想買，因此回頭去找買方，但英國人已經買另一家公司的產品了。英國人說，他後來才知道黎巴嫩有這個習慣，但已經太晚了。英國人其實比較想買黎巴嫩人的貨，黎巴嫩人也不排斥賣給那個英國人，可惜最後因為文化的誤會，造成雙輸的局面。

重複式談判

硬出牌也可以配合重複式談判。談判桌上的一來一往有兩種方式，一是「重複式」，另一是「互動式」，也就是我們的談判行為，受到對方的行為所影響，他怎麼對我，會影響我接下來的動作。

有時候，硬出牌是因為一定要得到這個東西，我們不會因為對方示好或示弱，就心軟不再要求了。不管他對我是軟是硬，我都不為所動，只是一再重複我的要求，這就叫「重複式談判」。

重複式談判也是意志力的較勁，用西方學者的比喻，就是兩

人都睜大眼瞪著對方，看誰先眨眼。這種較勁在談判上有時還不失為有用的戰術。

前面講過，談判基本上就是在交換，有的東西對我是 must，但對他只是 want，另一個東西對我是 want，卻是他的 must，所以我們才能交換。有人問，那如果我的 must 剛好也是他的 must，怎麼辦？這時就堅持立場，看最後誰撐不下去，先眨眼。

先眨眼，可能是因為沒時間或沒資源，撐不下去，也可能是因為有別的選擇出現，或其他更重要的事出現，不想繼續在這件事上糾纏不休，所以立場就鬆動了。可能是他鬆動，也可能是我鬆動，只要有人立場鬆動，談判的局就活了。

從博弈理論來看，「先發制人」也是一種謀略，我們不是回應他的戰術，而是先出牌，讓對方選擇怎麼回應我。我的目的，是用強硬的宣示站穩了戰略位置，並以此去影響對方的行為。當然，我也會先設計好自己後續的戰術：如果他這樣反應，我怎麼回應，如果他那樣反應，我又怎麼回應。

裝著要：聲東擊西

先出牌的戰術其實有三種：**真的要、裝著要、試著要**。前面講的是真的要。那裝著要是什麼？就是聲東擊西，我們一樣開高，硬出牌，但提出的要求不是我真正要的東西。

過去台灣跟美國進行智慧財產權談判時，美國就用過這招。在前置談判階段（確認正式談判的時間、人選、地點、議題範

圍），雙方在談判地點上起了爭執。台灣希望在台北談，美國希望在華盛頓談，所以雙方就在談判地點上較勁。「台北！」「華盛頓！」「台北！」「華盛頓！」一來一往幾次後，美國說：「好啦，答應你。」一下子，台灣突然贏了，美國說：「地點我讓步了，你讓什麼還我？」台灣還沒想到呢，美國就說：「那個談判代表我不喜歡，換個談判代表吧。」原來，他們真正要爭的是談判人選，但是從佯攻談判地點出招，這就是聲東擊西。

有人問：「如果我們想聲東擊西，結果聲東之後，對方答應了，說，好啦，東給你，這樣我不就擊不了西了，怎麼辦？」也就是說，萬一弄假真了該怎麼辦？

如果怕先出牌，結果把自己給卡在桌上了，可以在出牌時**先設定收回來的條件**：「如果你能給我○○的話，我可以要東。」

這是把○○和「東」綁在一起，變成一個「包裹」。意思是說，如果你不給我○○，我就不要東，這樣我就有了一個可以把「東」收回來的機制。「東」不是我真正要的，我只是把「東」打出來誤導對方而已。如果後面打出的是我真正要的，「如果你能給我○○，我可以要西。」這個戰術就是前面教過的議題掛鉤，不是聲東擊西了。

如果聲東擊西之下，他硬是答應了我們的條件呢？那我們就準備接受「○○＋東」的包裹囉。所以在設計條件時一定也要準備好，萬一對方接受我們的條件，該怎麼應對。以前面的例子來看，美國也一定要準備好，萬一台灣答應在華盛頓談判，他們該換哪一招逼台灣更換談判代表。

「如果」兩個字是非常重要的談判戰術。這裡我們是用條件句，用「如果」開局，整個邏輯思路是：萬一對方沒有達到我們的條件時，還收得回來。為什麼要收得回來？因為我們要先出牌。為什麼要先出牌？因為要引導談判。

談判開局有四種戰術：

一、用**「肯定句」**開局：「根據○○，我們覺得一萬元是合理的價錢。」這就是下錨，引導談判。

二、用**「條件句」**開局：「如果你們能答應○○，我們願意出一萬元買下這東西。」這就是我們剛剛所討論的，用條件句開場，讓我們在情勢改變的時候還可以收得回來。

這個句型還有更深層的討論，當我跟對方說，如果達到我提出的條件，我願意出一萬元時，其實也透露了我心裡的價格：一萬元左右是我可以接受的價格。接下來就看對方怎麼接招了，是跟我談前面的條件部分：「這些條件可不可以放寬一點？」還是談後面的一萬元部分：「如果這些條件都做到了，應該要一萬兩千元才行。」還是另闢戰場，轉移話題：「根據您一萬元的預算，我們還有另一個產品或另一套方案，可能更符合您的需求。」每一個都可能是對方的反應，可以根據這些可能反應去預想我們又該怎麼接招。

條件句還可以反過來想，我們為出價設定條件，表示門沒有完全開，但同時也是在告訴對方，門沒有完全關。美國人曾設計這樣一個句型：「我來之前，老闆交代，如果你們的價錢是這樣

的話，我可以當場拒絕。但是我總覺得，也許我們可以找到一個大家都能接受的方案。」

老闆指示我可以當場拒絕，就是說 no，鎖門。但是我（注意，不是我老闆，所以我回去還得說服他）覺得也許可以找到一個大家都能接受的方案，這就是掏鑰匙。意思是，「如果」你們現在能開出一個好一點的條件，我們還是可能達成協議的，門沒有完全封死。

三、用**「問句」**開局：「在我們出價之前，能否先告訴我，在這筆交易中，你們期待達到什麼目的？我們能幫上什麼忙？」這是美國學者建議的方法，先不出牌，然後從和對方的互動中，看有多少直接或間接相關的議題可以端上來交換。

四、用**「否定句」**開局：「在開始談之前，必須重複一下我們的原則，○○是不能談的。下面我們想先聽聽你們的看法。」這是後面會談到的，等於同時先出牌又後出牌的戰術，通常強勢者比較會用這種戰術。

到這裡為止，我們學了好幾種「條件句」的功能，第一個功能是我們在第一章介紹的**逼對方上桌談**，「如果你不跟我談 A，我就不給你 B，甚至連 C 都不給你。」（勒索式掛鉤）或「如果你給我 A，我就給你 B，甚至連 C 都給你。」（諂媚式掛鉤）

第二個功能是**創造談判的交換空間**，如果你給我什麼，我就給你什麼。給什麼、換什麼，都是可以鋪開來談的。逼對方上桌談和創造交換空間是同時存在的。條件句可以告訴對方，門沒完

全開啟，但也同樣告訴他，門沒完全封死，所以來談吧。

第三種功能是設定條件句之後出牌，**讓自己出牌後還收得回來**，避免自己卡在桌上。

第四是用一個對方根本不可能做到的條件，或根本不可能發生的事，作為談判的起手式，目的在於**阻止談判真的發生**。這是不想談時的假條件，用談判的方法達成不談判的目的。

試著要：投石問路

前面談了「真的要」「裝著要」，還有一種是「試著要」，這又是什麼狀況？

那就是丟出幾個方案，試試對方的反應，看哪一個他會擋、哪一個他不會擋。比如桌上有幾個議題：價格、付款、規格、交貨，我怎麼知道他在乎什麼？推推看。價格推推看、付款方式推推看……如果我推過去，他擋了，我再推，他還擋，這可能是他的 must。如果我推了，他擋我，我再推，他居然不擋了，這可能是他的 want。如果一個議題我推過去，他居然完全沒準備，也沒想到我會要這個，這可能是他的 give。

這就叫「投石問路」，英文是 information-seeking，尋求資訊。我們的要求就是投出來的「石」，要問的「路」，是對方的偏好與立場。只有提出要求，才知道對方哪一扇門是封死的，哪一扇門又是虛掩的。

通常在談判時，我們不會告訴對方我的立場是可以改變的。

有些美國人會犯這個毛病，他們提出一個方案被對方拒絕後，會尷尬的說：「當然，這只是談判的起點。」美國談判學者就警告讀者，不要一開始就展現彈性，讓太快了。撇開這些天真的例外，通常我們都是提出方案之後，看對方的反應，再決定下一步該怎麼做。

比如寒暑假時，有學生社團請我去演講，他們的活動是週一到週三，請我週三上午十點到十二點去演講。偏偏那三天我就是那個時段已經有行程，其他時間都是空的，你說我會怎麼回答？

如果我跟這個社團很熟，我會講全部的資訊：「不好意思，那個時間我已經有行程了，但是其他時間都還是空的，你們要不要跟其他老師商量一下，如果時段可以調整，我就可以去。」

如果我跟他們不熟，我的話只會講一半：「不好意思，那個時間我已經有行程了。」我不會跟他們說其他時間都是空的，為什麼？因為我怕表錯情啊。我怕我說如果可以調時間，我就可以去，結果他們回答：「老師，不好意思，其他時間我們已經安排別的老師了，如果您想來，明年再請您來。」明明是你請我去演講，怎麼一下變成是我巴著要去啊？

所以我只會講一半，剩下就看同學的反應，如果同學說：「老師，我們真的很想邀請您來演講，我們再跟別的老師喬一下時間，如果可以就換一個時段，如果實在不行，我們晚上的活動也不要了，就是要請您來，好嗎？」我看同學這麼認真，也會很積極的跟他們一起挪出時間看看。

如果他們連推都不推，努力都不努力，說：「好可惜喔，希

望明年還有機會。」那就算了，我絕對不會自己跟同學說：我這扇門是虛掩的，你們怎麼不推一下？

談判就是這樣，你的對手不會告訴你他的門是虛掩的，你要自己推。英國人好像很擅長這種做法。中國大陸在和英國談判香港回歸的時候，英國提出主權和治權分開，香港主權還給中國，但是仍然由英國治理，以確保香港的繁榮。北京對此根本不能接受，因為若香港回歸後還由英國治理，豈不表示中國沒有治理能力？所以每一次英國提出主權和治權分開，中方就說 no。但是英國每一回合都要提一次，中方又循例拒絕一次。後來談判談完，中英聯合聲明簽字了，中方代表實在忍不住，問英國人：「你們明知道我們不可能答應主權和治權分開，為什麼每次都要提一次？」英國人的答覆是：「如果不提，我們怎麼知道你們會不會突然答應？」這就是推推看。

投石問路，看對方擋不擋，也常常搭配硬出牌出場。開高，才能看到對方的情緒與反應，這都是我想蒐集的情報。

除了以**提出要求**的方式投石問路之外，可不可以用**給他東西**的方式投石問路？可以。這就是軟出牌的戰術。

比如，當我不知道客戶在乎的是價格，還是交貨時間，或是產品規格的時候，我可以跟他說：「很幸會今天能跟您見面，也很期待日後的合作，出門前老闆特別交代，這個東西一般是不打折的，但為了表示我們的誠意，可以打九折給您。」然後看他的

反應。

如果他在乎的是錢，他可能會很高興，如果他在乎的不是錢，可能會說：「九折算什麼，交貨準時比較重要！」於是我們知道，他在乎的是交貨時間，這就是我們問到的路。

再講一個推門試探的例子。我一個學生是業務，賣電子產品，因為毛利太低，老闆要求單價要提高三美元。一個客戶本來要下單五萬件的，一聽說漲價就發飆：「漲價就抽單！」業務也被請了出去。

第二天業務再去，試探問一下：「這樣，我也不要硬塞給你五萬件，你讓我漲兩元，我給你兩萬件就好。」

沒想到客戶反應激烈，說：「你怎麼能砍我的單？」

我學生愣了一下，心想，這是怎麼一回事？於是透過工廠端了解，原來，另一個供應商的產品出了問題，短少交貨。於是，他再回去試探一下：「如果你不讓我漲，我可不可以這一季先不交貨，下一季再說？」

客戶想了想說：「如果你可以只漲一・五元，我就下單六萬件，如何？」

就這樣達成協議。這就是經過試探，曉得對方是真的需要這個數量，我們也才知道自己的籌碼在哪裡。

除了用硬出牌與軟出牌去投石問路之外，還有第三種投石的方法，是提出幾個**套裝方案**，看對方的反應。

比如客戶說價格太高，我們可以提出幾種包裝組合看他的反

應，A 案是數量換價格、B 案是規格換價格、C 案是付款方式換價格，我們可以跟對方說：「這三種方案代表三種思路、三種不同的組合，哪一種組合您比較能接受？」

他說 A 案還可以考慮。這就是我們問到的「路」，於是我們就順著 A 的思路去精緻化，看他能接受 A1、A2，還是 A3。這種出牌戰術的好處，在於談判範圍能夠限縮在這幾個方案上，不會天馬行空般失控。這種提出幾個方案的方式，不是刻意開高或開低，算是「開平」的出牌方式。

以上談的都是商業談判。如果我們今天不是談數字，是談事情，是解決衝突，這時硬出牌又是什麼意思？也就是派黑臉出來鎖門。

前面講過，談判的基本概念是「鎖門，掏鑰匙」，所以先由黑臉出來鎖門，用法律或先例鎖住我們的立場，跟對方說我們是不會讓的。這就是先用「理」鎖門，將來如果需要，看隔多久，再由白臉（通常是上級主管）出來放給他，這就是用「利」或「情」來開門。之所以說談判要「下黑上白」，下面的人扮黑臉，上面的人扮白臉，為的就是要配合這樣的出場順序。

軟出牌

接著我們談軟出牌。

正常情況下，談判會從容易的議題開始，希望先達成一些協議，累積對方對談判的信心，以及對我們的善意。既然是從簡單的議題開始談，出牌當然就是軟出牌，開低。

軟出牌可以分成三種戰術：示好、示弱、誘敵深入。

示好，是想改變對方對我的「態度」；

示弱，是想操縱對方的「期待」；

誘敵深入，是想改變對方的「行為」。

示好

示好基本上是懷柔戰術，不是真的給對方什麼，而是在態度上向對方展現善意，比如跟對方說：「看來我真的是被您說服了。」對方聽了通常都會很開心：原來自己這麼有說服力！談判的最高境界，是想辦法讓對方把我們的意見說出來，我們再加以附和。對方會因為自己的意見得到採納，而在執行上更為賣力。

還有一種示好的方式是透露一點訊息給對方。談判時，訊息也是籌碼，每個人掌握的訊息量都不一樣，分享一些我有、對方沒有的訊息，當然是一種示好。但如果跟這次談判有關，就必須控制分享出去的訊息多寡。要讓他知道，又不能讓他知道太多，

這中間的平衡怎麼拿捏？

　　通常是這樣做的：可以讓對方知道我們的偏好，但不必讓他知道我們確切想要哪個方案。比如解決一問題可能有 A、B、C 三種思路或三個方向，我們可以告訴對方，我們公司比較想要的是 A，但是 A 下面，還有 A1、A2、A3 三個具體方案，到底我們想要哪一個，這就不必告訴他了。

　　除了態度上的懷柔以外，我們也可以真的讓一點東西給對方。因為是示好，不是交換，所以不需要等他回報，我們自己就可以把承諾的東西付諸實現，以證明我們是可以信任的人。信任非常重要，雖然我們跟不跟對方談判，跟我相不相信他沒有絕對的關係（記得前面講過嗎？我們是否坐下來談判，跟僵局有關，跟信任與否無關），但如果雙方互信，談判的進展會比較順利，將來無論威逼抑或利誘，也會比較有效果。

　　兩個從來沒接觸過的人要談判，就好像兩個人約好往同一個方向走，但因為缺乏互信，所以我沒把握，在我邁步向前之後，他會不會跟上來，或是往反方向跑了。所以我們走幾步就要停下來，回頭看他有沒有跟上。他跟上來，我放心了，再往前走幾步，再停下來回頭看。就這樣，每一步都可能是檢查點，每一步也都可能是斷裂點。

　　為了讓對方放心，對方每一次回頭看的時候，我們都跟他揮揮手，跟他說：「放心，我有跟上來。」在談判實務上，就是每達成一點小協議，或者我們每答應給一點小東西之後，就立刻交付、兌現。當他停下來回頭看的時候，我們就跟他說：「放心，

已經兌現了。」於是他又往前走幾步，又回頭，我們再說：「放心，這個也兌現了。」就這樣，大家慢慢累積互信，一路走到終點。

千萬注意，所有大協議，都是之前一次次的小協議堆積出來的，所以不要小看這些小協議，這些都是累積出大協議的基礎。這些小議題還不是這次談判的主議題，但是可以累積出我們的誠信形象。

這又衍生出一個問題：我讓給他小東西，不要求立即回報，我們內部的人都能接受嗎？會不會有鷹派批評我們，讓了步，居然什麼東西都沒要回來？所以**談判前的內部溝通非常重要**。

示好也要抓對時機。在對方最需要協助的時候，爽快的一次讓給他，才能收到示好的效果。如果等到大家都伸出援手了，我們才心不甘情不願的伸出援手，而且是給他一次以後，發現不夠，再勉為其難又給一次。雖然最後給的數字並沒有少，但對方會覺得我們是在外界壓力或整個氣氛之下不得不讓，像擠牙膏一樣，並不是誠心幫他。結果讓了，卻建立不了任何交情。這樣讓得不乾不脆，不如不讓。

示好也可能踢到鐵板。我的學生有一次招待日本客戶，他非常用心，日本客戶也非常高興，最後在機場要送日本人上機時，對方跟他說：「這次謝謝你這麼費心，我非常開心。但是你下次到東京，我可能沒辦法這樣接待你。要不，你算一下這次接待花了多少錢，我現在給你，就結清了吧。」這話講得我學生當場楞在那裡，有這樣講話的啊？

日本客戶可能是不想欠我學生一份情，怕這樣下次談判就會變得比較難砍價，可是當場結清也太傷人了。如果換作我們是那個日本客戶，該怎麼做？我們也可能會碰到不想欠人一份情的時候，如果不想欠，就現在回報。不一定要用同樣規格的接待回報，但光寫卡片是不夠的，最好買個禮物送對方，有來有往，讓這次的出差有一個完美的收場。

示弱

示弱則比較有戰術性，這就是《孫子兵法》說的，「能而示之不能。」最典型的示弱，就是在時間和退路上給他們一些錯覺。

有些外商公司的業務就吃過這個虧，當買方表示很急著要的時候，業務很開心的跟總公司回報，總公司甚至都放進財務預測，都準備要出貨了，買方卻忽然全無下文，這下外商業務被懸在半空中，進退兩難，不知怎麼跟總公司交代。有些採購跟我說，他們會故意創造出這樣的情境，讓外商業務陷入被動，然後再砍一次價。

退路也是一樣。買方有沒有退路，其實只有他自己知道。作為賣方，不管買方透露他有沒有退路，我們都得假設他有，然後想辦法增加跟我談判的吸引力，拉開我們跟可能競爭對手的距離，這才是安全的做法。

示弱也是快速建立互信的方式。我在這本書裡引用了好多次台灣和日本豐田談判合建汽車廠的案例，因為這個談了四年的案

子，很多地方都可以切出來討論，作為某個談判戰術的注解。

當時，台灣要求豐田必須保證，汽車廠建成後，產品五〇％外銷。豐田說辦不到，因為能否成功外銷，很多因素都不是豐田所能控制。所以他們提出，可以承諾產品五〇％外銷，但後面要加一條「經濟生存能力」但書，說明若因非豐田所能控制的因素，導致無法五〇％外銷的話，豐田不受罰。

台灣表示，過去豐田有在台灣投資又撤資的惡例，若此門一開，以後任何因素豐田都可以宣稱非其所能控制，所以不受罰，那怎麼辦？

後來豐田讓了一步，表示只要台灣同意經濟生存能力但書，以後任何因素是否為豐田所能控制，願意交給台灣來決定。也就是豐田爭取半天，爭取到了，卻拱手還給台灣，讓豐田受制於台灣，這樣台灣敢信任豐田了吧？

這就是故意示弱，以快速建立雙方互信的典型例子，很漂亮，可惜最後因為許多主客觀因素而沒有成功，但那是後話。歷史故事裡很多單刀赴會、深入虎穴的例子，都屬於同一種戰術。

示好和示弱的同時，還是可以保持強硬姿態。

一九八六年，艾科卡擔任美國克萊斯勒汽車總裁的時候，美國三大汽車公司正在進行割喉價格戰，誰也不讓誰，但彼此消耗之下，誰也都沒利潤。美國曾有漫畫家畫出談判的情境：兩個人右手都拿槍對著對方，左手食指都插在對方槍管裡。誰敢先抽出來讓步？先讓步，就好像前面講的先眨眼，不但給人示弱的感

覺，更可能冒上對方不領情，馬上對我開槍的風險。

可是局面也不能這樣僵下去，所以艾科卡首先遞出橄欖枝，提議休兵，他建議大家停止價格戰，讓一切回到常軌，但如果有人不願意，他絕對可以繼續奉陪。停止價格戰就是示好，但未必示弱，因為如果有人不領情，他絕對可以繼續奉陪，這就是同時出了軟、硬兩張牌。

如果硬出牌和軟出牌可以同時存在，那有可能同時先出牌又後出牌嗎？答案是可以。

有些人在談判時會先發制人，先講自己的原則是什麼，哪些不能談，或者如果什麼狀況發生，我們一定會如何反應，這就叫「回應原則」：先畫下紅線，並且預告我們回應的態度與強度。講完後，禮貌的請對方先發言。因為我們剛剛宣布的是回應原則，不是出牌戰術，所以讓對方先出。這就是同時先出牌又後出牌的例子。

誘敵深入

示好、示弱，都是軟出牌的「前菜」。真正的軟出牌是在談判的主議題上軟出牌，目的是誘敵深入。

如果有點戰略觀，我們上桌時會先想好，我是準備拿個 yes 下桌，還是拿個 no 下桌？如果準備拿個 no 下桌，就是準備先破，然後再轉回來，先破後立。這就是前面討論硬出牌時講的，選擇難談的先談（大題大做），或是將一個明明可以很容易談成的議

題，談得很難（小題大做），然後搭配硬出牌開高，準備讓他拒絕我。

如果計畫拿一個 yes 下桌，那就是這裡講的誘敵深入，希望由小 yes，引出後面的大 yes。可是，第一個 yes 怎麼來？

在價格上放給他試試看。學者研究發現，人們在買賣的時候，很多決策都不是理性的，都是為了貪小便宜。就像我們會因為便宜的「加購價」，而買了很多原本不需要的東西，就是最好的例子。

可是，不是我每一次開低價，對方就會接受，因為我讓的不是他想要的。美國人做過一個實驗，他們賣同樣的東西，但是有不同的價格結構，A 案是產品四・九五元，運費零元；B 案是產品零元，運費四・九五元。請問，A 案好賣，還是 B 案好賣？

調查結果是 B 案好賣。因為 A 案運費零元，顧客認為沒賺到，因為運費本來就應該由賣家自己吸收。但是 B 案產品零元，顧客覺得有賺到。也就是說，價格總數一樣，零放在不同的項目之下，給人的感覺就不同。所以，我們要在對方在意的項目上讓步，才會有效果。

軟出牌沒能成功的第二個原因，是沒有做客層的區隔。「物美價廉」這個成語，很多人可能都沒準確掌握到。小時候老師教這個成語時，大概都只告訴你，物美價廉是「東西好，價格便宜」，但是他們都忘了講一句話：對誰來說物美價廉？是他，不是我。《孫子兵法》說：「能使敵人自至者，利之也。」我就常跟同學說，利之也，誰的利？他的利，不是我的利。我覺得物美

價廉，但他覺得嗎？

比如我們家的產品，有 3A、2A、A，三個等級，所謂物美價廉，當然是 3A 的檔次，給他最好的價格。可是對客戶來講，3A 等級太高了，他根本用不到。因此，就算我們軟出牌，給他 3A 等級裡最低的價格，再怎麼低，可能還是超出他的預算上限，所以怎麼談都不可能談攏。但說不定我們給他 2A 等級（在我們看來這叫物不美）、一個摻水的價格（價不廉），他還覺得挺高興的呢。所以，產品一定要有副牌，正牌不能降價，一降價，產品形象拉下來，怕之後就回不去了。碰到不需要正牌的客戶，就介紹副牌給他。副牌也許陽春一點、配件少一點、功能差一點，但價格便宜，基本功能也都具備，對方的接受度也高一點。不要因為對方不接受最高等級產品的最好價格而生悶氣，換一個他能接受的產品，問題就解決了。

多用「問句」開場

示好、示弱或真的讓步，都可以多用問句開場。先從關心「人」開始，而不是先出牌談「事」。硬出牌為了下錨，我們可能用「肯定句」開場，這裡為了懷柔或示好，則應該多用「問句」，問他的工作狀況、生活狀況等等，表示我們的關心。一開始就切入主題，有時會顯得太急了。

華頓商學院的戴蒙教授講了一個發問的例子，很有趣，假設你在火車站碰到一個朋友，你跟他說：「我要去紐約。你要去哪

兒？」還是「你去哪兒呢？我要去紐約。」

　　學者研究發現，如果用第一種講法，對方不見得會回答，因為你是順便問他一下。第二種講法，他聽起來感覺會好得多，因為你是真的在乎他。所以問句的順序，關乎你問不問得到想要的答案。

　　講話寒暄時也要小心，同樣的話，聽在不同人的耳朵裡，可能有不同的感覺。美國學者給過一個例子，我看了也悚然一驚，因為我以前從沒注意過。比如你曉得你的談判對象剛剛跳槽到一家大公司，為了表示關心，你可能見面寒暄時說：「聽說你剛剛加入某某公司？很辛苦吧。」我們的意思，是表達同理心，因為那家公司老闆操員工是有名的，可是對方可能不這樣想。他可能認為我們在嘲笑他，認為以他這樣的能力，到那樣的大公司怎麼可能勝任。所以我們一句「很辛苦吧」，可能換來的是他的白眼。想送暖給他，結果反而適得其反，對此不能不慎。

混沌出牌

　　還有一種出牌戰術，我稱之為「混沌出牌」：先打一張牌在桌上，然後從對方的反應，決定我們是往上加還是往下降。

　　美國談判大師道森（Roger Dowson）早年分享過一個案例，兩個美國人到歐洲旅行，跟街頭畫家買畫，第一個美國人指著一

幅炭筆素描問：「這幅畫多少錢？」畫家說：「十五美元。」講完看老美沒反應，表示十五元是可以接受的，於是畫家接著說：「如果是彩色的，二十元。」還沒反應，畫家再說：「如果連畫框和包裝一起，三十元。」於是，第一個美國人就買了一幅彩色的畫加框，三十元。

第二個美國人也到了同一家店，也拿起一幅炭筆素描問多少錢，畫家說：「十五美元。」美國人立刻發飆：「一幅黑白的畫要十五元？太貴了。」在他眼裡，畫家這是硬出牌，開高。畫家見狀立刻說：「那我彩色的也算你十五元。」美國人繼續罵，畫家於是再退：「那連畫框和包裝一起讓你帶回去，也算十五元，夠好了吧？」就這樣，第二個美國人也帶了一幅彩色的畫加框，十五元。

可見畫家其實沒有底線，他只是由美國人的反應，判斷美國人能不能接受這價錢，再決定下一步怎麼做。道森舉出這個例子的目的，是建議讀者在賣方開價之後，不妨表現出很驚訝的表情（意思是怎麼貴得這麼離譜？），這樣才可能把賣方的價格擋回去。因為賣方的開價只是在推推看，推不成他就會收。

從出牌戰術來看，畫家開十五元，就是可以往上加，也可以往下降的混沌出牌。往上加的時候，十五元算開低，往下降的時候，十五元算開高，全看對方怎麼想了。

先丟個數字出來看對方的反應，只要這個數字不是太離譜，都是我們可以用的出牌戰術。

不過道森分享的故事還有一個插曲，當我跟學生分享這個案

例時，一個女生跟我說她不同意。她說有一次她去買名牌包，當店家告訴她這個包多少錢的時候，她沒反應。但是沒反應，不是因為這個價錢她吃得下來，而是根本被高價嚇昏了。

我跟她說：「妳那是嚇昏的表情，還是吃得下來的表情，店員一看就看出來了。妳的表情和動作，是會出賣妳的。」別小看肢體語言透露出來的訊息。

開平

另一種出牌戰術是開平。只要不是刻意開高或刻意開低，就可以算開平。

開平有很多種不同的戰術，第一種是提出好幾個方案去試探。前面介紹的試探戰術，我們提出 A、B、C 三種不同的組合，看哪一種組合、哪一種搭配的思路，對方比較能接受，我們再順著那個方向去精緻化，這就是開平的出牌戰術。

比較常見的開平戰術，是拿一個個客觀的數字或事實，像柱子一樣，一根根支撐我們的要求或價格，這就是前面講過的擺柱子。因為有具體的數字支撐我們的原則，所以也是開平的戰術。

有一個心理學的原則可以作為開平戰術攻防戰的參考。一些心理學者指出，人們有一種傾向，就是不管對方提出什麼理由，只要說得出理由，我們大概都會相信並且接受。

　　美國心理學家舉過一個例子，辦公室裡一群人排隊等著影印文件，這時有人氣吁吁的跑過來說：「對不起、對不起，我有點東西老闆急著要，能不能讓我先印？」很多人都會讓一條路出來，讓有急事的人先印。可是這個人是不是真的有急事？他老闆是不是真的等著要這份文件？從來沒有人追究，我們都假設那些理由都是真的。

　　擺柱子支撐我們的要求，就是提出理由。只要講得出理由，對方多半都會接受這些理由。所以才有談判學者指出，不管對方提出什麼理由，我們都可以在心裡打個問號：真的是這樣嗎？

　　我一個中國大陸學生經營一家物業管理公司，也跟我分享他們擺柱子，撐起立場的案例。

　　有一所大學，占地一百四十八萬平方公尺，建築物占約一百萬平方公尺，其中行政大樓是由我學生的物業公司負責管理。現在，學校新蓋的實驗大樓也要找物業公司，我學生當然想爭取這個機會，結果碰到了競爭對手。競爭公司報價非常低，所以校方希望，我學生若要承接，也必須以同樣低的價錢承接，而且行政樓也應比照同樣標準降價。

　　我學生評估，低價搶標將造成虧損，也顯得先前行政樓的管理價格有水分。降價的結果是否能換到新的合約也沒把握，想了以後，他決定不降價。

　　他以行政樓為例，向學校說明自己提供的專業服務，甚至是一些力所能及的額外服務，仔細說明每筆預算的用途，以及自

己能讓步的幅度，同時表明無法降到校方要求的價位，否則服務標準將被迫降低，這就是開平的戰術。「仔細說明每筆預算的用途」，就是擺起一根根柱子，支撐自己的立場。

學校聽了頗表認同，但表示礙於價格，還是只能選擇對手公司。但是沒多久，對手公司以價格計算錯誤為由，申請退出。學校於是按照我學生開出的價格選擇他們公司。公司不只拿下了行政大樓和實驗大樓，之後的 MBA 大樓和附屬中學的物業管理，也都交給了我學生的公司，這就是誠信開平的好處。

有人會說，既然誠信這麼好，以後我們開價就一口價，直接給出我們所能給的最好價錢不就結了？何苦開高了再慢慢讓步呢？聽起來不錯，但是，就算我們給出的是實價，你認為對方會相信這就是實價嗎？我們去買東西，老闆說這是最低價錢，不能再讓了，你就相信這是最低價錢嗎？如果連我們都未必相信老闆給的是最低價錢，對方為什麼要相信我們？他很可能不會相信，所以不管我們怎麼講，他都會殺價。

美國學者研究，美國人談判時不殺價的，大概只占一五％，也就是說，八五％的美國人都會殺價的。他們殺價的理由，未必是享受殺價的快感（很多中國人殺價應該就是享受殺價的快感），而是享受運用資訊的快感，表示自己是查過行情的，不是愚夫愚婦，沒那麼好唬弄。但不管出發點是什麼，表現出來的都是殺價。

談判學者也指出，要讓對方花點力氣談出這個結果（也就是殺價），他才會有成就感。所以我們要留點空間給對方殺，即便

價格不能變，付款方式或交貨條件也要留點可以讓的空間，讓對方有成就感，談判就比較容易達成協議。

再看另一個例子，我學生是一家顧問公司的老闆，他們幫一個集團做了一份行銷企畫。專案經理對自己嘔心泣血之作很有信心，但金主企業卻不買單，覺得太貴。在雙方爭執之下，我學生以顧問公司老闆的身分出現，介入紛爭。請問這個老闆該怎麼做？

如果老闆跳下來為公司的企畫案及預算辯護，那他是把自己放在跟對方承辦人同一位階，陷入和客戶對等爭辯的角色，而且非常被動。所以，我學生決定以仲裁者身分出現，先把自己的位子拉高。

他以超然的立場出現說：「報價單我看一下。」

專案經理呈上報價單後，他看了一下，沉吟：「唔，這價格是高了一點。」這是安撫對方情緒的起手式，客戶一聽鬆了口氣。

然後他話鋒一轉：「但是仔細看了一下，我們做了這個、做了那個，整體看來，這價格也還合理。」這就是擺柱子，用客觀的理由支撐自己的價格。

客戶又坐不住了，於是我學生提出折衷方案：「不然這樣，有幾個部分我們可以不做，這樣費用可以低一點。」這就是拆柱子。

「不過，」我學生接著說，「某某公司都有做，你們不做，將來在說服客戶時，怕氣勢上會比對手弱一點。」這是創造一個

不確定的情境，讓對方害怕。

「所以我又想到一個辦法，這幾個部分還是做，但付款時間讓你們拉長，有些費用跟別家公司重疊的，我也可以轉嫁到那邊，讓那邊出。這樣你們可以得到最好的服務，也有最好的價格。」

後來就這樣達成協議。顧問公司老闆用的戰術，是把自己拉高，以仲裁者的姿態出現，然後站在客戶同一邊，和他一起解決問題，這些身段、位子都擺得極好。而進退之間，靠的就是擺柱子、拆柱子的開平戰術。

出牌戰術的綜合運用

出牌當然也可以同時用到幾個不同的戰術。我學生是一家外商事務機公司的業務，這家公司在公文電子化方面走得很前面，當其他同業還在賣硬體的事務機時，他們賣的已經是軟體加硬體的解決方案了，所以售價也比別人貴。

他們的客戶中，有一家外商會計公司，三年前因為價格考量，選擇了他們的競爭對手。眼見對方和競爭公司合約將滿，我學生希望能夠將這個客戶爭取回來。他曉得他們的合約七月到期，所以從當年一月就開始布局。

他去拜訪客戶，會見會計公司的採購、行政和資訊部門。通

常在一家公司裡，資訊部門的想法是最先進的，他們抱怨公司到現在還無法公文電子化，行政人員則抱怨現在用的事務機經常當機或卡紙，這都是對我學生公司有利的資訊。

但採購的意見還是比較關鍵，他說，如果他們公司產品的價格和競爭公司相差這麼多，他有什麼理由去跟上頭建議更換廠商？可是，他們公司的產品就算成本價，也比競爭公司售價高，這該怎麼談？這時如果報價，肯定一提出來就被打槍！

所以，當採購要我學生報價時，我學生選擇暫時不報，說要回去準備一個對會計公司最有利的方案再來報。

為了對市場有更全面的了解，我學生回去後，到另一家同為外商的會計師事務所參觀。這家事務所是會計公司的競爭對手，也是我學生公司的客戶。我學生想要了解一下雙方這麼多年來是怎麼合作的，以及他們的公文流程又是如何，後來發現，這家事務所因為用了我學生公司的解決方案，公文流程比別的會計公司快好幾倍。了然於胸後，我學生重新設計了合作方案，回到會計公司找資訊部門先談。

這就是第二章所說的，跟誰談很重要。通常資訊部門對新科技比較有感，所以我學生找他們切入。他先告訴對方他們競爭對手的公文流程，從對方的眼睛裡，可以看出一些激動的反應，因為他們不想輸給競爭對手。然後，我學生介紹他們公司和那家事務所的合作模式（這就是參考座標），以及特別為對方設計的合作方案（比給競爭對手的方案更好）。慢慢的，資訊部門完全認同我學生的講法：他們現在應該買的是一套解決方案，而不是單

單的硬體設備。

　　本來會計公司完全不能接受我學生的報價，是因為雙方對價格的邏輯看法完全不同。會計公司認為應該就硬體設備報價，我學生則認為，他們公司的強項是解決方案，是硬體加軟體，若單就硬體報價，他們完全沒有競爭力。用我們的話來講，就是雙方支撐價格的柱子完全不同。這時該做的，不是在價格上拉鋸，而是換對方的柱子，讓他接受我的柱子，接受我的報價邏輯。柱子相同了，我們報的價格看起來也不會那麼離譜了。所以當會計公司的資訊部門被說服，同意要買的應該是全套的解決方案之後，買方的柱子就成功被賣方換過了。這種擺柱子、換柱子的做法，在分類上也算是開平的戰術。

　　這裡還有一個小技巧可以點出來，我學生當時帶了他們公司的工程師一起去談。當我學生說明他們公司能提供什麼服務時，有工程師背書，證實這在技術上是可行的，這樣對方才會放心。有些有經驗的採購，常常聽業務對產品功能或服務吹得天花亂墜，也沒把握他們現在拍著胸脯承諾的，將來能不能確實交付，所以會要求對方帶工程師一起來談。當業務吹得口沫橫飛的時候，採購可以觀察工程師的表情。有些工程師很老實，當業務承諾的事他根本做不到時，他的表情會變得很不自然。採購只要多觀察一下，就可以看出許多端倪。我學生則是把這招反過來用：主動帶著工程師去拜訪客戶，用坦蕩的做法證明自己的承諾可信。

　　會計公司的資訊部門被說服後，告訴採購，現在我們要買的是解決方案，而不是單單的硬體設備。採購請我學生報價，我學

生想，即便買方接受了這個報價邏輯，可能還是會嫌價格太高，所以決定開高，先破後立。他在開價過程中用了好幾個戰術，有開平，也有開高。

　　價格一開出來，當然是沒成，我學生於是提出了對案，他說：「反正距離換約還有時間，何不考慮讓一個部門先試用我們的解決方案一個月？看看大家的接受程度，以及效率是否改進。這段時間，我們的工程師會常駐在這裡幫大家解決問題，所有的費用與耗材設備也都由我們出，如何？」這就是小利，只要會計公司同意，人和設備就進去了。

　　這樣做有幾個好處，一是，如果大家使用經驗良好，將來這些使用者都可以幫採購背書。而且試用期間一切費用與耗材概由賣方承擔，也可以算作採購的績效，這樣採購也好跟上面交代。二是，工程師常駐會計公司後，業務經常過去串門子也再自然不過了，這樣就可以近距離蒐集到一些有利的談判資訊。

　　後來果然是這樣，業務經常去串門子，發現會計公司複印量很大，已經符合他們公司的大客戶優惠方案（當然會計公司自己不知道）。在跟會計公司的同仁閒聊時，也打聽到他們將在新竹開設分公司，到時也有很多業務上的需求。我學生就跟會計公司提議，如果將來新竹的業務也交給他們公司，他可以跟總公司爭取更多優惠。「當然，也不一定會成功，但我會請我們經理幫我一起跟國外總公司爭取。」業務用這個方法表達自己的誠意。

　　這段時間內，價格調降了三次：一是當初開高，本來就預留了讓步的空間；二是因為會計公司複印量大，符合公司的大客戶

優惠方案；三是因為新竹的業務量一起併進來，我學生跟總公司
爭取到更多優惠。三降之後，價格已經很不錯了，加上使用者的
背書，最後雙方正式簽了三年的合約。

不出牌

　　開高、開低、開平之外，還有一種出牌的方法，就是不出
牌。不出牌是顛覆對方的預期，對方可能一下子反應不過來，而
落入我們的陷阱。

　　我一個學生，他們公司要買玩具零件，他有兩個選擇：日本
貨或德國貨。他想先跟日本買，如果價格砍不下來，再去跟德國
人買，反正他有兩個選擇。

　　誰知他去找日本人的時候，日本廠商將市場做了全面的調
查，分析給他聽：德國貨雖然品質比日本貨好一點，但是只能適
用一個型號。日本貨雖然材質略遜於德國貨，但可以用在很多型
號。日本人問我學生：你總不希望買個零件只能用在一種型號吧？

　　我學生本身就是總經理，他想想，覺得有道理，便鎖定買日
本貨，也就是德國貨作為備案的地位瞬間消失了。於是他請日本
人出價。

　　誰知日本人反而對他說：「請出價。」也就是賣方根本不出
牌。

我學生問：「你賣東西，當然你出價啊。」

日本人說：「我什麼價錢都可以賣。你先告訴我你想以多少錢買，我再來搭配數量。」

遊戲規則一下子改了，我學生有點不知怎麼回答，他問：「九塊半能賣嗎？」

日本人說：「我說過，什麼價錢都可以賣，如果是九塊半，你必須每個月進貨十萬個，才可能九塊半。」

我學生說：「可是，一年有淡季、旺季，怎麼可能每個月都進一樣多呢？」

日本人說：「所以是看總數啊。你得承諾一年買一百二十萬個，才有九塊半這個價錢。」

日本人接著解釋：「我有四條產線，兩條生產歐美的產品，沒有產能給亞洲，就不必談了。第三條產線給亞洲，也已經滿載，所以也不必談了。現在在談的是最後第四條，這條產線的產能是四百萬個，你必須承諾每年買至少一百二十萬個。」

我學生不知哪裡來的念頭閃了一下，他問：「如果我每年買超過一百二十萬個，可有佣金？」

日本人說：「當然有。」

於是我學生想，日本人就剩這條生產線了，不如我多買幾個，以後如果別人要，就只能從我這裡進貨。我可以囤積居奇，還可以從日本人那邊賺佣金，兩頭賺錢，何樂而不為！

所以他就跟日本人多進了貨。我不知道他進了多少，反正是進了不少，但簽字的第二天他就後悔了，因為他發現自己成了日

本人的業務，倉庫裡滿滿都是那東西，賣了三年才賣完！

　　你有沒有發現，這整個故事裡根本沒有談判。如果要談，當日本人說「你得承諾一年買一百二十萬個，才有九塊半這個價錢」的時候，就可以停下來提出對案了，可以說：「一百二十萬個我沒有辦法，我只能承諾九十萬個，但是在付款方式上可以有一些彈性。」這樣話題就有機會被導引到「付款方式」上，而不是在「一年進貨多少」這個單一議題上鬥牛。

　　但是我學生沒有談，他只是很溫順的一路被日本人帶著走。日本人在這裡就像西方童話故事裡專門拐騙小孩的吹笛人，吹起一陣笛音，小孩們就跟在後面一起走了。

　　我學生告訴我，他本來也預備好一些戰術上桌砍價的。沒想到賣方居然不出價，要買方出價，一下子規則改了，買方反而不知道該如何反應。所以我們上桌後，一定要有萬一事情跟我想的不一樣，該怎麼變招的萬全準備。

「架構─細節」談判法

　　以上介紹的都是比較傳統的出牌方式，最後再介紹美國學者札特曼教授的「架構─細節談判途徑」（formula-detail approach）。

　　架構─細節談判途徑提供了一個很好的戰略架構。formula 我譯為「架構」，而不用「公式」，因為它在概念上就是一個可以

填入細節的框架，是一個可以包容各方利益的框架，而不是簡單的數學公式。

札特曼指出，很多談判是「讓步—聚合」的過程，也就是我讓一步，他讓一步，我再讓一步，他再讓一步，最後雙方立場逐漸趨近，聚合在一個協議點上。但是這種談判的過程有點令人沮喪，每個談判者都像是被派到談判桌上，去防守一條明知可能無法防守的底線。談判者只能盡量守住防線，守不住就往後退一步，一直退到底線，無法再退為止。這個過程是消極的，人的創造力、想像力，在這裡幾乎都沒有空間。所以札特曼想，我們難道沒有其他更積極、更陽光一點的談判方式嗎？

因此他提出架構—細節談判途徑，也就是先談一個大的架構，足以包容雙方的基本利益，要執行的時候，再把一個個細節像拼圖一樣往裡面填。在設計這個架構時，就需要當事各方的想像力與創造力，才能照顧到大家的利益，創造一個新的現實。談判學者最喜歡講，談判應該是在「探索」各種可能性，而不只是想著如何「交換」你握在手上的東西，這在搭建架構的過程中都可以看到。

一九七三年，中東戰爭之後，美國國務卿季辛吉調停以阿衝突，提出的架構就是「領土換安全」：以色列還一些領土給阿拉伯國家，交換阿拉伯國家保障以色列的安全，這就是協議的架構。至於把一些占領的土地還給阿拉伯國家是什麼意思？是全部還，還是還一部分？是留個隘口不還，還是還給阿拉伯國家，但以色列軍隊繼續在上面巡邏？

「安全」呢？是將該土地設為非軍事區？以色列和阿拉伯聯合巡邏？還是其他安排？每一個細節，都可能因不同地區而有不同安排，這就是談完架構之後，像拼圖一樣，一片一片填進去的細節。

兩家公司談合作也是這樣，先談出一個架構，基本原則有了，下面再根據議題不同，比如財務、工程等等，分成幾組人馬去談細節。因為架構搭起來了，細節的談判也就有了一個「型」，不會各彈各的調，最後拼出一個前後矛盾的四不像。

札特曼把談判分成三個階段：首先是**診斷階段**，研判眼前的情境到底是不是可以談判的成熟環境？如果不是，我們該怎麼創造出成熟的條件？就這點而言，我覺得札特曼講診斷好像還不夠，因為還包括治療的部分，所以應該稱為診療階段。

在這個階段，談判雙方也互相傳達訊息，表達願意透過談判解決衝突的意願。如果都有意願，就進入第二個階段：**架構階段**。

札特曼在這裡設了一個「認真談判的轉捩點」，也就是雙方都放棄全贏或全輸的單邊解決問題途徑，轉而願意接納和對方一起解決問題的多邊途徑，願意接受贏者不全贏、輸者不全輸的談判結果，那就是雙方跨過了轉捩點，開始認真談判了。但是，從其中一方傳達出談判的意願，到雙方都跨過這個轉捩點，中間要花多少時間，誰也沒把握。議題性質、雙方是否能建立互信等等，都會影響到這個轉捩點何時到來。

在架構階段，雙方努力在架構上達成協議。如果一個包容各

方利益的協議框架逐漸浮現，就進入了第三個階段：**細節階段**。

　　雙方開始把細節填入框架。在將架構落實為細節的時候，雙方會試探彼此能接受的底線，哪些敏感議題不急著解決可以先擱置，以及何時才是結束談判，簽訂協議的最好時機，一步步拼出一個完整的協議。

　　在這個過程中，如果發現有些框架窒礙難行，談判者可以再回到前一個階段，重新檢視、修改框架，然後再把這些細節走一遍。有的時候，這也是控制談判節奏的機關：故意在細節上製造混淆，讓雙方發現原來我們的框架還有未竟之處，只好回頭再把協議框架重新談過一遍，確定雙方都有這樣的共識，一來一往之下，談判的時間也被拖慢了。

　　當雙方從無到有，開始建構合作的框架時，札特曼的架構—細節談判法應該可以給我們參考。在出牌戰術高、低、平的分類上，可以歸類為開平的戰術。

開場談判的三層考量

　　最後，我們把這一章介紹的出牌戰術，整理成開場談判的三層考量：

　　第一層，**先決定我要走哪一條途徑來解決衝突：走力？走理？還是走利？**你當然也可以說你想走情：訴諸悲情或訴諸旁觀者的

同情。這當然可以，但是沒把握一定有用，所以我們通常只會把「情」當例外，焦點仍擺在「利」「理」「力」三者的選擇。

　　第二層是，**這一回合我想達到什麼：是贏？是和？是輸？是破？還是拖？**要回答這個問題之前，得先計畫我準備談幾個回合。我們當然沒把握幾個回合談得完，但至少可以決定要不要一個回合就談完。如果我沒有非得一個回合就談完，我就敢先破，破了再轉回來。

　　決定這一回合我想達到的目標後，再據此搭配出牌的高、低、平戰術，這是第三層考量。

　　這三層考量，都是在我們將這次談判定調為整合型或分配型的背景之下操作。

　　比如今天的談判，我們定調為分配型，一方多分一點，另一方就只能少分一點，這時我一定不能太軟，太軟會升高對方的期待，連帶拉高他的要求。因為這是糾紛談判，所以我決定走「理」的途徑，派律師或法務上去扮黑臉，先鎖門，看對方後續的反應再說。我會囑咐法務，第一回合先拖一下，甚至破局也沒關係，我們已經準備好後續的動作，不會讓談判完全失控。法務得令，開始規畫戰術，他選擇開高，提出一些很難做到的先決條件，或是對對方的提案雞蛋裡挑骨頭，先挫挫他的銳氣再說。

　　我也得準備好在第二回合開門。到時誰扮白臉出來開門，在什麼關鍵時刻讓步，都要事先準備好。還有，先鎖門後開門，旁觀者會不會批評我政策髮夾彎，也必須先想好到時的說詞。

　　如果我們把眼前的談判定調為整合型，就是要拉著對方跟我

一起成就新的合作案或一起把餅做大，我就會走「利」的途徑，勾勒出美好的遠景吸引他。在議題上，我會從簡單的議題入手，先達成一些協議，讓他覺得跟我談很好談，願意繼續談下去。

如果只有一個議題，我會選擇開低，軟出牌，目的是和，甚至是輸。我不一定要一個回合就談完，可以談兩個回合（這樣他才會相信我不是故意放水給他），但不要拖太久，我希望這個美好的經驗可以外溢到別的議題，讓我們的關係可以持續。

至於「情」，可能一開始我們兩家公司沒有交情，但我希望經由這次的合作，可以慢慢培養出交情，所以我會派白臉，尤其是性格上很容易跟別人交朋友的人上桌，這樣才能建立長遠的關係。

以上討論的都是我們出牌。如果是對方先出牌，又該如何因應？我們看下一章。

第 4 章

談判桌上的拆招戰術

當對方先出牌，如何見招拆招？

對方出牌後，我們的反應有三種：

一、跟他完全一樣，他凶我凶，他軟我軟；

二、完全不一樣，他凶我軟，他軟我凶；

三、兩者脫鉤，不管他凶不凶，我都凶，或不管他凶不凶，我都軟。

　　講完出牌的戰術之後，我們來談拆招的因應戰術。我們可以把對方的戰術，按照硬出牌、軟出牌、條件式出牌三大類分開來討論。先看硬出牌，如果對方很凶，提出的要求好嚴苛，我們該怎麼回應？

面對硬出牌，先擋回去再說

　　上一章提過，如果對方先出牌，對我們提出要求，可能有三種情況：真的要、裝著要、試著要。作為他的對手，我們怎麼知道他是哪一種情況？擋擋看，看他還會不會繼續要。

　　「我們是帶誠意來的，你卻給這價錢，這樣我們就談不下去了。」

　　「這價格不可能，你再給我一個最好的價格，成就成，不成我就找別家了。」（這是買方和賣方都可以用的談判句型）

　　如果是真的要，我擋回去，他還會推回來；如果是裝著要，我擋回去，他會轉而要另一個東西；如果是試著要，我擋回去，他又會試著要別的東西。無論是哪一種，先擋回去再說總不會錯。

　　這裡有一點理論的部分可以補充，當對方提出要求，如前一章討論出牌戰術時所說，這都是一種投石問路，是在「尋求資訊」。我們擋他，告訴他這個議題我們是不會讓的，這是在「給資訊」。在給資訊的同時，我們也在尋求資訊：想知道他到底是

真要還假要。這一串推與擋的互動，合在一起就是「交換資訊」。

　　尋求資訊和給資訊，常常在同個時間完成。比如一個男生想約女生看電影，問她：「星期六晚上妳有空嗎？我請妳看電影。」這是一個問句，目的是尋求資訊，但也自覺或不自覺的給出了一個資訊：我喜歡妳。

　　在談判桌上也是一樣，當我們問老闆價錢有沒有折扣，這是尋求資訊，但同時也透露出我很在乎價格，這又給了資訊，這就是談判桌上交換資訊的機制。但是注意，我們只說交換資訊，沒說要交換百分之百真的資訊，因為資訊裡面可能聲東擊西，也可能虛張聲勢，這都是我們前面學過的。

　　前面提到，談判的一個特性是「不完美的資訊」，沒有人有把握他什麼事都知道，每一個人都知道一點，但不知道全部，所以是不完美的。也因為不完美，我們才能透過資訊的釋放與交換，影響對方對情勢的判斷。談判的過程也就因為這樣，被稱為「控制下的資訊流動」。

　　控制下的資訊流動，並沒有規定你交換的資訊必須都是真的，這又牽涉到一個談判倫理的問題：談判時能不能說謊話？其實這是程度的問題。每個行業裡，一些不真的訊息，若無傷大雅，是可以被接受的。談判上的虛張聲勢、聲東擊西，或是假稱還有競爭者，都是在釋放出一些不真的訊息。它不真，但也不是害人的謊言，這是可以接受的。至於接受和不能接受的界線在哪裡，可能只有自己那一行裡面最清楚了。

　　再回來看對方出牌提出要求時我們的回應戰術。首先，如果

我們夠強，就直接擋回去，說：「不行！」講得斬釘截鐵，不必解釋什麼理由。不講理由，就像雞蛋一樣連個縫都沒有，沒有破綻讓對方可以反駁。

文化差異也可以在這裡做衍生討論。當我們拒絕對方，又拒絕得斬釘截鐵，少不了會帶著脾氣或情緒進來，可是在跨文化談判時，我們還必須花點精神了解，哪些文化可以接受發脾氣破局？哪些文化覺得這樣的發飆是失禮的、不得體的？法國和德國在這方面的看法就很不同。德國人覺得在談判桌上發脾氣很不得體，法國人卻覺得完全沒問題。

他凶我凶的教育效果

擋回對方的要求，也有教育的效果。許多談判學者都指出，談判除了是共同決策的過程外，也是學習的過程。我們在談判的過程中，學習到哪些議題是可以碰的、哪些議題是不能碰的，一碰對方就會發飆。這其實也是對方用自己的喜怒哀樂在「教」我們，告訴我們哪些能碰、哪些不能碰。既然他在教我們，我們也可以返回去教他。怎麼教？就是四個大字：賞罰分明。他凶我凶，他軟我軟，也就是我的回應，跟他對我的態度、行為是一樣的。

對方出牌後，我們的反應有三種：一是跟他完全一樣，他凶我凶，他軟我軟；二是完全不一樣，他凶我軟，他軟我凶；三是兩者脫鉤，不管他凶不凶，我都凶，或不管他凶不凶，我都軟。

美國學者普魯伊特（Dean Pruit）將跟對方完全一樣的行為

稱為 matching。完全不一樣，也就是他凶我軟、他軟我凶，叫 mismatching。跟他完全一樣，就是我們這裡說的教育對方。

有時談判者因為不知道對方能讓多少，所以當對方讓步的時候，就往下繼續推，看能推到什麼地步。也有研究性別與談判行為的社會心理學者指出，較多的女性談判者在看到對方讓步時，會認定他一定自覺理虧，不然為什麼會讓步？而既然他理虧，我們就繼續往下推，多要一點不吃虧。也就是說，賣方的讓步根本不會感動買方，反而升高了買方的期待。

我們對談判結果的期待從哪裡來？

一是來自**對方的開價**。這就是上一章討論出牌戰術時，我們所介紹先出牌的錨定效應。

第二是**對方的讓步方式**。比如我們去買東西，對方開價一百元，我們說：「八折啦。」老闆馬上回：「好，八折給你。」你贏了，但你未必高興。為什麼會不高興？因為對方讓得太快，一出手就讓買方達標，買方反而會懷疑自己是不是殺太少了，不然對方怎麼會那麼爽快就答應，後面一定還有讓步的空間。我們之所以認為後面還有殺價空間，就是因為對方讓得特別快。對方讓步的行為，直接影響到我們對最後結果的期待。

第三是**我們對自己談判籌碼的自信**。比如我覺得我的房子地點絕佳，所以可以賣高一點價錢，或現在房市這麼熱，明顯的賣方市場，我當然可以賣高一點。

第四是**我們找到的先例或參考座標**。張三的房子屋況比我的

差，都能賣到這個價錢，我的為什麼不行？

這些期待可能都是自信的假象，必須在談判過程中不斷修正，所以才有前面講的教育對方。他凶我凶，就是強硬拒絕對方的要求，讓他知道他不像自己想的那麼強勢，這個市場也不是他想像中他說了算。透過一來一往的過招與交換資訊，一個究竟誰強誰弱，也就是「相對權力關係」的圖像，才會逐漸在交織的資訊中浮現，也會比較接近事實。

當然，除了一來一往的權力較勁之外，我們也會透過交換訊息去改變對方的一些認知。比如對方一直緊咬著張三的房子都能賣那麼高的價錢，他的房子屋況更好，為什麼不能賣一樣高？我們告訴他，那是因為買張三房子的是他哥哥，是刻意用這種方式資助他，不然你看附近別的成交案，有像張三那麼高的價錢嗎？也就是說，他一直認為的「先例」，其實只是「特例」，不會一直出現的。一旦先例被打破，他能接受的價格就可能下修。

他凶我凶的教育效果建築在兩個基本假設之上：一是，談判者的行為會受到對方行為所影響；二是，人性基本上是「趨吉避凶」。所以，我們唯有強硬拒絕，才能收到教育對方的效果。

但這兩個假設卻不必然為真。有的人在談判時，就不是受到對方行為所影響，而是根據自己的實力做判斷。如果根據他現在的實力或籌碼，要衝突才能擴大最大的利益，他就製造衝突；要合作才能擴大最大的利益，他就合作。對方對他友善或敵意，並不影響他的行為。所以他基本上是向內看的，不是東張西望，向

外看對方的行為。韓信之所以忍得了胯下之辱，就出自這種理性的考量。

還有一種談判者，他不是不懂得趨吉避凶，而是他的眼光看到更大的吉或更大的凶，眼前談判對手對他禍福吉凶的誘惑或施壓，根本進入不了他的考量。二〇一七年的北韓就是這樣。

那年，北韓不斷進行飛彈試射與核子試爆，不管西方與中俄兩國如何勸說，或制裁或利誘，北韓就像吃了秤陀鐵了心，就是不為所動，就是要進行試爆與試射，任誰都勸阻不了。為什麼？因為就快成功了，只要北韓咬住牙，頂得住國際制裁，等邁過核武門檻，成為核武國家，整個朝核談判的態勢就完全改變。這就是更大的吉凶禍福，壓過了眼前談判對手加在自己身上的吉凶禍福。談判學者所講的「報酬規模」指的就是這個。

黑白臉戰術

再回來看他凶我凶的戰術。舉凡強硬的戰術，要成功都必須有兩個條件：一是，**該凶的時候必須凶得起來**，對方才不會懷疑我威脅的可信度；二是，**該收的時候必須收得回來**，也就是控制得了戰術的後果，這才是上乘。

比如我今天往水裡面丟石頭，我有本事打出兩個水漂，你能嗎？如果你把石頭丟出去，結果水濺出來，把褲子、鞋子都打溼了，那你就沒資格丟石頭。就像我常告訴工會，你不是不能罷工，但你必須有把握控制罷工之後的後果。

　　要收回來，就必須預留一個白臉控場。比如我想表現我的憤怒與不滿，桌子一拍就出去了，但是在拍桌子之前，一定要安排好誰來把我拉回來。白臉找好，我才能拍桌子。

　　以前有學生問我：「老師，他凶我凶，我會，可是當我一凶，他軟下來之後，我發現我柔不下來了。前面狠話說盡，歹話說絕，結果找不到台階下，怎麼辦？」這就是你沒預留一個白臉的緣故。如果預留一個白臉，在這時候出現，假意把我罵一頓，我們才轉得回來。

　　誰能罵你？當然是你的主管。如果就職級來看黑白臉戰術的話，就是「下黑上白」，下面的人扮黑臉，一段時間後，主管再出來扮白臉。假設我是你的主管，當我發現你凶過頭了，再這樣下去整個局就破了，收不回來，這時我就會出來，假意把你罵一頓，局才收得回來。

　　為什麼讓長官當白臉？一是因為長官資源多，給得出去，所以才由長官扮白臉。可是在白臉登台之前，我們當屬下的必須先搭台，這樣長官才有舞台唱白臉。黑白臉都是「襯」出來的，要是前面的屬下把白臉都唱掉了，長官該怎麼出場呢？

　　還有，長官因為位子高，看得遠，考慮通常也比屬下周延。可能屬下覺得這場談判破就破了，無傷，但長官多算好幾步，覺得這關係最好還是保住。這時，他就可能在關鍵時刻出來把屬下假意罵一頓，把跟客戶的關係從瀕臨破裂的邊緣救回來，這中間的細節，可能不是屬下領悟得到的。

　　就當長官的心理來看，幾乎所有長官都想當白臉，因為「恩

出於上」嘛。所以能夠讓給對方的資源，他多半會抓在手裡。**屬下必須知道長官的心理，才知道如何在黑白臉戰術上相互配合。**

　　所謂配合，包括隨著談判進展調整黑白臉的強度。以前一個學生跟我說，他老闆也上過我的課，曉得下黑上白的心法，所以在談判時他很放心的扮黑臉，咄咄逼人，反正天塌下來都有老闆扮白臉頂著，只要老闆覺得他玩過頭了，出來把他罵一頓就好，場面不會失控。我告訴他，任何事還是有一個限度，如果黑臉玩過頭，完全破壞了兩家公司的互信，到時老闆不是出來假意把你罵一頓就可以了事的，說不定還得把你宰了才能向對方謝罪，所以千萬別玩得太過。

　　我常跟同學分享一個政治學者對權力的看法。美國學者哈特（Jeffrey Hart）提出，權力是一種控制力，控制什麼？可以從低階到高階排列出來：控制資源→控制對方行為→控制事件後果。

　　控制資源比較容易，資源是靜態的。但是控制資源後，要會用才是真的，怎麼調動這些資源去影響對方的行為，這是第二個層次，但已經夠難了。最高層次是控制事件的後果，不讓情勢失控，這是最難，也是最需要學習的。預留白臉控場，在這裡就很重要。

　　古典國際政治現實主義者莫根索（Hans J. Morgenthau）也指出，一個國家使用權力的聲望很重要，要打仗的時候，部隊一定動得了，要收兵的時候，也一定收得回來。也就是說，使用權力時有信度，也有一定的自我節制。談判時自我節制不見得靠自

己，有時得靠白臉，因為我們是一個團隊。

也有人問，如果對方都知道我們上面的長官是白臉，只要他出來就會放，那就等他出來再談，何須跟我談呢？這個疑問在邏輯上對，但在實務上卻未必會發生。因為我們是說，「如果」要玩黑白臉戰術，要讓長官扮白臉，可是，我們不是每一次都玩黑白臉啊！如果對方刻意等我老闆出來才談，可能把時間都等掉了，老闆也沒出來。結果等來的是競爭對手，這時再趕緊提槍上陣應敵，只怕勝利的機會都延誤了。對方深明這點，所以未必會等長官出來才出牌。

還有人說，如果對方知道我是會控制事件後果的人，絕不會讓衝突像脫韁之馬一樣失控，所以他們就很放心，反正天又不會塌下來，他們何必在行為上自我克制？儘管升高衝突就好。這種擔心理論上存在，但實際上不會發生，因為每個人對衝突的容忍度不一樣。

比如勞資衝突升高，資方決定引爆，宣布關廠（假設是製造業）或停飛、停駛（假設是大眾運輸業），他可能已經準備好足夠存貨可以繼續出貨，或準備好轉移到另外一個廠生產，或準備好請其他公司接手轉運客人，也準備好談判的時候誰扮演白臉、以什麼為下台階，這就是控場。可是勞方沒辦法，資方一關廠，勞方的經濟狀況立刻發生困難，他們的衝突容忍程度遠低於資方，這時只有靠政府介入了。

萬一真的怕對方對我的行為太了解，談判學者也建議一個方法，就是刻意讓自己的行為不一致。比如我們讓步之後，會擔心

對方會不會認為我示弱。讓步是我的行為，示弱是我的形象。讓步只是軟，示弱則是弱，軟和弱是不一樣的概念，我們一定要設法斬斷兩者之間的連繫。

怎麼斬斷？就是我在這個議題上讓步，但在另一個議題上提出強硬要求或拒絕讓步。意思在告訴對方，你不要從我在單一議題上的行為，去推論我下一步會怎麼做，你算不到的。每一個議題都是單獨存在，一個讓，不等於通盤讓，這樣我才鎖得住我的立場。

以前看過一部講北愛爾蘭和英格蘭關係的電影《以父之名》，裡面一段對白，剛好可以在這裡作注解。當時北愛爾蘭要去跟倫敦談判，北愛爾蘭一個領導跟底下的年輕人說：「你不要去。英國人對你太熟。」太熟，就是對他的戰術和弱點太清楚，太容易破解，所以要換個人去。這裡說，讓自己的行為不一致，就是避免自己的行為太容易被對方猜到。

這又導出一個問題：談判時跟對方熟一點不好嗎？其實要看談判的性質。熟的好處，是比較容易建立互信，在整合型談判時，熟一點會比較好。若是分配型談判，太熟可能讓我們不好意思強硬，戰術也容易被對方猜透。可是完全不認識，前面暖身、建立互信的時間又太長，所以最好是「有點熟又不太熟」。什麼意思？就是盡量讓自己跟對方是工作上的關係，而不是私人關係，這樣我們談判也會比較自在。

回報的速度是關鍵

時間因素在這裡也扮演了重要角色。他凶我凶，我什麼時候凶？他軟我軟，我什麼時候軟？答案是等一下，讓子彈飛一下再說。

當對方凶的時候，他們內部可能也有不同的意見，溫和派會說：「你看，這麼凶，把對方都氣跑了！」而想到趕緊找個新的議題，或象徵性的對我們示好，再把我們拉回談判桌上。如果我們當下立刻報復，對方連想緩和的機會都沒有，只好無奈放棄：「好吧，天意如此，就且戰且走吧。」這種結果也未必是大多數人想要的。

所以，最好的回應方式應該是**「他凶，我平，他再凶，我才凶」**，也就是不要馬上報復，但也不能讓步，因為如果我們讓步，對方強硬派就會認為自己強硬有效，而繼續保持強硬。所以只能持平，原地踏步，等對方下一步的動作。如果對方還是沒有示好的跡象，我們再報復也不遲。

同樣道理，如果我們強硬之後，對方讓步了，這時我們該怎麼回應？

根據賞罰分明的原則，他讓步了，我同樣以讓步作為回報，讓他知道讓步是有正向回應的，從而鼓勵他繼續讓，這就是賞罰分明的精神。

但是同樣的，不要回報得太快。對方軟了之後，我一樣持平，等他再讓，證明我確實收服他了，這時再讓步作為回報。所

以是「他軟，我平，他再軟，我才軟」。

　　他凶我凶，他軟我軟的戰術，就是以牙還牙，以眼還眼的禮尚往來。西方談判學者認為回報的快慢，直接影響到禮尚往來戰術的成敗。所以學者們整理出一個公式：「禮尚往來戰術的效果，是速度的函數」。在管理上，我們說主管對底下的賞罰要即時，才能收到賞罰的預期效果，但是在談判上，賞罰卻不需要太快。

　　不馬上回應，就是燜他一下，也是我們下面要討論的回應戰術：不回應。

以不回應為回應

　　對方出牌後，我們第二個反應的戰術是燜他，不回應。對內或對外談判都可以用這個戰術。

　　燜對方不等於不跟他見面，還是可以見面，但是「態度溫和，立場堅定」。或是對方跟我談了半天，我都像打太極拳一樣，把攻擊的力道都卸到別的方向去了，就是無法觸及談判的中心議題。

　　美國談判學者提出了一個參考句型：「看來我們的差距還滿大的。這樣，我們先談另一個題目，看能不能拉近我們的距離，再回來看這題？」這個句型的重點是，我根本不跟他辯論。因為我越攻擊他，他為了捍衛自己的立場或主張，就會越堅持，結果越無法解套。所以我們把攻擊的力道轉到別的方向。

華頓商學院的戴蒙教授介紹了一種他用的戰術，也像打太極拳一樣以柔克剛。有一次，對方開價十萬元，看他會怎麼殺。沒想到，他的反應出乎對方意料之外，他回答對方：「你怎麼知道我不會出二十萬、三十萬？」對方聽了當然很驚訝，怎麼有人會這樣回答？

戴蒙於是解釋說：「我們必須先知道協議裡包括了哪些東西，如果內容多，當然可以出更多錢啦。」賣方應該先把他想要的都列出來，這樣才好談。

就這樣，他打開門，賣方的資訊就流進來了。這是沒反應、卻套到很多訊息的柔術。

擦邊球戰術

還有一種不正面回答對方要求的戰術叫「擦邊球」。擦個邊過去，你說他回答到了嗎？好像沒有。說沒回答到嗎？好像又擦個邊。比如下面的例子。

買方：「你們價格太高了，應該打八折！」

賣方：「我們去年還得過經濟部的獎呢。」

得過獎，那到底要不要打八折？得到經濟部的獎，跟打八折什麼關係？這就是擦邊球。你說他回答了對方的要求嗎？好像有。但真的回答到了嗎？又好像沒有。

過去連戰擔任行政院長的時候，總統開放直選。很多記者就跑去問連戰：「院長，總統開放直選，您選不選？」

　　這時候講選也不是，講不選也不是，所以連戰就用了一個擦邊球回應：「我一向都是在我的崗位上，做好我份內的事。」

　　這回答多聰明！你說他回答了沒有？沒有，可是又好像擦到了一點。

　　因為沒有完全回答到對方的問題，所以也算爛對方的戰術。運用擦邊球戰術，還可以有更深的戰略設計。

從討價還價，變成解決問題

　　過去一家德國公司在中東有一個工程的案子，下面有幾個外包廠商，其中一家是丹麥廠商。德國公司因為中東情勢不安，希望每個外包廠商都能降低成本一二‧五％。丹麥廠商不想降價，但是也不願意破局，怎麼辦？他們打了個擦邊球，提出新的想法：「可以降低工程的技術指標，這樣價格就降下來了。」

　　德國公司表示不想降低技術指標。丹麥廠商說，根據他們看到的科學數據，降低技術指標並不會影響工程的品質。但德國公司還是不同意，兩邊就在技術指標的問題上纏鬥。

　　在丹麥廠商的「蓄意誤解」之下，過了一個小時，德國公司快受不了了，丹麥廠商忽然回過神來，問：「那你到底希望我們省多少錢嘛？」

　　德國公司一聽，就給了一個數字，於是丹麥廠商就和德國公司一起研究要怎麼把這筆錢省出來，比如換一個上游供應商，或改一下工法，或其他外包廠商也做一些讓步等等。像拼圖一樣，

德國人要的數字就這樣慢慢拼出來了。丹麥廠商當然也讓了一些價，但不是降價一二‧五％。

　　這裡可以看到談判內容的改變，本來德國公司要的是百分比，後來整個被偷梁換柱，變成一個固定的數字。這有什麼差別？如果是百分比，所有費用都要齊頭式砍一二‧五％。但如果是固定的數字，只要就某幾項支出降價，而且也只算到目前為止的費用，之後的費用並沒有包括在其中。以德國公司現階段的目標來看，只要成本下降，也算達成短期目標。

　　除此之外，談判的性質也改變了，本來是德國公司要求丹麥廠商降價，丹麥或抗拒或屈服，兩家公司是站在對立面的，是分配資源，分買方（德國公司）口袋裡的錢。德國希望少付一點，丹麥希望多拿一點。可是後來談判的性質變了，變成丹麥廠商幫德國公司一起研究省錢的方法。兩家公司變成站在同一邊，他們做的不再是討價還價，而是解決問題。在西方談判理論中，這是很大的不同。

　　如果兩邊面對面較勁，分配資源，他們面對的是「議題」，談判就是一種「交換」，交換彼此現有的資源，最後談成一個最好的交換條件，結束談判。兩邊是在分配，餅並沒有變大。如果雙方站在同一邊，面對的是「問題」，在解決問題的時候，需要的不是交換，而是「探索」。既然是探索，當然可能加新的資源進去，兩人就不是在分大餅，有可能一起把餅做大。

　　這是許多談判學者的理想，但是怎麼讓雙方改變談判的性質呢？其實，每一場談判都不是百分之百的對抗或百分之百的合

作，有的只是程度上的不同。就像光譜一樣，對抗和合作是光譜的兩個頭，中間是不同層次的灰階，我們要做的，是把談判從光譜的這一邊，往另一邊帶。丹麥廠商用擦邊球燜德國公司，然後從德國公司嘴裡套出了目標價格，再一起研究如何降低成本，就是把談判從「對抗」這一頭往「解決問題」這一頭帶的精采戰術。

如果丹麥廠商只是想用「降低工程的技術指標」取代「降價一二‧五％」，這招是「提出對案」，這個戰術我們下一節會討論。但很明顯的，技術指標只是擦邊球戰術，目的是將談判性質偷梁換柱，從百分比變成固定的數字，這就是前面講的，更深的戰略設計了。

如何運用不回應戰術？

除了太極拳推手般的「轉移話題」，和不正面回答問題的「擦邊球」之外，不回應對方還有一個方法是推給「人事改變」或「決策過程緩慢」。

外商公司最常用的就是人事改變，比如總公司被併購了，或大中華地區總裁換人了。只要大老闆換人，下面每個部門或子公司的人事都會跟著改變，所有正在進行中的談判都得暫停，等待新主管上台做整體評估之後再說。這就好像在雙方關係上按了暫停鍵，讓雙邊互動倏忽沉寂下來。對於我們提出的方案，他們不是不回應，而是無法現在回應，但對我們來說都是一樣的。

沉寂之後也許重新啟動，也許換個方案重開談判，也可能整

個專案叫停，作為談判的對家，我們對這種戰術其實是很被動的。

　　國家之間的建設案也是如此，最典型的例子就是馬來西亞與新加坡之間的馬新高鐵，這是二○一六年，馬來西亞當時首相納吉和新加坡簽的重要合作案。馬新高鐵是泛亞鐵路很重要的一段，大家都很關切，簽約的儀式也極為風光。可是二○一八年五月，馬哈迪領導的希望聯盟政府上台後，表示納吉貪腐纏身，許多他經手的專案都太貴，必須重新評估各個專案的成本效益，因此與新加坡達成協議，將高鐵案推遲兩年。沒想到兩年後，馬來西亞覺得還是太貴，在二○二○年底乾脆宣布放棄高鐵案。馬來西亞寧可賠償新加坡損失，也不願意繼續高鐵的建設。這雖是極端的案例，但卻是真實發生的案例，所有從事海外投資談判的人對這種情況都要有所準備，萬一對方廢棄先前的協議，我們得有B計畫因應。

　　還有一種不回應戰術，是推給內部決策緩慢。這在跟日本人談判時尤其要注意。日本人講究內部共識，所有對外提出的談判方案，總要內部各部門達成一致意見才好提出。這種建立內部共識的過程，日本有個專有名詞叫「根回」，就好像要移植一個盆栽，總要把根都包得好好的才能移植。而根回的過程常常是曠日廢時。

　　美國人跟日本人談判時就常吃這個虧。美國人分享了他們的經驗，在和日本人談判時，他們提出一個方案，期待日本人的反應。他們認為日本人要不就贊成，要不就反對走人，要不就提出

自己的對案，讓美國人參考一下可不可行。贊成是 yes，反對是 no，提出對案是 if。沒想到日本人居然還有第四種反應，就是沒反應。

　　美國人問何以如此，日本人答覆說因為美方要求太嚴苛，日本人內部還在「根回」。美國人出於無奈，自己降低了一些要求，問：「這樣是否有助於你們達成內部共識？」結果談判是誰在跟誰談？美國人自己在跟自己談。

　　不過這嚴格來說，也不能算是日本人故意運用戰術，這或許只是民族性的不同，但多少都達到了放慢談判腳步的效果。

　　不回應戰術也可以用在內部談判。假設我是老闆，在面對屬下或工會要求的時候，如果覺得他要的沒道理，不想答應，或不想答應得那麼快，除了說 no 之外，最常用的戰術也是不回應。等到屬下出第二張牌，降低了要求，甚至是連降了幾次以後，感受到他的誠意，或是外部環境發生變化（比如新的敵人出現或輿論開始聲援他），我就可以選擇一個適當的時機進場。注意，進場不是接受他的條件，而是以這個條件作為談判的起點。

　　但這裡有個風險，如果對方很熟悉我們的戰術，一開始提出的要求就會開得很高，然後讓步幾次，表示他的誠意。這些雖然都是虛的動作，但是故作謙卑的姿態，卻可以為他爭取輿論支持，對我造成壓力。這時，我們以為自己掌握了主動權，其實才是真正陷入被動。

　　我們一直不跟他談判，也讓他有了機會可以在外不斷宣揚他

的主張，宣揚的次數越多，聽到的人越多，他的信用與面子也都押在桌上，不自覺中，把自己鎖得越緊，日後倒退迴旋的空間就越小。如果是這種情況，我們必須立即開啟談判。心理上可以先調適，這是「工作上」的接受，而不是「法理上」或「感情上」的接受。這樣我們心中比較沒有障礙。開始談判，讓對方上桌，就可以以此約束對方，表示既然已經上桌，就不應該在外繼續宣揚己方立場，企圖以此對我方施壓。

什麼時候該燜？什麼時候該談？

至於什麼時候該燜對方，什麼時候該跟對方談判，跟議題的性質有關。**如果談的是「事情」，我們可以燜一下，等對方提出更好的修正案或更周延的方案再說。如果談的是「數字」，比如工資或價格，就不必燜太久，以免對方掌握談判桌上的詮釋權。**

比如我們要買一個東西，賣方開價五百元，我們覺得太貴，但也沒有還價，怕還價好像暗示我要買，後面就很難退出來了。可是我不還價，又等於把舞台拱手讓給對方。他可以從五百元讓到四百五十元，然後說他已經讓五十元，展現誠意了，現在該我們讓了。「做生意嘛，有來有往啊。」他說。

但問題是，誰說他已經讓五十元了？他自己把五百元擺在桌上，當作比較的基準線。也就是說，他先出一張牌，然後自己讓步，宣稱他已經展現善意，完全自說自話，掌握了談判桌上的詮釋權。這就是他之所以下錨的另一個功用。

　　買方在殺價時也可以下錨，他可以告訴賣方：「如果你能降一〇％，我今天就可以做決定。」

　　賣方如果底氣不夠，可能會回說：「一〇％太多了，我們沒辦法。可不可以八％？」當他講八％的時候，其實就已經被買方的一〇％牽引了。一〇％就是買方在還價時所下的錨。

　　類似這種招數該怎麼破？以前面五百元的例子來看，當賣方開價五百元的時候，如果我們真的想買，一定要還價，比如兩百元，這樣他從五百元降到四百五十元，然後一口咬定他讓了五十元的時候，我們也可以從兩百元加到兩百八十元，然後說：「你讓五十元？我還讓了八十元呢。」就是不能讓他壟斷談判桌上的詮釋權。

　　一口咬定自己讓步了，然後要對方回報，背後借力的是心理學上的「互惠原則」。人都有一個傾向，就是認為一來一往的禮尚往來是應該的，是對的。如果人家讓步給我，我沒回報，我可能會花很多時間跟旁觀者解釋，對方也不是真的讓步，後面可能還有陷阱，所以我沒有回報。但我們越花時間解釋為什麼沒有回報，越透露出其實我們心底認為回報對方的善意是應該的，沒有回報是理虧的。

提出對案或條件

　　前面介紹了第一個回應對方要求的戰術是說 no，第二個是不回應，現在介紹第三種戰術，說 if，也就是提出對案或條件。

　　當我們碰到說 no 不敢，說 yes 不甘的時候，最好的回應就是說 if。

　　尤其是服務業談判，強調的就是不拒絕客戶，而是提出對案。比如：「您的要求我們真的有困難，但我們可以用另一種方式幫您。」這就是對案，把對方引到我的場子來談。

　　跟長官互動也是這樣，屬下不批評長官的方法不對，而是提出另一個備選方案供長官參考。當我們強調自己跟長官是「方向相同，只是方法不同」的時候，長官對我們的敵意也可以降低許多。

　　還有一種狀況是，對方想畫個圈圈套住我，逼我說 yes 或 no，但我們根本不跳進去玩他的遊戲，而是把他拉出來玩我的遊戲。

　　我一個學生，他們的代工廠有一次收到美國客戶一筆大單，非常高興。但美國人再下單時，除了誇獎他們產品品質好之外，也提出一個要求：降價二二％！

　　碰到這種情形你怎麼辦？推掉這麼一筆大單你捨不得，可是給出這麼大的折扣你也不願意。這時，第一件事就是評估雙方的籌碼，這是很重要的談判思維，談判在本質上是權力遊戲，所以

一定要先從籌碼看起，看誰比較破不起。

評估之後，我學生發現，他們這個產品世界上能做的沒幾家，也就是美國客戶如果翻臉破局了，一時半刻之間他可能也找不到誰可以填這個缺口。這樣一想，他心就定了，回了一封信給美國人，謝謝他們的誇獎，他也會繼續努力，讓雙方合作愉快。對於美方要求二二％折扣這件事則完全不提。

在談判過程中，不是對方提的每一個要求我們都要回應，可以選擇性回應，然後看對方的反應。在這個案子裡，美國人倒是不撓不棄，當台灣公司海外部經理到美國時，美國人追問：「折扣的事你們還沒回答呢。」台灣人回答：「不可能。」美國人再問：「那要怎樣才可能？」

這一來一往的對話，就是前面講，對方提出要求，我們擋回去，他繼續提出同一要求，我們再擋，第三次他還是重複同一要求，不屈不撓，這證明對這個要求他是真的要，不是單純來試探而已。

我學生知道這樣就很難閃避了，於是回答：「也不是不可能啦。」這就是「no, but」的句型，接著提出他們的對案：

「你們要把品牌做出來，有數量我們才好降價啊。」這是數量換價格，切割法的標準動作。

「在這段時間裡，我們也慢慢把工廠移到中國大陸與馬來西亞，那邊工資比較低，也才有讓價的空間。」這是爭取緩衝的時間。

「降價也不全是價格上給折扣，我們也可以在付款方式、交

貨條件等其他方面有一些彈性。」這更是切割法的典型。

前面我們說的是「要」的一方跟對方說：「價格如果不能降，交貨次數就要多一點，我好節省庫存成本。」錢你這裡不能給我，那裡就要給我，這樣算起總帳才是一樣的。

現在這裡是「給」的一方主動提出：「我價格降不了給你，但我可以增加交貨次數，幫你減少庫存成本，這樣你整體成本還是降低的。」

「最後，為了表示誠意，我們可以先讓五％給你。」總要讓對方有點東西帶回去，對方回去才能有所交代。

後來就是以五％達成協議。然後我學生突然發現，原來，賣方來勢洶洶的二二％還是可以談的。

二○○二年二月，一家外商公司請我到上海上課，當時兩岸關係沒那麼熟，所以我要求課酬必須以美金支付。後來發現要求以美金支付是個錯誤，因為他們必須先透過紐約，才能把錢匯進我台灣的帳戶，這中間水費、規費、匯損、稅務，一個都少不了。等我拿到課酬時，時間比原先約定的六十天要晚，實拿的酬勞跟當初想的也有出入，感覺不是很好。

第二年，他們又要找我去上課。我說：「不要了啦，你們的付款方式太複雜了。」那公司的人資告訴我：「老師，那我們就找一家顧問公司在中間當渠道對接，我對他，他對您，在您課講完當天就可以把課酬給你，不必等六十天，如何？」

我說：「當天就付款當然好啦。」

　　人資說：「可是顧問公司不用美金，您得拿人民幣才行。」
我想，人民幣可能會升值，於是回答：「沒問題。」

　　人資接著說：「而且它還要收取一定成數的服務費喔。」

　　人資就這樣畫了兩條路在我面前：一是按舊制，以美金支付，
但花的時間多，拿到的錢也有出入；二是按新制，以人民幣支付，
可以即時拿到課酬，但是也要付一定成數的服務費給顧問公司。

　　所以我要比，顧問公司收取的服務費，和舊制所要付的各種
費用，哪個比較多？如果差不多，我可能就選人民幣，因為當天
拿到錢總是比較放心。可是實拿的金額還是低於我的期待，怎麼
辦？

　　談判理論有一個很重要的心法，就是**絕對不要被迫二選一**
（自願的不算）。對方問我要拿人民幣還是美金，就是二選一。
不想被迫二選一，於是我提出對案：「走新制好了，但是減鐘點。
八小時課減為七小時。」

　　他開玩笑說：「算這麼精啊？」

　　我也開玩笑回他：「改規格，你不知道啊？」

　　這也是切割法：價格換規格。這個切割法之所以能成功，
主要就是我跟人資要的東西不一樣。我在乎的是，酬勞少拿一點
沒關係，但必須保住我的行情不墜。也就是酬勞的總數少一點沒
關係，但不能讓我的鐘點費被過多的小時數稀釋掉。我在乎的是
「單價」，而人資在乎的是守住公司預算上限，是「總價」。所
以我們兩個人是「求異」，因為是求異，所以才能交換。

反下錨戰術

強勢的提出對案，就是「反下錨」。對方開了價，下了錨之後，我們根本無視於那個數字，而是根據我們的原則，用另一套邏輯，提出我們的對案，搶回談判的主動權。

我一個學生是董事長，分享了他買別墅的經驗，第一回合，賣方開價一百萬（當然，價格都不是真的），他還價八十萬，談判破裂。請問，第二回合再回去談判時，談判會呈現什麼樣子？一般我們都會想，不是賣方從一百萬往下降，就是買方從八十萬往上加，還能有什麼樣子？而且，賣方先開價造成的錨定效應，讓賣方在談判時掌握了一定程度的主導權，因此很可能是買方要求賣方，價錢可不可以降一點。

沒想到，我們的案例完全不同。買方第二回合上去，不增反減，出價七十萬！

「八十萬都不行，你出七十萬，人家沒把你趕出去啊？」我問。

「老師，我表現得比他更認真專業，」那個董事長告訴我，「我們約見面時，我都比他先到，而且準備了厚厚一講義夾的資料，翻給他看，這個材料國外是多少，我們這裡賣多少，他們賣太貴。至於為什麼我的出價不增反減？那是因為上一次就該殺價的，但因為時間倉促來不及殺，所以這一次才會要求賣方把價格降下來。」

買方的專業完全儸住了賣方，所以後來變成賣方跑去央求買

方，可不可以加一點，而不是買方央求賣方，可不可以減一點。買方搶回了談判的主動權，當他提出七十萬時，心裡想的不是砍價，而是一套完全不同的價格計算邏輯，用對案去反下錨。

怎麼談加薪？

對內談判也是一樣。比如你是資方，跟工會談判。工會要求加薪兩千元，這是他下的錨。你如果跟他談那兩千元，對方就完全掌握了主導權與詮釋權。所以，除非你不談，相應不理，不然應該反下錨，提出你的主張。

通常加薪或其他類似的議題，都可用三個大問題來撐起它的架構：**要不要？怎麼做？何時做？**

首先，**要不要加薪？**我們用的是什麼標準？是通貨膨脹數字？是公司業績？是根據政府公務員加不加薪的政策，或是其他標準？

第二，**怎麼加？**在人的方面，加薪是通案還是個案？年資或考績的門檻為何？在事的方面，是加工資，還是調整其他福利、津貼？

第三：**何時加？**從何時起算？有分階段嗎？

根據這三組問題，我們提出我們的對案，比如，一千三百元才是合理的數字，工會如果不滿意，就以一千三百元為基礎，看調整多少才是大家能接受的數字。一千三百元就是我們用反下錨戰術所定的新錨。至於他們提出的兩千元，早就不知道被拋到哪

去了。

如果我們是工會，又該怎麼談？工會提出兩千元時，一定要有柱子支撐，不然這個錨定不住。當然，最好的方式是提出一整套方案，裡面有可互換的連結關係：如果拿到 A，我就可以放掉 B 和 C；如果沒拿到 A，我就要 B 和 C 來減少我的損失。注意，不是沒拿到 A，就要對方給我 B 和 C 作為「補償」。老闆沒有義務要補償我們，所以講話用字要很小心。

我也發現，有些工會在勞資談判時提出好幾個要求，但這些要求像是一盤子端出來的，看不出輕重緩急，也看不出哪一個可以換哪一個的議題連結，好像一定都要拿到，回去才好交代，這在談判上怎麼可能呢？而且，因為沒有輕重緩急的比重，當他們拿到一些、放掉一些之後，因為沒有比重的加總或比較，常常自己也搞不清楚到底是談贏了還是談輸了。這就是沒有審慎規畫談判的結果。

減少對方讓步的成本

不是工會那麼嚴肅的勞資談判，一般同事之間或上下級之間，一樣也可以用對案來解題。

我一個學生是一家公司的財務副總，他剛進公司時，面談他的長官是個美國人，後來被調去技術部門，成為技術部門副總。兩人雖然都是副總，但技術部門副總是我學生的前主管，等於是帶他進入這一行的師父。

有一次，美國人要調他底下的 Jack 到技術部門。Jack 非常優秀，當時正負責財務部門的一個專案，那是公司的優先發展專案。可是美國人要調 Jack 過去負責的案子，也是公司的優先發展專案。兩個優先項目撞到了，怎麼辦？我學生不想放人，美國人有點詫異，也不太高興，丟下一句：「那你就找一個比 Jack 優秀的人給我！」

這時該怎麼辦？我學生不想跟他師父翻臉（這傳出去多難看啊！），可是也不願意拱手把 Jack 讓出去。

他把整個情勢從頭到尾想了一遍，然後親自去老外的辦公室跟他溝通。注意，面對面溝通在這裡的效果比打電話或發電郵要好得多。

他先表示對長官的尊重，說他永遠是他尊敬的導師。這話讓美國人聽了很高興，但也約束了他，既然是導師，就不能失了身分真的跟徒弟爭什麼。

接著，我學生擺出了支撐他要求的柱子。他跟美國人一起細數，如果要負責技術部門的專案，哪些能力或資格是一定要有的 must、哪些是希望最好也具備的 want。比如軟體能力是 must，硬體能力其實是 want；英語能力是 must，同時也會日語就是 want。

這樣列出來以後，我學生跟美國人說：「如果要同時具備 must 和 want，當然是 Jack，但若只看 must，Tony 也不錯啊。可是我呢？我根本不敢想 want，單看 must，公司裡符合的也只有一個 Jack 啊。也就是您有其他選擇方案，但是我沒有，這就是為什麼我不能把 Jack 給您的原因。」

　　然後他提出了對案：「Jack 給我，我幫您訓練 Tony，讓您不會空手而回，好嗎？」這在談判上叫作「減少對方讓步的成本」，目的是讓對方敢輸。這也是我一再強調的，談判之道無他，讓對方敢上桌、敢下桌而已。減少對方讓步的成本，就是讓他敢下桌，回得了家。

　　事情過了之後，我學生打電話給我，說：「老師，我最得意的是，美國人要我去找一個比 Jack 更優秀的人給他，我沒有跳下去玩他的遊戲，我是把他拉過來玩我的遊戲。」這就是提出對案的目的：換一套遊戲規則，重開談判。

　　有時候，我們提出的對案不是百分之百和對方的提案不同，我們可以採納部分意見，把對方的意見吸納到我的對案裡面。比如他的意見有五點，我們吸納了兩點進來，這樣做的目的，是讓對方知道他的意見有獲得重視，他參與了最終解決方案的制定，這樣他心裡會比較好受，將來執行協議時也會比較甘心。

提出對案或接到對案，都要留意

　　服務業在談判時，面對對方的要求，沒辦法說 yes，也不願意說 no 得罪人，標準的反應就是說 if，提出對案。

　　「這個要求我們有困難，但您關心的問題，我們完全可以體會。要不，我們有另外一個方法，或許可以幫上忙。」於是我們提出對案。

　　為了讓我們提出的對案貼近對方的需求，在提出對案之前，

可以先發問，確實了解對方的需求，這樣提出來的方案才能符合他的需要。但是發問時要注意，不要用「為什麼」三個字。我們當然想知道為什麼，但嘴裡問出「為什麼」三個字就太咄咄逼人了。

有一次，我去看一間別墅，看完後不太喜歡，因為那間別墅樹小牆新，暴發戶的感覺太濃。第二天，仲介打電話問我決定如何，我苦笑一下說：「不買。」誰知他馬上問：「你為什麼不買？」這話聽得我好生氣。我不買還需要跟你解釋嗎？不買就不買啊。

我相信那仲介也沒什麼惡意，就是不會講話。他應該問我一些封閉性的問題，比如：「您是不是覺得交通不太方便？」「您是不是覺得距離醫院太遠？」或「是不是覺得學區不好？」就算都不是，也說不定可以引導我慢慢說出心裡的理由。

我們提出的對案，可能是一個，也可能是好幾個讓他選。如果是好幾個，那就屬於「水平出牌」。

水平出牌的例子很多，比如我們開了價，對方殺價，但我們不想讓、也不想破，於是提出好幾個選擇讓他選：「價格已經是最低的了，很難有彈性。但如果數量多的話，我可以跟上面爭取看看。您要不要考慮一下，改變一下數量或付款方式、交貨條件，配套條件改了，價格或許可以有一點空間。」

這裡我們提出了三種方案：數量換價格、付款方式換價格、交貨方式換價格，然後看他的意向。如果他說付款方式換價格還可以考慮，我們再順著這個方向打磨出一個最好的方案，比如什

麼樣的頭尾款比例，或什麼樣的付款期數，交換什麼樣的價格。
由於這些方案的地位是平等的，不是一步步往下讓，所以我們稱
之為水平出牌。

　　除了我們自己提出對案之外，有時候，也可以把提出新方案
的主動權讓給對方。

　　「其實我們大概也猜到您會提出這個數字。來之前，老闆已
經交代，如果這就是您的要求，我應該立刻拒絕。但我想，我們
應該還是可以達成協議的，您要不要提出一個新的方案讓我們看
一下？」

　　這種句型不是 no，也不是 yes，而是「no, but」：先關門，然
後展露一些彈性，看對方怎麼回應。如果對方不是那麼強勢，他
提出的新方案，其實就是降低要求的讓步。這種讓步有時候還會
比我們預期的更好。

　　但也可能他再提出來的還是原來的立場，只是換種講法，
新瓶裝舊酒而已。以前美國人就抱怨過，跟日本人談判，常發現
他們每回合提出所謂的新方案，仔細一看都是原來的舊方案重包
裝。目的就是放慢談判的節奏，拖時間。因為接到新方案後，美
國人常需要花時間去確認到底哪裡新，這一確認，時間就拖下去
了。為什麼要拖時間？因為要等待新的情勢或新的統計數字出
現，這時的談判態勢可能就不一樣了。

　　北韓在談判時也用過拖時間的技巧，其中不同的不是新瓶裝
舊酒，而是利用英文版和韓文版的不同製造一些困惑。比如一個
版本說，北韓提煉濃縮鈾已經到了最後階段，另一個版本說北韓

提煉濃縮鈾的「準備工作」已經進到最後階段。讓對手必須重新查證或要求平壤澄清，這樣一來一往，時間也拖下去了。

提出「條件」

以上談的是提出「對案」。還有一種說 if 的戰術是提出「條件」，為談判注入一些活水，開一扇門。

我一個學生是賣方，一次報完價之後，買方嫌貴，要求賣方分析成本，說明為什麼價格會這麼高。賣方說沒問題，把成本一一做了說明，解釋為什麼會賣這價錢。解釋完了以後，他說：「如果你們採購到達一定的量，可以有一些折扣。」

這是非常簡單、也非常典型的談判情境。賣方一一說明這價錢是怎麼算出來的，這就是鎖門。將成本拆開，逐條解釋，就是之前我們講的擺柱子，用一根根柱子撐起我們的立場。

鎖完門之後就要掏鑰匙了，告訴對方，如果採購到達一定的量，就有一些折扣，這就是一句經典的談判語言。至於多少的量，搭配多少的折扣，有幾種不同的組合，都是可以談的。這就是鑰匙，就看對方接不接了。

有時候，我們的 if，不是以 if 的型態出現。這是什麼意思？

比如長官要我們在日常工作之外，臨時幫他趕一個東西，而且三天後就要交件。我們很難抗拒，但又怕這樣一來會耽誤原來份內的工作，所以想跟長官要求：「如果能派一個助理給我，幫

我三天，我就可以三天後交件。」

這就是跟長官談條件，可是這個條件該怎麼提出來？理論上它應該這樣講：

一是用「如果」句型：「如果能派一個助理幫我三天，我就可以三天後交件。」

一是用「但是」句型：「我可以三天後交件，但我需要一個助理來幫我三天。」

這兩個句型邏輯上都沒錯，但是戰術上有一個小問題，那就是提條件的姿態太明顯，有些長官不太能接受屬下這樣談條件。

在英語世界，美國學者建議的，不是用 if 或 but，而是用 and：「Yes, I can do it, and I need an assistant to work for me for 3 days.」

這就是**用 and 的型態去提出** if，但不是提完條件後等著對方答應，而是假設對方已經答應了，談都不用談就順勢把我們的條件掛上去。對方被我們牽引，可能也很自然的就答應了。

在中文世界，我們可以說：「沒問題，我一定會三天趕出來。還麻煩您請張三來幫我三天，這樣一定又快又好。」

對方如果說：「張三手邊還有工作，怕派不出來呢。」這時我們可以說：「那您說派誰來幫比較好呢？只要三天。」這就是引導談判，讓他的思緒跟著我們指引的方向走。

讓步：不同目的，有不同的讓法

除了 no、不回應、if 之外，第四種回應方式是說 yes，答應他，這就是讓步。

談判過程中的讓步，可以有很多種目的，不同目的，有不同的讓法。我們先介紹讓步的標準型，目的是用讓步傳達底線的訊息。

用讓步傳達底線

假設買賣雙方，賣方開價八千元，買方還價七千元，賣方讓步，從八千讓到七千四百元，停下來看買方反應。買方這時可能有三種反應：一是接受，成交；二是拒絕，破局；三是暫時不做決定，繼續談。

假設我們是賣方，我們當然希望能在七千四百元達成協議。可是要怎樣才能達成協議？必須買方同意在這個時候做出選擇，只有買方願意做選擇，才有機會選擇接受七千四百元的結果。有人問，買方也可能選擇不接受呀？沒錯，但如果他這樣選擇，至少讓我們知道他不答應的原因出在哪裡，這樣才有解決的機會。也總比他一直不選擇，老懸在那裡好。

買方做不做選擇的關鍵在哪裡？一個很重要的關鍵是，他必須確定七千四百元是我們的底線。如果他認為還沒到底線，我們

還會讓到七千兩百元，那他大可等到那時候再決定要達成協議，何必現在就接受七千四百元。所以賣方在讓步過程中，一定要清楚傳達出一個訊息：現在停下來的點就是我們的底線。

讓步過程中有兩條線影響對方的決策：一是中線，一是底線。以七千四百元來說，賣方讓過了中線，按理買方應該可以接受，因為賣方讓得比較多，買方贏了。可是如果買方認為七千四百元還不是賣方的底線，他就會再等。所以底線比中線來得重要，中線只是讓對方覺得他贏，但無法催他現在就做決策。

當然，有時候對方明知道我們沒讓到底線，還可能再讓到七千兩百元，但還是願意在七千四百元成交，為什麼？因為等下去的「時間成本」不划算。別忘了，任何戰術都有時間成本。為了等我們從七千四百元讓到七千兩百元，他得花上更多時間，或是在別的地方損失更多，不划算，所以就決定不等那兩百元了。

這種現象不難理解，比如百貨公司的換季折扣，我們明知道七折之後還會下殺到六折、五折，仍決定在七、八折時就出手。為什麼不等？因為再等下去好東西都沒了，不如現在就出手，先買先享受。

在商場上，這種情形更為複雜。有時候，我們同時在好幾個棋盤上下棋，如果為了等這個棋盤上多得兩百元，卻在另一個棋盤上損失三百元，想想那就算了，不等這兩百元了。可是旁邊的人怎麼看得懂？他們只看到一個棋盤，覺得我們可以多得兩百元卻放棄，是我們談輸了。他又哪知道我們好幾個棋盤的整體布局？所以我也常告訴學生，評論別人談判時，最多只能說他談得

好或不好，不能武斷說他談輸了還是贏了。因為好壞是有客觀標準的，而且講的也只是眼前這局棋，輸贏卻是主觀的，牽涉到好幾個棋盤的大博弈，我們外人未必能知道當事人心中的盤算。

但大部分狀況，我們還是希望透過讓步過程，傳達出底線的訊息。也就是讓對方相信，七千四百元就是我們的底線。這訊息該怎麼傳達？有三個重要的元素。

第一是**讓步的幅度**。假設我們從開價的八千元往七千四百元讓，為了讓對方相信七千四百元確實是我們的底線，我們讓步的幅度必須越來越小。因為距七千四百元越近，我們就越沒東西讓，每跨出去一步的相對比重就越重，所以不自覺中腳步就越來越小。對方也是由我讓步的幅度是否越來越小，來判斷我們是否到底了。為了讓對方相信我們是到底了，所以腳步一定要越來越小。

比如，我總共要讓步二十萬，按照幅度遞減的原則，我可能第一步讓九萬，第二步六萬，第三步三萬，第四步兩萬，幅度越來越小，對方才會相信我真的到底了，沒得讓了。如果反過來，先讓兩萬，再讓三萬、六萬、九萬，越讓越多，然後說你讓到底了，對方可能不會相信。因為你越讓越多，只會顯得你很急著達成協議。既然你急，那他就不急，反正你還會讓，他幹嘛現在讓步？

第二是**讓步的次數**。讓步的次數不能多，次數多了，對方會認為我們讓步很容易，也會期待我們繼續讓步，這樣談判就達不成協議了。想想，一樣是二十萬，但兩萬、兩萬的讓十次，給人

的感覺會一樣嗎？不會。讓十次，只會給人一種感覺，那就是你讓步很容易，跟母雞下蛋一樣，只要他再熬下去，說不定你還會讓到十一次、十二次，所以他就按兵不動了。

第三個元素是**讓步的速度**。原則上，讓步的速度不能快，讓得太快，對方會認為我們後面留了許多讓步的空間，因此會等我們繼續往下讓。所以有些人認為早早讓完，早早回家，其實是早早讓完就回不了家。

當然，這裡說讓步的速度要慢，指的是讓大東西。如果每一個東西不分大小都拖到最後才讓，大家都呆坐在那兒，大眼瞪小眼，談判就不會發生了。

幅度、次數、速度，是我們透過讓步去操縱對方期待的三個元素，也希望透過「讓步幅度遞減」「次數少」「速度慢」的讓步藝術，傳達出七千四百元是我們底線的訊息。

設立「防滑樁」

如果這些讓步技巧，還是無法在七千四百元擋住對方的攻勢，怎麼辦？可以用一些「防滑樁」來鎖住自己。

第一個防滑樁是**「焦點」**。焦點是大家都看得到，大概也都想得到的點，比如整數或中數。我們可以模擬一下，假設老闆開價一百二十元，我們砍二十元，他答應了，最後以一百元成交。一百是整數，可能也是他的底線，他守住了，我們也覺得滿意。其實，他開價一百二十元的時候，大概也預期我們會砍二十元，

我們也如他所預期的砍了二十元，雙方似乎都在預期之中照表操課。

　　整數與中數都是可以用來鎖住自己的暗樁，吉祥數也可以，假設十七是我的吉祥數，任何談判，只要我不是居於弱勢，就可以要求守住十七。比如我開價十八萬，對方要殺到十六萬，我們就可以說不行，最多讓到十七萬，因為十七是我的吉祥數。

　　如果是談事情，不是單純的數字，那麼先例或法律的判例都是焦點，可以拿來作為守住底線的暗樁。

　　第二個防滑樁是「**原則**」。我可以在某一個訂單上讓步，但不能棄守我的原則。讓這一單，我就只讓這麼一次，但原則一旦棄守，後面兵敗如山倒，什麼都守不住。

　　假設你在舊書攤看到一本介紹宜興茶壺的書，印得非常精美，看一下書上印的定價：兩百五十元，你問老闆這書怎麼賣，他回答：「一百二十元。」便宜，但這裡可是地攤，你殺不殺價？很多人說當然殺，因為是地攤，大家都在殺價，能不殺嗎？這就應證了談判理論所說的，我們殺不殺價，跟賣方開價貴不貴無關，而是跟我們的期待有關。地攤給人的期待是可以殺價的，所以我們會殺價，老闆開價低，並不會感動我們。

　　如果你問老闆這書怎麼賣，他回答：「我們這邊都是照定價打對折，我看一下，定價兩百五十元，那就是一百二十五元。」請問，是老闆說一百二十元的時候好殺，還是他說照定價打對折、一百二十五元的時候好殺？應該是一百二十元的時候吧。為什麼？因為開價一百二十元，如果他讓，也就讓這麼一次；而

一百二十五元代表的卻是「按定價打對折」的原則，這原則一旦被打破，他後面就守不住，一路輸下去了。所以你猜也猜得出來他不可能讓步，他可以送你贈品，但價格不會降，這就是用原則守住自己的戰術。

這裡岔出來談一下讓步的成本，如果我們不想讓步，可以用「增加自己讓步的成本」，如用前述的原則來鎖住自己，增加讓步的難度，然後問對方：「我讓步得付出那麼大的代價，如果換作你，你可能答應嗎？」

如果最後我非讓步不可，就要反過來思考「減少自己讓步的成本」。讓步要付出什麼成本？裡子和面子之外，更怕造成先例，一旦形成先例，就後患無窮了。所以，**每一個讓步的人，都要設法將自己的讓步變成特例。**

我一位新加坡朋友楊教授，十幾年前應邀到中國大陸演講時發生過一件事，他的行情是一萬元人民幣，但邀請單位只出得起三千元，怎麼辦？要是我可能就不去了，因為知識是有價的，不願意付費，是不尊敬講者，那就不要去了。可是楊教授偏偏又想去，怎麼辦？楊教授告訴我，從他的角度來看，當然能爭取到一萬元是最好，如果實在沒辦法，最差、最差也要守住底線，就是三千元不能成為先例。可是你課酬拿都拿了，怎麼可能不成為先例呢？所以他最後決定不拿錢，捐出來，捐給邀請單位，這就是特例（你總不能期待楊教授每次演講都捐錢吧？），一旦拿錢，就變成先例了。楊教授做的，就是減少自己讓步的成本，是一種

損害控制。

　　前面介紹過我學生的前上司跟他要人的例子，我學生沒把 Jack 讓出去，但是答應幫對方訓練另外一個人，這是減少對方讓步的成本，目的是讓對方敢輸，背後減少成本的邏輯是一樣的。所以讓步的成本，有時要增加，有時要減少，就看我們怎麼用了。

　　再回來看地攤買書的例子，聽到老闆開價一百二十元，我們會殺價，可是，如果你先在別攤看到賣一百四十元，你沒買，到這邊看，才賣一百二十元，你是不是相對來講比較不會殺價？應該是吧。為什麼？因為你的腦子裡已經有另一個價錢作參考座標了，這時對得失的看法也會不一樣了。

　　美國人舉過這樣的例子，兩個賣牙刷的在路邊擺攤，一攤賣十元，一攤賣十五元，大家經過都買十元的，嘲笑賣十五元的：「你擺在他旁邊怎麼賣得掉？」但其實兩攤都是同一個老闆的。

　　想想，如果賣十元的旁邊沒有一個賣十五元的，大家經過十元的攤位多半還是會殺價，可是有了十五元作參考座標，他那十元就守住了。

戰術型讓步

　　除了用「幅度遞減」「次數少」「速度慢」傳達底線的訊息之外，讓步還有許多別的目的，因此在幅度、次數、速度上也有了許多不同的身段，我把這些叫「戰術型讓步」。

　　戰術型讓步還要搭配談判的不同階段：開場、中場、收尾，來安排出現的時機。我們可以選擇在開場的時候讓步，你可以在開場時讓一步大的，也可以讓一步小的。

　　比如對方聲東擊西，先在小東西上纏鬥（聲東），然後突然讓步，並且一口咬定他已經讓步了，要求我們在另一個議題上讓步（擊西），兩個議題的比重並不對等，東小西大，這就不是議題交換，而是聲東擊西。如果我們知道對方經常這麼做，就可以在對方提出要求時，一下答應他，讓他無法以讓步為由，在另一個議題上施壓。

　　有人問，如果對方不是玩這招，我們一開始就讓步，會不會讓得太快了？其實，人是習慣的動物，常用這招的人，他下次再用這招的機率就很大。所以我們每一次談判之後都要作紀錄：對方談判代表是誰、出牌上有什麼特性、喜歡聊什麼話題、吃不吃辣、家裡有誰、經濟狀況如何……類似這樣的資料越完備越好，離開崗位時也要列入移交，這樣後面接手談判的人才容易上手，也才能做好公司內部的知識管理。

出其不意

　　對方聲東擊西時，通常「東」的要求都不會很大，但是會讓我們很煩。

　　但有的時候，對方提出的要求是真的很大，也賭我不會答應，他所有後續的談判動作，也都根據我不會答應這個假設去規

畫。但沒想到，我居然答應了，令他嚇一跳，所有後面預設的第二波、第三波戰術通通被推翻，我們也在他的錯愕之中取得了談判的主動權。這招就叫「出其不意」，由於它的目的是**改變談判的情勢**，所以讓步的幅度一定會比較大。

這種出其不意的戰術，就是《孫子兵法》〈虛實篇〉所講的「乖其所之」，杜牧注釋寫道：「言敵來攻我，我不與戰，設權變以疑之。使敵人疑惑不決，與初來之心乖戾，不敢與我戰也。」

「之」就是向前走，敵人向前攻（打出第一張牌）的時候，也許算準了我會如何反應，比如他算準我聽了他的要求之後一定會暴跳如雷（或痛哭流涕、或手舞足蹈、或驚惶失措），他就根據這個假設去安排他下一步的戰術。誰知我的反應居然和他想的完全不一樣，和他發兵時的預想「乖戾」，好像骨牌一樣，我一下子推翻他第一張骨牌，弄得他後面一排全倒。於是，他疑惑不決，不知該繼續前進，還是就此罷兵，最後不敢與我交戰。

交換讓步

談判到了中場，讓步又有不同的目的。如果談著談著沒力了，好像火車開到沙灘裡一樣，開不動了，這時我們可以用一些讓步來推動談判，讓火車再動起來。

哈佛法學院的學者認為，理想中，談判應該是一個「交換讓步」的過程，雖然雙方交換讓步的幅度未必對稱，但若能做到我讓一步，他也讓一步，我再讓一步，他也再讓一步，這樣一來一

往，逐漸拉近彼此的距離，最後才有機會出現立場的聚合點，也就是最終的協議。

在每一次互動的過程中，我們都在交換一些資訊，透過自己的還價或對案，讓對方知道哪些是我們不可能讓的紅線。也透過這樣的交換讓步，讓雙方清楚權力天平上孰強孰弱，而變得比較務實。隨著資訊的交換與時間的流逝，談判者在期限壓力下，立場也開始出現彈性，所以最後才有機會達成協議。

但華頓商學院的戴蒙教授卻不認為談判一定是這樣。他表示，交換讓步的前提是雙方都採取合作的態度，但談判者是衝突還是合作，根據情境不同而異，很難說一定是什麼取向。

也有人研究中國人的談判行為，指出中國人，尤其是中共的談判代表，就不習慣一來一往的交換讓步。他們會站在原地不動，不斷推對方，不斷推、不斷推，直到把對方推到底線，不可能再讓了，而這個底線又是中方所能接受的，中方就會在最後讓一步大的，接受對方的條件，達成協議。整個行為並沒有交換讓步這種事。

即便有的人不會跟你交換讓步，但是在很多談判過程中，的確可以看到交換讓步的軌跡，所以我們還是要學一下交換讓步的細節。

第一，所謂交換讓步，**讓出來的東西最好能對稱**。如果我們希望對方還我十分，最好先讓出十分，這樣才有可能換來十分。我們喜歡講拋磚引玉，但是切記，談判桌上，磚是引不出玉的。為了安全起見，我們可以從拋磚引磚開始，慢慢累積互信之後，

才變成拋玉引玉。

　　也有人問：「明明我打算的是拋玉引玉，也先拋出了玉，為什麼還是引不到他的玉呢？」問題出在，我們拋出來的玉，可能他不認為那是玉，還認為是磚。所以我們一定要花時間了解，對方到底要什麼，而不是假定我給出來的東西他一定會要。是磚是玉，其實都是當事人主觀的看法，不去了解對方到底想要什麼，就永遠找不到互動的竅門。

　　第二，當我們讓步時，**一定要讓對方清楚知道**。可以在談判時挑明了告訴對方：「為了雙方長遠的關係，我們願意放棄○○的要求作為讓步，希望你們也能回報我們的善意。」這一招叫「貼標籤」，我為我自己的讓步貼上標籤，以免對方裝作沒看到，也可以逼著對方要有所回報。

　　這裡有兩個時間的問題可以提出來討論，一是，回報可以發生在不同時間、不同對象、不同地點和不同議題上。比如甲公司的甲 1 和乙公司的乙 1 在台北談 A，甲 2 和乙 2 在台中談 B，只要 A、B 兩個議題都還沒談完，甲 1 在台北談 A 的時候讓了一點給乙 1，乙 2 在台中談 B 的時候也可以在友好氣氛下，讓一步給甲 2，作為對甲公司的回報，這也算是交換讓步。氣氛緩和了，接下來很多東西就好談了。

　　可是另一種交換讓步必須即時。在討論談判籌碼的時候曾提過，我們之所以有籌碼，是因為我擁有對方想要的東西。但他不會永遠想要，所以一定要在他最想要的那個當下出牌，才能換到最大的效益。比如我們跟對方談 A、B、C、D 四個議題，其中 A

和 D 是可以交換的，也就是我在 A 議題上讓給他，交換他在 D 議
題上讓給我，這種交換就必須即時。假設去年談 A 議題時，我讓
給他，今年談 D 議題時，希望他能回報我。

他問：「為什麼我要讓給你？」

我說：「你忘啦？去年談 A 議題時我讓過你一次。」

他很可能回答：「讓過就算了。」

去年和今年已經有時差了，就算他最後還是讓了一點給我，
但籌碼的效果可能已經打了大折扣。如果我們在讓給他的當下就
要求回報，這個籌碼可能可以換到一百分的效益，現在隔了那麼
久，他的急迫性或痛感早就不在了，因此就算願意回報，也絕對
不會是一百分那麼多。我的籌碼的效用，就這樣被時差稀釋了。

這種狀況，只有即時的回報，才看得出兩個讓步是否對稱，
是否公平。和前面改善氛圍的交換讓步，是兩種不同的情況。

一來一往的交換讓步，也可能在過程中被打斷。

我一個學生經營電子公司，他們公司的產品要賣到美國一間
超市，本來談判過程就是一來一往的標準動作，我學生報個價，
對方還個價，我們降一點再報，對方又砍一點再丟回來，結果一
來一往三個回合，對方忽然發怒，破局不玩了。我學生一下子愣
在一邊，不知道發生什麼事。

後來他透過其他業務打聽（他們公司還有其他產品賣到那
間超市，所以也有其他業務對接別的窗口），看雙方的底線到底
在哪裡。結果發現應該是可以談成的，比如我學生公司的底線是

九十八美元，超市最高可以出到一百零二美元，雙方的立場有重疊，只要繼續一來一往幾個回合，就可以達成協議，為什麼會突然破局？

後來才知道，美國超市負責採購的有四個人，三個不喜歡我學生公司，一個很喜歡，他獨排眾議，一定要跟我學生議價。沒想到一來一往才三個回合，價格還沒進到重疊區，就被其他三個人酸：「你那麼支持這家台灣公司，結果你看人家怎麼對你？價格還是那麼高。」這個美國人被講煩了，情緒也來了，東西一丟，說：「好啦，好啦，那就都不要了。」一個原本可以成的案子，就這樣破了。

所以一來一往的交換讓步是談判的理想，但不是每一次都會發生。

想要用我的讓步去交換他的讓步，還要注意我們讓步的時間。上一章討論出牌戰術時，我們說，若要先破後立，一定要注意破的時間，讓後面接著登場的白臉有足夠的時間把談判救回來。讓步也是一樣，**要交換讓步，也要預留足夠的時間。**

二〇二〇年一月，美國跟中國達成第一階段的貿易協定，中國在決定什麼時候讓步、什麼時候達成協議，也是算過時機的。二〇二〇年是美國大選年，總統川普想拿中美貿易協定去爭取選票，因此，越接近投票日，他越急著要協議，就有可能讓越多。所以北京一定要撐到最接近投票日的時候再展現彈性，這樣才能換到川普最大的讓步。但是北京也知道，不能撐太久，因為若撐太久不讓，美國選舉大勢已定，川普無力回天，拿出貿易協定也

無法翻轉選情，這時北京的讓步就失去意義了。所以中國左算右算後，決定在二〇二〇年一月放一點給美國，達成協議。雖然後來川普連任失敗，仍可以看出談判的讓步時機是很重要的。

強化戰術

反過來，如果對方拋了磚或拋了玉過來，我們是要還他磚，還是還他玉呢？按照前面介紹的標準戰術，當然是他拋磚，我只能還他磚，要玉，他得先拋個玉過來再說。這種說法固然不錯，但只是中規中矩的禮尚往來而已，沒有太精采的戰術在裡面。

有點「戰術感」的回應，是他給我十分，我還他十五分，也就是還他一個明顯比較大的讓步。所謂明顯比較大，是旁觀者都看得出來，而且是可以查證的。比他大的讓步，不只是口惠而已。

這招在談判理論上叫「強化戰術」，藉由更大的讓步，強化對方合作的行為，鼓勵他跟我繼續合作。運用這招的同時，我們也把自己的位子拉高了，我們不是站在他的對面跟他平等互動，而是站在一個比較高的位子，評價他的行為，給他獎賞。這樣在不知不覺中，我們的氣勢就壓過他了。

在運用強化戰術的同時，我們也在表演給旁邊的人看：你看，人家給我十分，我都可以還他十五分，如果你也給我十分，我一樣也還你十五分，甚至更多。這就是拿對方當樣板，演給旁邊的觀眾看，吸引他坐下來談。政府在招商的時候，就可以用這樣的戰術。

部分答應，分化對手陣營

中場讓步，除了示好，希望能交換對方的回報之外，還有一種功能是分化對手陣營。這裡的重點是「部分答應」對方要求，然後在對方內部挑起不同的反應。

伊朗就經常使用這個戰術。在進行伊核談判時，伊朗是一邊，另一邊是聯合國安理會五個常任理事國（中、美、英、法、俄）加德國（即所謂 P5+1），在歐盟主持下跟伊朗談判。伊朗常常只答應一部分要求，就足以讓對手陣營分裂。因為美國與歐洲對伊朗比較強硬，中國與俄國則比較溫和。美國指責伊朗沒有完全答應聯合國的要求，中國和俄國則稱伊朗沒有完全拒絕，這個不同的意見，就讓伊朗有了談判的迴旋空間。

切臘腸戰術，放慢談判速度

除了部分答應之外，中場的讓步還可以加入時間元素，用「切臘腸戰術」放慢談判的腳步，這就是西方談判學者所說的 salami tactics。salami 是義大利香腸，我們可以像切義大利香腸一樣，慢慢切，慢慢切，增加讓步的次數，放慢談判的腳步。也就是說，**重點不是給多少，而是給多快。**

前面我們介紹過，如果想傳達底線的訊息，告訴對方我已經讓到底了，讓步的次數就不能多。可是這裡的目的不同，不是傳達底線訊息，而是放慢談判的速度，自然就有不同的讓步方式。

　　明朝建文帝面對燕王朱棣的威脅，想要削藩，要朱棣交出權力。朱棣當然不想，但又還沒準備好翻臉造反，這時，他要如何麼回應南京的削藩要求？權力交還是不交？按照談判的戰略思考，「交」和「不交」像光譜的兩頭，中間還有很多談判空間，那就是「交多少」，what。再把時間元素加進來，那就是什麼時候交，when。加上時間維度，整個談判的思考就有了縱深。朱棣就是用這種方法慢慢給，慢慢給，拖時間，拖到他在南京作人質的兒子回到北京後，他才叫停談判，發動靖難。

　　切臘腸戰術還有一個功能，就是消磨對方志氣。前面講過，把我們要讓步的二十萬，分成兩萬讓十次，只會讓對方覺得我們讓步很容易，於是對我們繼續讓步的期待就會升高，要求也跟著拉高，加在我身上的壓力也隨之變大。但如果我們能操縱對方的期待，兩萬讓十次的結果，也可以讓對方覺得我們讓步很困難，而不再對我步步進逼。要怎麼做呢？這跟對方的原始期待有關。

　　假如對方從來沒有期待我會給他錢，所以原始期待是零，我兩萬、兩萬的給他，只會把他的胃口越養越大。可是如果我一開始就宣布要給他二十萬，他也期待我會開一張二十萬的支票給他，期待一下子被拉高到二十萬，沒想到我拖泥帶水，心不甘情不願的每個月給兩萬，直到第十個月才把二十萬給完，他接過最後一張支票的時候，早已精疲力竭，他還會認為我讓步很容易嗎？應該不會吧。所以讓步真正要注意的，不是讓步的次數，而是讓步給人的感覺是難是易。

一步到位

跟切臘腸戰術對應的讓步方式是「一步到位」，我只讓一次，我的第一步就是我的最後一步。這基本上也屬於操縱期待的戰術，所以戰術要成功，必須有兩個條件：一是，**必須在對方心目中先建立我們強硬的形象**，唯有讓他知道我們是不輕易讓步的，能夠讓到這樣已經很不容易了，他才不會期待我後面還會繼續讓。二是，**沒有例外**。只要有一回合沒守住，讓了一次又一次，對方就不會相信我讓的第一步就是最後一步了。

上面討論的是理論的條件，在實務上，要運用這個戰術還需要其他條件配合。比如勞資談判時，資方要用這招，必須有兩個條件：一是，目前經濟景況不佳，大家都認為勞資雙方應該共體時艱。二是，輿論站在資方這一邊，所以資方可以說：「好，我就讓一次，如果你們還不接受，那我也沒辦法了。」

反過來，如果經濟景況大好，資方卻非常苛刻，輿論也都站在勞方這一邊，這時資方再玩一步到位這招，恐怕不會有預期的效果。

假讓步

讓步也可能是假讓步，比如甲跟乙說：「我想，這個問題不難，如果雙方都有誠意，應該兩週就可以談完。」

乙一聽急了，說：「可是我們老闆還在國外，至少要給我們

四週的時間。」

甲說：「好，那就四週。我們讓步了，你們讓什麼給我？」

甲到底讓了什麼？有人會說，他從要求兩週談完，放寬到四週啊。但問題是，我為什麼要接受兩週的期限？誰規定兩週談完才有誠意？甲創造了他讓步的感覺，但這是假讓步。

又比如工會跟老闆談加薪，要加兩千元，雙方僵了一陣子之後，工會主動讓步，說：「好，我們讓步，八百就好。」然後接著說：「我們讓了一千二，你們才加八百。我們讓過了中線，你們讓的比較少啊。」

圖 4.1　工會的假讓步戰術

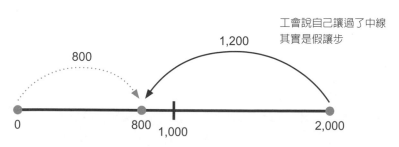

如果你是老闆，你本來就想讓給工會，那很好，但如果你是為了貪小便宜才讓步，那你就錯了。因為你讓了八百之後，會發現只有你一個人在讓，你說他也有讓啊？他讓多少？桌上的錢是你的還是他的？你的！所以他是讓零元。他是用他嘴裡的換你手裡的。在談判上這是很常見的陷阱，所以一定要小心，別被對方

一張嘴騙了。

當我們被逼著讓步

有人會說，我們在討論讓步戰術的時候，好像都很從容，可是在談判桌上，我們常常是被逼著讓步，那可是很慘的，怎麼可能那麼自在？如果是被逼著讓步，我們該怎麼讓？

如果我們沒有選擇，要不就讓步，要不就走人，這時就要想清楚，如果我們決定讓步，留在局裡面，那目的是什麼？委屈求全，總要有一個全可以求，委屈才有價值。

有人說：「我求的全是取得對方供應商的身分，一旦成為他的供應商，或承攬了這個艱難的案子，就好像鍍了金一樣，以後跟別人談，地位就可以拉高，談判也會好談多了。」

也有人說：「我跟這買家談，雖然獲利不高，但相較其他也想賣、卻賣不進去的競爭對手，我算是跑在前面。所以我看的不是我這一單能拿到多少，而是這個案子談成之後，我在業界的相對位置。」

還有軟體公司跟我說：「我的目的就是想進入他們公司，只要讓我一腳踏進去，軟體會自己找出路，以後自然可以慢慢變大，穿透到別的部門。」

這些目的有的可能實際達成，有的可能只是想像。像所謂的穿透，後來發現只是迷思，根本不可能發生。而且以低價進入，可能從此被定位為低價產品，再也無法拉高價格。

　　但不管目的為何，只要不是為讓步而讓步，都還有一點意義。要怎麼做呢？標準動作是爭取一些例外的保留條款，比如可以列舉幾種情況，要求當作例外，不包括在協議之內。這些議題不會影響協議的精神，他還是贏家，我的目的只是「少輸為贏」。

　　如果同時談好幾個議題，比如同時談價格、付款、交貨、規格、保固，我們可以選一個我們能讓的，狠狠讓給他，甚至比他要求的還多，讓他嚇一跳，然後告訴他：「能讓的，我可以讓得比你要的還多。其他不能讓的，是真的不能讓，你要相信我。」

　　這個回應有軟和硬，我們用一個議題的開門，去襯托另一個議題的鎖門。

讓步如何不被認為是示弱？

　　談判者在讓步的時候，最怕自己的讓步被對方認為是示弱。如何斬斷兩者之間的關係，讓我們的讓步不會被認為是示弱呢？

　　第一個方法是**刻意讓自己的行為不一致**。前面講開一扇門，同時關一扇門就是這樣，讓對方不能由我這一次的讓步，推論我之後還會繼續讓。

　　第二個方法是前面介紹新加坡楊教授談課酬的戰術時提過的，**讓每一次的讓步都成為特例，而不是先例**，這樣後人才不會有樣學樣。所以有時候，一咬牙讓一步大的，為的也是要告他：這一步這麼大，怎麼可能以後還會出現？

　　第三個方法是前幾章談的，**擺柱子，拆柱子，讓自己或進或**

退都有章法。為什麼提出這個要求，一定有理由支撐，為什麼讓步，也同樣有理由支撐，不是對方一推我就會讓。

第四個方法是**推給外部因素**，比如有第三方介入調停，或是有時間壓力。「今天要不是看在張三的面子，我才不會讓步！」或「要不是我還有另外一個重要會議要開，才不會輕易答應你們的要求！」意思是說，下次如果沒有張三出現，或下次我沒有會議急著要開，我才不會讓步呢。所以不要以為今天我讓了，以後同樣會讓步，沒這回事。

期限可以讓談判者找到讓步的藉口，所以談判要設定期限，為的也是這個目的。

最後提醒一點，弱者就算被逼著非讓不可，也要想好這一步要讓給誰。一定要讓給對的人，讓對方感受到我們的善意，才不會白白浪費了我們的讓步，也才能為後面的談判累積一些善意。

以上都是對方硬出牌之後我們的回應。但如果對方是軟出牌呢？

如何回應軟出牌？

如果對方軟出牌，開的價格或條件剛好就是我要的，我要如何回應？

我們的反應可以有下面幾種：

　　第一種是**不反應，先燜一下**。要是對方一提出他的條件，我們馬上答應，如果對方是賣方，可能會懷疑他是不是開價開太低了，如果是買方，也會懷疑他是不是出價出太高了，這就是所謂「贏家的詛咒」。

　　許多談判贏了的人，在短暫高興之後，都會開始懷疑，自己是不是被詛咒了，不然怎麼會出那麼高的價錢？尤其是在拍賣會上，得標的人，高興幾秒鐘後，就開始懷疑自己的判斷力：「怎麼就我一個人出那麼高的價錢？其他人呢？」

　　為了避免對方有這種不安或懊惱，就算我們心裡很高興對方開的價格剛好是我想要的，也要克制自己先緩一下，談一陣子之後再**「有條件答應」**他的價格。

　　假設我是買方，賣方喊價八千元，我還價七千元，賣方讓到七千四百元，我本來心裡想的是七千五百元就好了，現在他還多讓了一點，我當然高興，可是，如果我馬上說：「好！」不是顯得我之前還價七千元是喊假的嗎？為了證明我真的只有七千元預算，現在勉為其難答應他，我也是讓了步，也要承擔一些成本與風險，所以在我答應的同時，也會要求賣方給我一點別的東西作為補償，這就是「有條件答應」。雖然這個條件對他來說可能很容易做到，但我們還是提出來，這樣戰術才玩得完整。

　　可是我一個德國學生卻反對，他說，如果對方提出的條件就是我要的，就應該馬上答應，不必浪費時間，這樣比較有效率。這裡我們就可以看到文化差異，但與其說是文化差異，不如說是談判者的個別差異，因為「贏家的詛咒」這種現象或心理現象，

每個文化都可能發生，不是哪個文化獨有的。但如果你的談判對
手正好是我德國學生那種類型，爽快答應也沒什麼不行。

　　第二種反應是**說 no，再多要一點看看**。心理學者指出，談判
桌上有一種現象叫「小餅偏見」（small-pie bias），意思是我們常
常把對方的實力想得太弱，不敢要。其實，他能給的，可能比我
們想的要多得多，所以先多要一點看看，要不到再說。這也是為
什麼有一派談判學者主張，談判談到最後，最好由對方來草擬協
議，因為他能答應的，可能比我想的要多。

　　一個台商跟我分享他的經驗，有一次，他要採購一套設備，
賣方最後價格降到七萬兩千元人民幣。他猜賣方的底價大概是七
萬，所以他告訴賣方：「七萬兩千還是超出我們的預算，你先回
去，明天如果沒有破七萬，你就不要進來了！」

　　我問他這什麼意思。他說：「如果他的底價就是七萬，低於
七萬他賠錢，他明天就不會進來，表示我猜對了。如果他明天還
是進來，表示還有空間，那我就繼續殺。」

　　一位創投公司董事長也跟我說過類似的話，他說：「很多談
判書都說，要留一條路給對方走，要讓他回得了家。但我覺得，
回不回得了家，是他要決定，不是我決定。如果他覺得再讓步下
去他就回不了家，他自己就會下桌。如果他還留在桌上，那就表
示他還有讓步的空間，我就繼續殺。」

　　我當時笑著回答：「那你比較狼性，我是羊，我沒辦法那麼
凶。」

其實創投公司董事長說的，在戰術邏輯上是完全對的，因為回不回得了家，真的是自己要去想，不能期待對手發揮善心幫你想。但是戰略上，就還有討論空間：我們真的每次都要把對方砍到底線嗎？

這也是許多剛進職場的人最常問我的問題：「老師，我怎麼知道有沒有把他砍到底線？」

我的回答是：「談判的目的是把他砍到底線嗎？」

比如百貨公司的換季拍賣，一開始是八折，之後折扣越打越多，最後可能降到兩折都不一定。你根據經驗，知道七、八折的時候絕對還沒到底，但你會等到兩折時再進場撿貨嗎？應該不會吧，到那時可能都沒什麼好東西剩下來了。這也凸顯了談判的一個重要原則：**我們爭的是利，不是贏。**砍價砍到底線才出手買，可能是贏，但絕對不是我們要的利。

再回到台商採購設備的例子。他很得意的跟我講完他的戰術之後，我問他：「如果那業務之後不敢進來，表示你真的抓到他的底線就是七萬，可是談判已經破局了，那又如何？」

他笑著說：「老師，你沒聽清楚，我是說，明天如果沒有破七萬，你就不要進來了，我沒說我不去找他啊！」所以這也是虛張聲勢的遊戲。

所以，如果你是賣方，你的底線就是七萬，那你當然不要回去，回去也是虧，不如以靜制動，看看賣方會不會來找你，說不定他就真的跟我這個學生一樣回來了呢。

但如果你的底線是六萬五千元呢？回不回？有人說當然不回

去，如果回去，不等於告訴買方，我還有讓步空間？人家會不宰我才怪。所以不回，假裝我的底線就是七萬元，等他來找我。

可是這又有個風險，如果半路殺出程咬金呢？以你的底價六萬五千元，原本可以拿到這個單，你卻燜在家裡，結果半路殺出程咬金，以六萬八千元把單給截走了，你嘔不嘔？為了避免這種扼腕的事發生，你可能還是會回去，所以買方用這招還是有效。

也有人問，難道碰到對方軟出牌，我們真的不能說 yes 嗎？

如果時間很緊迫，或是有競爭對手，如果我們不答應，馬上就被別人搶走了，那當然可以說 yes。

那說 yes，也可以加條件，變成條件句嗎？可以，但性質就變成再給一點壓力，好像擰毛巾一樣，再擰一把，看能不能再擠一點東西出來，比如，「好，第一年就這樣安排，但第二年開始必須重談。」

如何回應條件句？

如果對方用條件句，表示可以談，但是有條件，我們可以考慮要不要接受這個條件，隨著他的音樂跳舞。

條件句很難說是善意還是敵意，往好的方面講，設定條件，表示門沒關死，對方的立場是可談的。往壞的方面講，對方提出

的條件我完全不可能接受，那就是所謂讓談判無從開始的 non-starter。這種出牌雖然是條件句，其實跟硬出牌是一樣的，我們可以當場拒絕。

美國總統川普的國家安全顧問波頓是個鷹派。川普個性好大喜功，希望跟北韓領導人金正恩見面，以美朝峰會為自己爭取新聞的關注。波頓反對，當時他建議為美朝峰會設立一個先決條件：如果北韓能像利比亞一樣棄核，美國就可以跟北韓舉行峰會。

從波頓的觀點來看，川普跟金正恩見面，是拉抬了金正恩的聲勢，所以金正恩必須付出代價，那就是棄核。可是從金正恩的觀點來看，棄核可以是美朝談判的「議題」，但絕對不是「前提」。何況利比亞強人格達費最後的下場，是在二〇一一年阿拉伯之春的時候被推翻打死，金正恩怎可能效法利比亞？這分明是個屈辱。波頓當然也知道這點，所以他設定的談判前提，其實是讓談判無從開始的 non-starter。

可是川普自己想和金正恩見面，也不願自己的外交受到波頓左右，所以他根本不理波頓，美朝也因此有了峰會。至於峰會之後，朝鮮半島的核武談判有沒有進展，那就不是川普擔心的了，他在乎的只是峰會當時戲劇性的火花。

如果對方提出來的條件不是那麼極端，那就可以根據我們當時的籌碼與談判目的，決定要不要接招。注意，我們這裡講的是「接招」，不是「接受」。對方的附帶條件，其實也是他下的錨，並不期待我們一定會接受，所以我們可以也回他一個條件，說：

「可以，但我們也有個條件。」然後等他回應。

　　如果對方提出的條件是跟他議價的門檻，這時不妨先了解一下：是不是所有競爭對手都必須達到同樣的門檻？我們的產品或服務，是這麼容易被競爭對手取代的嗎？如果我不答應這些先決條件，他們內部有人會替我爭取，說我的產品是他們需要的，應該例外處理嗎？

　　如果他們內部沒有人聲援我，我的產品也容易被取代，我要打敗的就不是對面的買方（因為打不贏），而是旁邊的競爭者。這又回到前面的問題：我留在桌上為的是什麼？要達成這些先決條件，我得先付出多少？日後就算拿到訂單，補得過來嗎？

　　只有想清楚了自己的目的，才不會因一時的情緒而讓自己談偏了。

如何處理談判桌上的情緒？

　　最後還有一個問題要處理，那就是情緒。如果對方一出牌就很凶，無理取鬧，該怎麼因應？

　　對方的凶或（看起來）情緒失控，可能是真的，也可能是假的。真的，就是他剛好心情不好，或哪件事剛好觸碰到他心裡最敏感的那一塊。假的，就是他故意拉高氣勢，大嗓門罵人，希望嚇得我們降低要求，知難而退。不管是哪一種，基本的應對方式

都一樣，就是不要隨著他的音樂跳舞，我們可以跟他說：「你這麼激動，我們怎麼一起把餅做大？」

注意，不是抱怨他：「你這麼激動，我不跟你談了！」「你這樣要我怎麼跟你談下去？」我們越這樣講，他可能吵得越凶。如果我們又非跟他談不可，這話說出口，也讓自己很難找下台階。

如果對方還是情緒激動，我們可以先休會，等大家冷靜一下再說。開會的時候，若發現雙方已經吵得無法繼續合作了，就要趕緊休會。這就像闢出一條防火巷，避免火勢繼續延燒。

休會是防火巷，改成用信件溝通，創造出距離，推遲反應的時間，也是闢出防火巷。尤其當我們發現，面對面談判時，總有一人會受到情緒干擾，無法理性判斷利弊得失（情緒不見得是吵架，也可能是親情的綁架），我們就可以考慮改用信件往返來溝通，這樣雙方會比較冷靜，也比較可以用一般的商業談判方式來處理眼前問題，該要的要，該給的給，不會因為情緒或好惡而有所偏頗。

為了避免我們的情緒也受到影響，學者建議我們可以在心裡轉換角色，把自己轉換到分析者的角色，而不是被對方攻擊的角色，這有助於控制我們自己的情緒。因為對方在罵人的時候，一定會選擇最惡毒的話來罵，萬箭齊發，這時你如果覺得他都是在罵你，那不是萬箭穿心而死？所以不妨退一步，以旁觀者的角度思考：他為什麼這麼生氣？他想達成什麼目的？當我們認為自己是分析者，而不是被攻擊的目標時，看到的世界就不一樣了。

美國一個小學校長，一次跟學生家長發生衝突，他本來也很

生氣，後來轉個念：「這些家長為什麼那麼生氣？因為他們關心兒童教育。我也關心兒童教育啊，所以我們是方向相同，方法不同而已。」轉念之後，心情就平靜多了。

我們還可以順著對方講話，讓他釋放一些情緒，也比較有心情聽我講話。談判學者說，「我們可以不斷同意他，直到他同意我們為止。」

這裡最好的方法就是分享他的感受，說同樣的語言。很多人卡在一個迷思裡面，以為行為和感受是連在一起的：如果你不同意他的行為，一開始就要否定他的感受；如果你同意了他的感受，就得被迫同意他的行為。其實行為和感受是可以分開的，我們可以分享他的感受，但不同意他的行為。

比如跟對方說：「我完全可以體會你的感受，但作為主管，我必須說你的行為出格了，我必須有所處理。這你了解嗎？」看出來了嗎？這裡是把「我」和「我的職位」分開，「我」是私，「我的職位」是公，公私是可以同時出現的。

有些日本談判專家是這方面的高手，他們可能會這樣講：「這一百萬你是一定要給的，沒辦法改變。但你能不能私下告訴我，為什麼付一百萬對你們來說這麼困難？」

你看得出來，說話的人到底有沒有彈性？看不出來。一百萬一定要給是「公」，私下告訴我你的困難是「私」。但講了困難之後，對方就會降低要求嗎？也不會，因為對方一開始就說了，「一百萬是一定要給的」，那繼續問下去的意義在哪裡？在為自己創造迴旋的空間。當對方講了自己的困難之後，債權的一方可

以選擇無動於衷（先前說了不能寬限的），也可以選擇在付款期限上給予彈性（讓對方高興自己的懇求有點效果，也建立兩人日後的私人關係），這就是迴旋的空間。

　　為了表示分享對方的感受，你一定要做一點功課，比如處理客戶抱怨，不能只是說：「您的痛苦我們公司完全明白。」這時如果對方問一句：「那你告訴我，我苦在哪裡？」我們當場就穿幫了，所以要做一點功課。

　　處理屬下的情緒問題也是如此，可能他行為失控是因為工作壓力太大，這些工作是什麼？當主管的說得出一、兩件嗎？如果連這些基本工作都沒做，想安撫對方的情緒，反倒讓自己的行為看起來像鱷魚的眼淚，是收服不了人心的。

　　在安撫對方的情緒時，對方可能會回應一、兩句，這時，為了表示我們有在聽，可以從他的話中提出一點小問題，讓他再澄清一下，對方才會相信我們真的有在聽。更重要的是抓他話裡面的形容詞，然後複述。

　　比如對方說：「我覺得很沮喪。」

　　「沮喪」就是形容詞，我們可以抓住這個詞問：「你覺得很沮喪？」

　　「當然沮喪啦，被這麼不公平的對待！」

　　「不公平」又是一個形容詞，於是我們再追問：「你覺得不公平？」

　　「當然不公平啦！」就像剝洋蔥一樣，一層一層剝下去，直到找到他心裡那個結為止。

　　談判學者表示，如果我們觸碰到對方的「感受」，對方會比較有意願回答。比如你是記者，想問部長今天下午跟美國人的貿易談判到底談得如何，你有兩種問法：

　　第一種：「請問部長，能不能針對今天下午跟美國人的貿易談判作個評論？」

　　第二種：「部長，部長，您臉色非常不好，是不是跟美國人談判一無所獲？」

　　請問哪一個問題比較容易挑起部長回答的衝動？應該是第二種。第一種要他作個評論，他只要回答：「目前沒有評論。」你就接不下去了。第二種從他的表情追問是否一無所獲，這種結論很絕對，一定會把他逼出來回答你的問題，要不然明天報紙就出來了：「部長臉色不佳，顯然談判一無所獲。」或是：「部長臉色不佳，當記者問及談判是否一無所獲時，部長並未否認。」

　　觸碰對方的感受，他會比較容易開口回答，而「感受」多半又以「形容詞」出現，比如生氣、沮喪、高興、難過，都是形容詞，我們抓出這些形容詞，複述，正好打到他的感受，他很有機會回給我們更多資訊。我們逐漸了解他情緒爆發的原因，他的心情也會逐漸恢復平靜。

　　我們也可以用「代罪羔羊法」轉移話題，化解對方的情緒。人在生氣的時候，最好讓他把氣發出來，這樣他才有心情聽我講話。可是要他把氣發出來，不是讓他罵我，而是帶著他罵共同的敵人，這就是代罪羔羊法。這個共同的敵人可能真的是雙方的敵人，也可能只是「世風日下，人心不古」或「現在年輕人工作態

度真差」，或是一個政策，只要把氣發出來，代罪羔羊不一定非要是一個具體的人不可。

　　有時候，對方發脾氣是為了扮演黑臉的角色，前面講過，談判的基本戰術是「下黑上白」，前面的黑臉，是在為後面的白臉搭舞台。你如果跟著跳下去一起吵，等於是跟對方一起搭台，迎接他的老闆以白臉姿態登台。為了不幫他唱戲，我們可以冷靜看戲，保持冷靜，堅持立場。不管對方是白臉還是黑臉，我都根據我的利益和我的籌碼，決定下一步該怎麼做。

第 5 章

談判的節奏與收尾戰術

談判桌上的機關:「人」和「事」

收尾時必須注意:

一、可以在談完一系列困難的問題之後,

放一個簡單一點的議題在最後,而且很快就達成協議。

二、努力之後如果還是無法達成協議,

不妨用另一種方式維持關係,等待情勢改變。

三、談判最後要不要簽文字合約,因情境不同而異。

　　前面我們討論了出牌的戰術，以及如果對方先出牌的話，我們的回應戰術。還有一個問題要解決：這兩者之間隔多久？這就是談判的節奏。

　　如果我先出牌，對方回應之後，我會拖一段時間才提出我的新方案，用放慢腳步的方式告訴對方，我們內部有多少不同的意見，我又是如何費盡九牛二虎之力才獲老闆再降一點或加一點的授權。他們要是再對這條件不滿意，要我再回去爭取，那又要花好一段時間。這個時間的耽擱與衍生出來的時間成本，是他們願意的嗎？

　　有時候，我們為了等一個新政策宣布，或一個統計數字出爐，或美國聯準會對是否調高利率的開會結果，或 OPEC+ 對是否增產石油的決議出來之後，再決定下一張牌怎麼出，也會刻意放慢談判的腳步，推遲回應的時間。

　　我也可能為了降低當事各方的期待而放慢談判的腳步。比如，有的房屋仲介公司會把買賣雙方帶到他們公司不同的會議室中進行斡旋。你給出你最新的價格後，仲介從你房間出來，到對方房間進行說服（至少你認為他是這樣）。仲介過了好一陣子才回來，跟你說他不知花了多少唇舌，對方才願意加這麼一點或減這麼一點，你是不是也願意做一點讓步，不然今天大家都白白耗在這裡了。

　　仲介故意拖長回應的時間，就是在控制談判的節奏。至於他隔那麼久才回來，是真的在說服對方，還是在自己辦公室喝了好幾杯茶後才慢慢過來，那就不可考了。但是談判的節奏慢了，時

間長了，你大概也累了，對價格的堅持也開始鬆動，這時達成協議的機會就大了。

有時候，我看談判拖太久了，對方快沒氣了，我會在中場讓一步，把談判往前推一把，讓他對達成協議的期待又重新燃燒起來。

這些控制談判節奏，讓談判或快或慢的技巧，我們稱之為談判桌上的機關，是談判速度的控制閥。這些機關有哪些？一樣，就在「人」和「事」兩條線上操作。

以「人」為由，放慢談判的腳步

先看人。第一個以「人」作為理由放慢談判腳步的方法，是**人事變動**。比如公司被併購或董事會改組等等，只要高層改變，下面的人事大多都會跟著改變，每一個部門正在進行的業務也都暫停。很多外商就是用這個方法放慢談判速度。

還有一種放慢談判腳步的戰術，是**內部出現黑臉**，對雙方已達成的初步協議有意見，所以最後階段的談判必須暫停。運用這招時，我們可以跟對方說：「公司高層對這些共識有意見，指示哪些部分必須重新評估，我們也很無奈。」

注意到了嗎？談判還是我一個人在談，我原來是白臉，現在還是白臉。扮黑臉的公司高層並沒有在現場，我只是傳達高層的

意見，為後續的談判先踩個煞車。

曾有學生問：一個人可不可以玩黑白臉戰術？我說可以，上面就是一個人玩黑白臉的例子。注意，我們說可以一個人玩黑白臉戰術，不是叫你忽黑忽白，忽黑忽白只會讓對方很難解讀我們的訊息。你還是你，唱白臉的還是唱白臉，唱黑臉的還是唱黑臉，另一張不同顏色的臉是在背後。

假設我們是房東，告訴承租的公司說下個月一號要漲房租，不然他們就得搬家。現在因為某種原因，想放寬幾天給對方，但已經把話說滿了，該怎麼下台？那就創造一個白臉出來放！我們可以跟對方說：「原來你們跟我們老闆這麼熟啊，我都不知道。昨天老闆特別交代，別家公司從下個月一號就開始漲價，你們公司則多給一個月緩衝，兩個月後才漲。」當我們這樣講的時候，對方只會說謝謝，難不成他會說：誰認識你們老闆啊？應該不會吧。

我們也可以創造一個第三方，活化談判的局。當談判陷入僵局時，我們可以跟對方說：「我知道您最了解我們的處境了，能不能請您回去幫我跟公司那些強硬的股東美言幾句？跟他們說明我們的努力，我們一定可以找到一個大家都能接受的解決方案。」

他後面可能根本沒有什麼強硬派，就他一個人，但我們自己為他創造一個黑臉，他之後想讓給我們的時候，可以有一個下台階，也可以避免我們在言詞上直接跟他對衝。

推給**內部決策過程緩慢**，也是控制節奏的方法。這可能是制度使然，也可能是文化使然，上一章提到日本人的「根回」文化

就是一個典型。

從「事」切入，控制談判的速度

下面我們看「事」，也就是從「議題」切入。

第一個拖時間的方法，是在談判的過程中**設一個往下談的先決條件**。比如桌上有幾個議題，A 議題談完進入 B 議題，但雙方在 B 議題上卡住了。對方問能不能跳過 B 先談 C ？我們說不行，若不能在 B 議題上達成協議，就無法進到 C。

其實先決條件云云，都是虛的。不想談時，它是先決條件，想談的時候，它既不先決也不條件。所以關鍵不在於條件的內容，而在於**怎麼讓對方想談**。本書一開始就講過，想不想談，多半是成本效益的考量。跟我談，他能得到什麼？不跟我談，他會損失什麼？我們必須跟著這個思路去增加他不談的成本（加壓），或增加他談的效益（加碼），讓他願意坐下來談，並且自己把先決條件取消掉。

一九六八年，美國總統尼克森上台，對北越進行轟炸，希望用這個方法把北越逼到巴黎和會的談判桌上。北越說：「我才不會這樣被逼上桌，要我談，有一個先決條件：美國必須先停止轟炸。」但美國根本不理北越，還是繼續轟炸，在談判上，這就是增加對方不跟我談的成本。

北越被逼得非談判不可了，可是美國還是繼續轟炸，怎麼
辦？北越跟美國說：「現在我方願意坐下來談，看如何才能幫助
貴方達成我方的先決條件！」這不是就坐下來談了？北越說：「我
這不是談判，我只是坐下來談有關談判的事。」話是人講的，只
要願意坐下來，雙方關係就有緩和的機會。

第二個方法，是**在議題的「定義」上兜**。比如，什麼叫
「member」？什麼叫「產品」？這些可以廣義解釋，也可以狹義
解釋的議題，可以為陷入僵局的談判打開一條活路，也可以為走
得太快的談判豎立一些路障。

前面介紹過一九八〇年台灣和日本豐田談判合建汽車廠的案
例，最後卡在台灣要求豐田必須承諾，將來汽車廠建成，產品五
〇％必須外銷。豐田表示，能否順利外銷涉及多重因素，不是豐
田單方面所能承諾，所以無法答應。雖然最後談判破局，但破局
前經建會試圖挽回談判所做的努力，還是很值得參考。

根據媒體報導，當年經建會想在「產品五〇％外銷」上創造
迴旋空間。外銷、內銷是卡死的，沒有模糊地帶；五〇％也是卡
死的，而且一般的談判，我們也不建議大家改數字，因為一改就
回不來了。唯一有空間的是「產品」，過去談到汽車廠的產品時，
用的都是狹義解釋，也就是「裝配好的整車」，現在經建會想用
廣義解釋，將「零件」也歸入產品，這樣豐田的壓力就減輕了，
談判也因此有了彈性。可惜因為大環境改變，這個方案後來死在
經建會幕僚的抽屜裡，沒有提出來。

　　這個對於「產品」的定義，就是開門或關門的關鍵。經建會幕僚想從定義上解題，這裡我們談到拖時間，也同樣可以在定義上作文章。廣義、狹義，開門、關門，本就是一體兩面，可以慢慢咀嚼。

　　要在談判過程中添加路障，還可以借力**「小結」**的技巧。談判過程中，我們可以每隔一陣子停下來作一個小結，可以是口頭的，也可以是書面的。口頭的小結，多半是為了鼓勵對方：「您看，談判開始之前，我們有五個議題，談了一個小時，這個解決了，那個也解決了，多有進展！」證明透過談判解決問題是可行的，值得繼續努力。

　　如果是用書面作小結，第一個目的就是為了澄清。結束跟對方的電話會議之後，我們會發一封電郵給對方，列出剛才達成的共識，請對方確認無誤，這就是小結。

　　書面小結的另一個目的，就是拖時間。我們可以根據自己對這個議題的理解，把它寫入書面小結中，對方一看可能會說：「不對喔，這一條不能這樣解釋，你寫的太寬了。」或者：「我們剛剛同意的是賠償嗎？我怎麼記得是補償？」賠償和補償可能差上好一大筆錢。我們回答：「不是啊，我的理解就是這樣。」

　　於是我們發現，原來雙方對這個部分還有不同的理解，剛才誤以為已經達成共識的議題就要再拿出來重談，談判速度就這樣拖慢了。

　　學者研究發現，當我們把談判協議寫成書面時，大家的權利意識會一下子醒過來，對什麼內容被寫進文字也提高警覺。所以

談判進到這個最後的階段，步調都會變得很慢，甚至在這個形諸文字的階段破局。

談判者在協議形諸文字時的心理素質，配上我們刻意在定義上安排的一些疑義，構成拖慢談判腳步的絕美機關。

這裡可以岔出來補充一下談判時作筆記的功用。兩隊人馬坐在桌子兩邊進行談判時，可以讓對方清楚知道我們有專人在作紀錄（其實他那邊也有）。知道有人在作紀錄，談判者發言就會相對比較謹慎。這樣的好處是避免了很多張牙舞爪、虛張聲勢的時間浪費，壞處是坦開心胸、交交心的私下交流也沒有了。

如果我們私下跟對方聊聊，也拿出紙筆作紀錄，對方可能還是會有警覺性，說：「這些都還不是最後協議，別亂寫。」所以美國學者才建議，當我們拿出紙筆作紀錄的時候，最好先在上面寫幾個大字：「暫時性的協議，不代表任何承諾」，這樣對方才會放心讓我們寫下紀錄。

日本談判專家則舉出在糾紛談判時作筆記的好處。所謂糾紛談判，可能是貿易糾紛、土地糾紛、環保糾紛或其他任何涉及產權的糾紛。對方可能派出很凶的人來威脅我，或是說起話來像連珠砲一樣，指著我鼻子罵的黑臉。這時，如果我拿出紙筆作筆記，對方會很在意我寫了什麼，想湊過來看。當他頭一湊過來，講話的速度就變慢了，氣勢也被打斷了。這倒是一個很有意思的觀察。

第三種放慢談判速度的方法是**控制議題的數量**。有些議題本

來是可要可不要的，也就是即便談了，我最後還是會放給他。那
既然要放給他，為什麼還要拿出來談，假裝爭取一下？為的就是
放慢談判腳步。

　　放慢談判腳步，可能是我們一開始講的，為了等待某件事
發生，也可能是為了多沉澱一下，累積彼此的互信和善意之後再
進入深水區。多談幾個小議題，達成幾個小協議，比一下子就直
接談棘手的議題，要來得更從容踏實。放慢腳步，累積雙方的互
信，後面會比較好談。

　　第四種方法是**控制議程**，拉長每一回合的間距。比如我們跟
對方談一個合作案，對方建議：「工作小組每兩週開一次會，以
確保談判進度，如何？」這個建議好像有道理，但如果真的照這
個方法去談，我們面對談判速度將陷入完全被動。

　　所以，我們可以提出對案：「其實也不必那麼僵化，有些議
題比較容易談，我們可以談快一點，見面的頻率高一點，有些議
題需要長一點的時間準備資料或形成內部共識，就可以給大家多
一點時間，等都準備好了再談，這樣才會有結果。所以我們應該
每一次談完之後，決定下一回合的談判時間，如何？」

　　我們講得在情在理，對方可能也難以反駁。只要他同意了我
們的建議，我們就搶到了談判節奏的主導權，或至少掌控了部分
談判速度的控制閥。我們也可以用每回合間距的長短，傳達出善
意或不滿。

　　第四章談出牌戰術時，我們介紹過「先破後立」，我提出一

個要求,他拒絕我;我降低要求,他再拒絕我;然後我再次降低要求,對方感受到我的誠意,也不好意思老是拒絕我,而且我的要求降低了,對方也還能接受,可能就會說:「好吧,看你們很有誠意,就答應你這個要求。」

有人問,既然這樣,為什麼不直接提第三個要求就好了,前面也不必浪費那麼多時間?聽起來好像有道理,但是在實務上,直接提出第三個要求,對方可能還是會砍會修,不可能馬上答應,因為對方也需要表現一下,好向上面交代。

這裡要提醒的是先破後立戰術的節奏。每一個要求和前一個要求之間一定要有時間間隔,這樣才能凸顯我們的認真,表示我們是回去以後跟老闆商量,經過內部討論與辯論,好不容易才達成共識。如果一個、兩個、三個要求看似隨意的丟出來,對方會覺得我們太不把談判當一回事,結果一定談不成。

圖 5.1　先破後立戰術的節奏

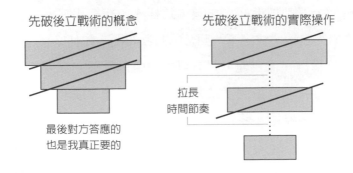

先破後立戰術的概念　　　　先破後立戰術的實際操作

拉長
時間節奏

最後對方答應的
也是我真正要的

第五種方法是「**小題大做**」與「**節外生枝**」。在開場時，放慢談判腳步的方法是小題大做，在不需要糾纏的議題上跟對方纏鬥。在中場時，拖慢談判腳步的方法是節外生枝，引進新的、看似相關但又不直接相關的問題，增加談判的複雜度。

前面我們討論小題大做時，說它的目的是「聲東擊西」，其實它還有另一個目的，就是這裡講的拖慢談判的腳步。不管是開場的「小題」，還是中場的「生枝」，都是可以談一談之後再放棄的東西，都是虛的議題。

一九七〇年代，美國跟日本談判，要求日本開放一項醫療器材的市場。日本表示，開放市場沒問題，但這涉及了「減少對日本產品的補貼」與「降低對美國產品的進口關稅」兩個部分，這兩個是連動的，哪個快一點、哪個慢一點，必須有一套平衡的公式來計算開放後對日本產業的衝擊。所以兩國必須先談出一個評估日本開放進度的評估表，列出各項指標，這樣對日本才公平，日本也才放心跟美國談開放的時程。美國要是接受這個要求，光是哪些指標該列入評估表就談不完了，這就是節外生枝。日本企圖用談判的方法，達成不談判的目的。

後來美國當然沒有照著日本的音樂跳舞，但日本這招節外生枝的運用倒是可以參考。在談 A 議題談一半的時候說，我們程序上應該先談 B 議題，這樣再回來談 A 才比較有正當性，成功把談判的方向轉到 B 之後，整個速度就被拖慢了。

第六種方法是「**新瓶裝舊酒**」，每一回合提出的都是和過去

一樣的方案，只是包裝方法不一樣。過去美國人就抱怨日本人喜歡玩這招，每一次你看他端出來的好像都是新方案，仔細研究後發現，除了闡述方法不一樣以外，實質內容都跟過去並無二致。但美國人每次都要花一點時間確認，看是不是真的完全沒變，還是其實改變了一些。這樣一次、兩次確認，談判的時間就拖下去了。

怎麼催促對方趕快談？

以上談的都是談判桌上拖延時間、放慢腳步的機關。我們會用，對方也會用。現在我們想收尾了，怎麼收？如果對方在拖時間，我們怎麼催促他趕快談？

第一個方法就是**給一個期限**，逼對方在期限之前做出決定，西方人稱之為「火車不等人」戰術。在商業談判上，我們告訴對方，如果什麼時間內沒有收到他們的訊息，我們就假設他們對這東西沒興趣，我們就賣別人了，這就是期限。

前面介紹過談判的基本戰術「下黑上白」，有人問：「黑臉先出來，然後白臉登場放給他，先凶後軟，對方會不會覺得我們色厲內荏啊？」為了避免給人這種感覺，我們所有的示好都必須有期限，比如告訴對方：「這個價錢在這週日之前都有效。」或「你們可以考慮一下，一直到週日我都在。」示好的條件配上時間的壓力，才是完整的戰術。

　　政治談判上給對方期限的例子也很多，比如告訴對方，我們手上的票已足以推動這個法案，但是因為希望有更多人參與，所以可以等他們一天，希望他們能出面跟我們協商。但我們也不可能一直等下去，所以如果到明天下午五點，還沒有他們的回音，我們就會按我們的計畫往下走，到時他們的利益就不一定都照顧得到了，請他們考慮一下。

　　為了讓對方相信我們的認真，給出的期限一定要合理。若對方需要四十八小時才做得出來的東西，就不能逼他十二小時內交件，因為他做不出來。做不出來的結果就是放棄，談判反而破局了。正常情況下，給對方期限的目的，是要他認真談，不是要為之後的破局準備理由。既然要他認真談，就必須給他足夠的時間。

　　這裡又帶出一個問題，如果對方認真談了，結果還是不能在期限前做出來怎麼辦？那就延長期限。除了很少數的情況以外，**期限都是工具，不是目的，逼對方認真談判才是目的**。如今他認真談判了，我們的目的就達到了，自不必再在期限上糾結。找個理由延長期限並不難，前面講過，白臉出現，寬限幾天給他就是個例子。我們可以告訴他，如果多給他幾天，他交出來的東西必須多做到幾項。這看起來像交換，其實也是放給他的方法。要是真的沒理由，我們自己突然身體不適，到醫院打了兩天點滴，期限因此往後展延，也是很多人用過的方法。

　　還有一種狀況是，我們要他在一份包含十點的協議上簽字，對方被我們逼出來談了，看了這十點，面有難色的說：「不好意

思，最後兩點我們真的有困難。」如果他能同意前面八點，對我們也是有幫助的，這時可以跟他說：「沒問題，你們簽字，後面可以讓你們寫一句，說你們對九、十兩點有所保留。」這樣對方就比較敢簽字。這個在理論上叫**「次佳方案」**。如果我們不做這樣的妥協，他可能完全不簽字。

在國際場合這種例子很多，有時兩國簽了一個合作條約，希望第三國也加入。第三國說：「我有困難，但我國可以發表聲明，表示我們『注意到』你們簽了這個合作條約。」這起碼意味著「不反對」，對我們而言也就夠了。

過去美國總統雷根被人們稱為「偉大的溝通家」。雷根的幕僚闡述，雷根那麼會溝通談判、那麼會達成協議，就是因為他從來不要求一百分。想想，如果你什麼都要一百分，那對方就是零分。你全贏，他全輸，他可能甘願簽字嗎？所以雷根一向只要八十分，這樣對方至少還有二十分可以帶回去，達成協議的機會也因此大為增加。

雷根當時就常講「less is more」，少要一點，成就多點。可見一個好的談判者是不能有潔癖的，事事求完美，就怕到時什麼都拿不到。

期限也可能不是我們給的，而是外部定的，比如合約（或租約、使用執照）到期，要續不續，就是期限的抉擇。會計年度預算必須在一定時間內執行完畢，否則預算就要繳庫，這也是期限。國會中的某個法案如果沒有在一定時間內翻案，就自動通過

或自動失效等，都是期限。這些期限可能給雙方不一樣的壓力，比如租約到期，如果這間房子或辦公室很熱門，那就是房東給房客壓力，反之則是房客給房東壓力。公家單位預算沒執行完就必須繳庫，這對該單位及承包商可能都是壓力。看誰承受的壓力比較大，另一方面，我們可以**用期限作槓桿**，逼承受壓力的一方讓步。

槓桿有很多操縱方式，比如我們跟對方談判，我們居於弱勢，對方要我讓一百分，我一直撐到期限快到的時候，讓一步，六十分，看他要不要？六十分是及格分，但充其量只能算是他勉強可以接受的分數，絕不是最滿意的方案。這時他會如何反應？

他比我強，如果對我的方案不滿意，當然有能力對我施壓，但最後會超過期限，那他會不會因為超過期限而要付出代價？如果超過期限他要付出的代價是五十分，但繼續逼我，了不起只能再逼出四十分，所以他可能算過之後就接受了，因為再殺下去成本效益不划算。我們之所以六十分就過關，不必讓到一百分，靠的就是運用期限壓力的槓桿。

談判的收尾戰術

談判收尾階段的讓步戰術有三種：

一、讓一步剛好是他要的；

二、讓一步比他要的少一點；

三、讓一步比他要的多一點。

比如在談判最後階段，對方提出要求，我們問：「如果我們答應這個條件，是不是可以馬上簽約？」如果是，我們簽了，就是「讓一步剛好是他要的」，讓了，談判就結束了。

有人說：「當對方問我，如果他答應這個條件，是不是可以馬上簽約的時候，我可能會猶豫一下，說，我再想想，或我比較一下別的產品再跟你說。」這都是正常的反應，但是卻可能掉入對方的陷阱。

低飛球戰術

美國賓州大學華頓商學院的謝爾教授（G. Richard Shell），曾經分享過一個案例。有個人想買一部二手車給家人，車商開價九千九百九十九美元，後來讓到九千美元，買方繼續殺價，業務問他：「如果八千五百美元，你今天能否簽字？」買方雖然覺得價錢不錯，但沒有立刻決定，說要再看一下別家。

晚上買方回電話給車商業務，說：「我決定買你們的了，八千三百美元。」

誰知業務不好意思的說：「下午講的八千五百美元是我自己的意見，經理後來沒同意，所以現在要八百九百美元。」

買方當然生氣，業務說：「那我再回去爭取看看，能不能

八千七百美元。」

　　買方要求跟經理直接通話，經理表示八千五百美元是成本價，不可能。一來一往折衝幾次後，經理說八千五百美元，但沒有全套保固。

　　在謝爾教授的例子裡面，最後在買方堅守立場之下，還是拿到八千五百美元加上全套保固服務，但其他人就不見得能談得這麼好了。因為業務開出的八千五百美元是很有吸引力的價錢，他用這個價錢把買方釣住。買方再去看別家，可能也沒看到那麼好的價錢（我也懷疑他是不是真的有去看別家）。賣方這個價錢就是談判上的**「低飛球」**。

　　因此，買方回來說的八千三百美元，只是要要看，他心裡的價錢應該還是業務開的八千五百美元。沒想到賣方忽然不認帳，漲到八千九百美元，讓買方一下措手不及，他心裡都打定主意要買這輛二手車了，說不定還跟家人計畫好買車以後要去哪裡玩，這時要他在心情上抽出來，實在很難，所以多半都會接受業務說會再回去爭取的八千七百美元，並要求多送點東西作為補償。

　　有的人認為這種低飛球很不道德，因為這等於欺騙買方，讓他陷在那個價格裡，把其他的選擇都排除了，然後再漲價，這是不應該的。因此謝爾教授建議，當賣方開出八千五百美元的時候，買方就要問他：「這個價錢你有獲得授權嗎？你能做主我就簽。」不是賣方問買方能不能簽字，而是買方問賣方能不能拍板，這樣才能避免被低飛球牽引。

　　別的美國學者也介紹過另一種低飛球的操作方式：你去買車，

把價格殺得很低，你自己也很得意原來自己這麼會殺價。業務接受了你的砍價，結束時，他說要到辦公室讓主管簽字批准。他進去後很久都沒出來，這段時間，你已經打電話給家人，說買了一輛車，很開心。誰知業務終於從辦公室走出來時，卻帶著一張哭喪的臉，他主管也跟著出來，跟你說不好意思，他們業務賣錯了，這個價格不能賣，要加多少錢才行。你很生氣，抱怨他們怎麼出爾反爾，這麼不專業！主管說業務是新來的，他也罵過業務了，以後會加強訓練，不好意思。

這時你會怎麼做？扭頭就走？但是到另一家經銷商又要從頭談起，你願意再花時間嗎？很多人想，時間都已經花了，剛才自己一路得意，好像也真的砍太多了，於是認了，說：「好吧，就這個價錢，但是你要多送什麼東西給我才行。」這跟謝爾教授講的例子有點像，只是沒有讓賣方出去轉一圈回來就是了。

低飛球戰術除了用在收尾之外，還可以用在開場。有人會把便宜產品登在廣告上吸引你上門，上門後聊著聊著，就搬出比較高價的產品極力推薦，最後你可能就買了那個高價的產品。或者賣方一開始把價格開得很低，等你真的被吸引坐下來談的時候，才知道原來每多一個服務或多一項功能，都要往上加錢。這些開價方式都算低飛球，性質上屬於出牌戰術的軟出牌。

很多人到落後國家談判會用低飛球，因為他們人均所得比較低，若一開始就開出最好功能或最好材質的價格，客人都跑光了。所以賣方多半都會用低飛球開價，先報一個最低的價錢、最陽春的功能，然後看買方的需要、財力、急迫性，開始往上加。

有的甚至從包裝紙箱的材質開始談，一項一項慢慢往上加價。

　　這裡岔出來談一下，談判桌上是有加減乘除四則運算的。剛剛講的是加法。減法就是開出價格之後，看對方的反應，然後往下降，比如賣方跟客戶說：「某些功能暫時用不著，可以拿掉，以後需要的時候再加上去就好。」或「這部分我們找的協力廠商比你們找的便宜，把那家公司拉進來，你們的成本也可以下降。」這些都是減法談判。

　　至於乘法與除法，那更常見，碰到高單價的東西，賣方會強調低總價（這就是乘法），碰到高總價的東西，他會強調低單價（除法）。比如在黃金地段的小套房，銷售公司會強調低總價，但你如果把這價格用房子面積除一下，就會發現每單位單價高得嚇人。反過來，保險公司在推銷保險時，經常會強調「每天一包菸的價錢」，這就是用低單價吸引你購買。

　　所以，當對方強調低單價時，你要用乘法算出總價看一下；當對方強調低總價時，你要用除法算出單價比一下，只有這樣才能看出價格的真正樣貌。

收尾的讓步技巧

　　再回來看收尾的讓步技巧。第二個收尾階段的讓步戰術，是**讓一步比他要的少一點，但是用時間壓力作槓桿**，讓他還是簽了字，前面介紹的期限槓桿就是這種例子。

　　第三種是讓一步比他要的多一點。第四章討論讓步的時候說過，對方讓十分給我，期待我也還十分給他，結果我還了十二分、甚至十五分，讓他有點驚喜。這樣讓步的目的，是強化對方的合作行為，鼓勵他繼續讓；也演給旁邊的人看，讓其他人知道，只要跟我談，我給的比他要的還多。除了強化對方的合作行為之外，又多了示範的作用，這是第三種收尾的讓步方式。

　　多年前，日航到美國跟麥道公司（後來被波音併購）談買飛機，是很多西方談判書常引用的例子。當時日航要買十架飛機，美方花了一個半小時做完簡報後，日本人表示英文不好，聽不太懂，大家只好硬著頭皮開始談判。

　　日方一開始表現得很無厘頭，要求二〇％折扣，美方說怎麼可能，日方於是降一點，一八％，美方當然還是不可能，最多降六％。雙方僵持不下，休會兩天。兩天後，日方回來提出新的方案：降一二％。美國人覺得日本人的態度有改善，也做出了善意的回應，同意降七％。於是日本人開始熰美國人，美國人很生氣，表示不談了，誰知日方一下轉回來，表示美方如果可以降八％，日航願意多買一架！美國人都還沒反應過來，最後就這樣成交了。

　　我們看日航的談判過程，會發現日本人談得很有層次，很有有章法。一開始，他們以英文不好為由，無厘頭的隨便砍價，這是在談判過程中先給一道牆。休會兩天後回來，他們的要求從降價一八％降為一二％，是在中場開一扇門，為談判添加動力。美國人讓到七％後，他們開始熰美國人，在門後又給了一道牆。等

到談判瀕臨破局的關鍵時刻，他們又開門，提出多買一架，把談判救了回來，收放之間非常有節奏感。最後的讓步，也是比美國人原來期待的多一點點。

加上時間元素

除了這三種讓步以外，還有一種是**讓一步比他要的少、但比他期待的快**，一樣催著他接受簽字。這是在讓步的「大小」之外，加上「時間元素」的深一層考量，我們來剖析這個戰術。

我們曉得，權力的性質就是「消長」兩個字。現在想像一個情境：如果你預測將來情勢會越來越好，漸入佳境，你應該不會急著談判，等情勢對我有利時再談；如果你預測將來情勢會越來越糟，你的籌碼不斷流失，每況愈下，這時你一定想趕快談，免得處境對你越來越不利。

如果我的處境每況愈下，表示對方漸入佳境。當我每況愈下，我就要趕快談，但是對方漸入佳境，一定不會願意談。這時談判怎麼發生？

談判會發生，就表示前面的邏輯推論是錯的。錯在哪裡？

第一，資訊不可能百分之百完美，我每況愈下，只是推論，誰能確定我會「下」到哪裡？誰能保證中間不會發生什麼事，我又忽然敗部復活？

第二，談判的權力不是蹺蹺板。蹺蹺板是一邊高，另一邊就低，一邊強，另一邊就弱，不會出現兩邊折斷的情形。但是談判

不一樣，可能會出現兩邊都沒有退路，或雙方雙輸的局面。所以我弱，對方不一定就強。

　　假設今天市場對我不利，我價格降了一元，對方算定我狀況會越來越差，可能會跌十元，所以還在觀望。這時，我們如果清楚前面講的兩個邏輯的謬誤，就可以對他說：

　　一、「目前市場狀況對我不利沒錯，但你們就那麼有把握我一定會一路下滑，價格會跌十元嗎？市場行情是瞬息萬變的。」（創造不確定性）

　　二、「就算我們無法扭轉情勢，最後真的跌價十元，我們也一定會想辦法撐到最後才跌。要等我跌十元，你們得很有耐心，這個時間耗下去對你划算嗎？」（提醒他時間也是成本）

　　三、「所以我建議，我們也爽快一點，現在就讓一大步，讓五元給你。這比我現在降的一元多，你們可以馬上成交獲利，也不必承擔各種不確定性與時間成本等我降十元。更重要的是，你幫了我大忙，我們也有了交情，將來萬一市場有變化，需要我們緊急插單，我也會幫忙。」

　　四、別忘了，**所有我們給出去的條件都要設定期限，或是創造競爭者，給對方盡速決定的壓力**。所以，我們最後可以跟對方說：「我們決定讓五元之後，有很多買家跟我們接觸，表示有興趣。（創造我們的價值）我們還是以你們為優先，但不可能永遠等下去，只能等到這週末，如果你們還是沒回應，下週我們就會接觸別的買家了。」

　　我有好幾個學生碰到類似的情境就是用這個戰術，少輸為

贏，達成協議。

整批交易

談判還有一種收尾戰術叫「整批交易」。這是什麼意思？

比如我們跟對方談 A、B、C、D 四個議題，其中 A、C、D 達成協議，就是 B 達不成。對方問我們，能不能達成協議的先簽，沒達成協議的後簽？

我們說：「不行，要就全要，不要就全不要。」這就是整批交易，目的在夾帶，把對方不要的 B，逼著他和 A、C、D 一起帶回去。

整批交易之所以能夠成功，一樣也是利用期限作槓桿。如果對方願意把 B 一起帶回去，雖然不是一百分，但至少在期限之前可以有個協議帶回去。如果他硬是不肯，那我們就不簽字，期限到了就什麼都沒有。如果他願意讓我們夾帶 B，那他至少還有 A、C、D，七十五分。如果他非得全贏，拿一百分不可，結果就是零。所以這不是一百或七十五的選擇，而是零或七十五的選擇。

通常利用期限作槓桿的整批交易戰術都可以夾帶成功，因為對方在期限壓力之下讓步，回去也比較好解釋。談判代表可以告訴老闆：「這次是因為有時間壓力，兩害相權取其輕，我才把 B 帶回來。不過您放心，明年續約的時候，我一定把 B 剔掉。」

可是，也有整批交易碰到雙方都很強硬，來個魚死網破、

兩敗俱傷的狀況。二○一八年底，美國總統川普想在聯邦預算中
夾帶建造邊牆的預算，民主黨反對。民主黨認為在美國和墨西哥
邊界建造邊牆，圍堵非法移民，不但醜陋不堪，而且沒有實質效
果，是個爛點子，所以堅決不同意。川普也很堅持，結果期限到
了的時候，預算還在白宮與國會之間僵持。預算未過關，川普索
性把許多聯邦政府機構關了，停止服務，希望引爆衝突，讓人民
的怒火逼著國會妥協，結果也沒成功。這就是夾帶未成，落個兩
敗俱傷的例子。

　　在府會角力的過程中，白宮與國會也提出過一些解方，但都
沒成功。許多未成年的非法移民，是被父母帶到美國來。歐巴馬
擔任總統時，於二○一二年六月簽署總統命令，推行「童年抵達
者暫緩驅逐辦法」，讓童年入境的非法移民能留在美國，目的是
提供這些孩童時期非法抵達美國的移民穩定未來，讓他們留下來
追求夢想。

　　這些移民俗稱「追夢人」，根據總統命令，他們有權合法留
下、求學或就業，這項許可為期兩年且可延長。但是川普認這個
政策沒道理，所以二○一七年九月五日命令終止追夢人計畫。這
威脅到約八十萬人的未來，其中許多人仍在就學，在美國有工作
與家庭。

　　民主黨國會議員當然力爭恢復追夢人計畫，於是川普跟民主
黨談判，願意三年之內暫不實施非法移民遣返，交換民主黨同意
五十七億美元的修建邊牆預算（圖 5.2）。

圖 5.2　川普的戰術

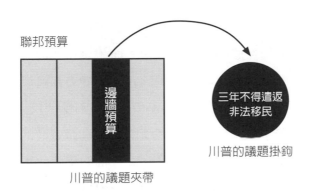

聯邦預算

邊牆預算

三年不得遣返
非法移民

川普的議題掛鉤

川普的議題夾帶

　　結果這個掛鉤沒有成功，因為民主黨議員認為兩個議題不對等：一旦同意川普蓋邊牆，邊牆就一直在那；但三年不遣返只是暫行性的，三年一過，川普可能立刻遣返那些追夢人，到時民主黨將毫無籌碼牽制川普。

　　掛鉤不成，川普這邊又提議，民主黨議員不是說橫跨整個美墨邊界的水泥牆太醜嗎？白宮可以改變邊牆的材質，改用不銹鋼的柵欄，而且是在重點地區才修建，不是從頭蓋到尾，可以吧？結果民主黨還是不談。共和黨議員抱怨，民主黨要是對共和黨的方案不滿，可以提出對案，而不是說邊牆之事免談，就可以解決問題的。

　　民主黨為什麼這麼強硬？因為他們發現，政府關門以後，人們怪罪的是共和黨政府，而不是民主黨控制的眾議院，這讓民主黨眾議員有底氣繼續對峙下去。

倒是民主黨參議員陸天娜提過一個建議，她說可以把雙方爭執的議題重新包裝，用一個比較大的議題把邊牆「包裹」進去，擴大成「邊界安全」（當然預算也會跟著增加）。這樣民主黨議員可以說，他們贊成的是邊界安全，而不是川普的邊牆，共和黨可以說，邊界安全當然包括了邊牆在內。雙方都可以宣稱自己贏了，都有了下台階。前題是川普必須先讓政府部門恢復運作。

但是川普不幹。他認為修建邊牆是他在競選時的招牌政策，現在若被包裹在更大的邊界安全裡面，他的招牌政策變得看不到了。而且先讓政府恢復運作，他一樣也變得沒有籌碼，無法借力老百姓對國會議員施壓了，所以也沒成。一直到川普同意將邊牆預算從聯邦預算剝離出來，列到另一筆緊急事件處理的特別費用中支出，聯邦預算夾帶修建邊牆的事才得以解決。

其實，因應整批交易戰術最好的方法，就是拆開這些議題，雖然不一定都能成功。以前台灣跟美國談菸酒談判時有五個議題：倉儲、計價、運輸、廣告、標示。五個子題裡，雙方有的達成協議，有的沒達成協議。台灣眼看美方給的期限要到了，就跟美方說，能否達成協議的先簽，沒達成協議的後簽，這樣至少可以看出台灣努力達成協議的誠意。美國人拒絕，說這五個裡面，只要有一個項目沒達成協議，美菸就進不了台灣。所以五個子題是一個包裹，任何一個期限到了沒談成，就算通通沒談成，美國的貿易報復就來了，最後逼得台灣只好讓步。

搭配

　　和整批交易類似的，叫「搭配」，也就是一些外國學者講的 tie-in：談判談到最後一刻，忽然塞了一個新的議題進去，要對方一起帶回去。對方為什麼要帶回去？因為他現在破不起，不能允許任何突發狀況發生。

　　談判時，我們可能會談到一個點，發現雖然談判還沒談完，但握在手上的東西已經夠本了，夠交差了，後面沒談完的，就算都輸了，整體仍是贏的。以勞資談判為例，工會代表若能談到加薪，就可以回去跟會員交代了，最後在其他地方讓一點，就是因為過去所得，足以彌補今後可能所失。這個點美國學者札特曼教授稱之為「高潮點」。在高潮點，我們會盡全力維護現有的談判結果；高潮點之後，可以輸，不能破。

圖 5.3　高潮點與搭配戰術

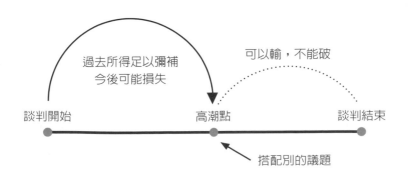

所以高潮點也是談判者最脆弱的一點，用我們的講法就是金鐘罩的罩門，這個時候對方最容易塞進別的議題，要我們一起帶回去。

鎖住自己的立場

要收尾，也要控制對方的期待。如果他一直期待我繼續讓，就不會想要收尾。所以前面介紹讓步的幅度、次數、速度，傳達底線的訊息，就是這個意思。除此之外，我們還可以用別的戰術來鎖住自己的立場。

第一個方法是**訴諸民意**，因為民情激昂、民意沸騰，所以我不能讓步。這種戰術多半用在外交談判、國際貿易談判，或是勞資、環保談判。但訴諸民意的戰術有其風險，第一個風險是民意被挑起後，主事者日後若想妥協，很可能會受到民意綁架，而失去迴旋空間。民意易放難收，能載舟也能覆舟，不可不慎。

第二個風險是可能根本沒用，因為對方根本不為所動。一九八六年，台灣跟美國進行貿易談判時，美國逼台灣開放農產品市場，大批農民走上街頭，蛋洗負責談判的國貿局。但美國完全不受影響，他們深知台灣農民的問題出在產銷制度，不是出在美國農產品進口，所以並未因農民上街而讓步。

若是商業談判，用的是第二個方法：**白紙黑字**，舉凡政府法令、公司規定、老闆的指示等等，都屬於白紙黑字。白紙黑字有一定的拘束力，比如你出差一段時間，請屬下幫忙做一些事，等

你出差回來，你發現你交代的事他不一定都做好了。但如果你寫張清單給他，回來後檢查，一定會發現他都做得好好的，白紙黑字就是有這樣神奇的效果。

白紙黑字戰術還可以衍伸出戰術型的操作，我在上課時分享過我早年買房子的例子，當時我想買一間預售屋，到了售屋中心，發現裡面十個人我認識六個，有的是學生，有的是在不同演講場合碰過，一進去一群人上來打招呼，好不熱絡。

你說這種場面是好殺價還是不好殺價？還真不好說。我試問主管（也是我認識的人）有沒有折扣，他指著牆上裱框好的幾個大字給我看：「全台統一售價」，苦笑對我說：「老師，我們老闆可能也上過你的課，所以我們價格幾乎沒有彈性。」他們這招，就是用白紙黑字鎖住自己。可能他們老闆真的上過我的課，但當時聽他說完，我腦子裡出現的卻是四個大字：商鞅變法！他用我教的戰術對付我，弄得我只有苦笑。

第三個鎖住自己的方法是**推給第三者**，因為公司不是我的、因為還有別的股東、因為決策小組沒通過所以不能讓步等等，都是用第三者鎖住自己的戰術。這是最樸素的談判法，就算沒學過談判的人也很會用。第三者是掰出來的，可以用來解套，也可以用來鎖住自己。前面我們討論一個人玩黑白臉戰術，就是用創造第三者的方式，增加迴旋空間。

第四個鎖住自己的方法是**承認自己沒有能力**。兩車狹路相逢，有什麼辦法叫對方讓而我不讓？最簡單的辦法就是告訴對方我不會倒車，人家罵你爛，你說：「我也知道我爛啊，但我就是

不會倒車。」這就是承認自己沒有能力。推給授權不足、推給制度，都屬於這類戰術。

既成事實也屬於承認自己沒有能力的戰術，因為我們已經做了，無法反轉，只能在這個既成事實之下，想一個大家可以接受的方案。

我們把這些戰術綜合起來，分享一個案例。多年前，有一家出版社的副總編輯打電話給我，想約我寫一本書，版稅是一○％，我不太想寫，因為版稅太低。結果那個副總居然能說服我下一本書讓他們出版，好厲害。他是怎麼說服我的？

他用的第一招是**參考座標**：「我知道版稅一○％對您不夠尊重，但我們董事長是參考好幾個日本大出版社的做法。剛出道的，版稅一○％，像您這麼有名的，也是一○％，他認為這樣比較好管理。」日本大出版社的做法就是參考座標，這可以增加他的說服力。

第二招就是這裡教的**用沒有能力鎖住自己**：「您也知道，我們董事長老先生嘛，非常固執，只要是他決定的事，我雖然是副總編輯，也完全沒有辦法讓他改變主意。老先生像一座大山一樣擋在前面，我們完全無法撼動這座大山啊。」

沒有能力，所以我再逼他也沒有用。既然沒用，那還有什麼好談的？所以他接著話鋒一轉，說：「但真正重要的不是版稅，而是能賣出多少本。」

這裡端出的是**乘式說服法**。版稅的百分比是虛的，落袋為安

的錢才是實的。這錢怎麼來？「版稅 × 賣出的本數」而來。這句話就是告訴我，雖然他沒辦法在被乘數（版稅）上幫我，但可以在乘數（在這裡就是賣出的本數）上幫我，最後結果是一樣的。

乘式裡面最重要的原則是「乘號兩頭不能有一為零」，他很精準抓到這個原則，告訴我：「版稅其實都是虛的。就算我幫您爭取到三〇％的版稅，但賣出零本，不也等於零嗎？」

意思是說，我把注意力擺在版稅，是畫錯重點了。再細看一下，這句話是綿裡藏針，他不著痕跡的告訴我，他擁有我想要的「行為」：認真賣。我所有得到的東西（版稅），如果沒有他認真賣，都是空的。

這也應證了談判上很重要的一個概念：談判的目的不是「贏」，而是「利」。談判上的贏，是按照我的意思達成協議，但贏如果沒有利，那個贏也是空的；輸是按照他的意思達成協議，但是輸如果有利，這個輸還是可以接受的。

最後他從乘數切入，告訴我他會如何行銷我的書，包括新書發表會會怎麼辦，連鎖書店的櫥窗會怎麼布置，聽得我興致勃勃，就決定把手邊的新書簽給他了。

從乘數切入是很聰明的做法，如果從被乘數，也就是從版稅的百分比切入，他就只能跟我談數字。他說一〇％，我說不行，別家都給我一五％，然後他說一二％，我說不行，他說十三％，我說還是不行。我們兩個像在市場買菜一樣討價還價，把自己都搞 low 了。如果他是這樣跟我談，我才不談。結果不是，他從促銷方案切入，跟我講故事，勾勒出漂亮的遠景。

　　從版稅切入，用的是左腦，談數字、談邏輯；從促銷方案切入，用的是右腦，想像未來。現在越來越多研究說服的學者指出，談判時要說服對方，得左腦加右腦。因為真正能打動人的是故事，有血有肉，單靠冷冰冰的數字是不夠的。副總編輯勾勒出來的行銷計畫，是我過去沒接觸過或沒想過的，所以才決定放棄對版稅的堅持，讓他們公司出版我的書試試看。

　　最後我讓他們出版我的書了嗎？還是沒有。因為這位能幹的副總編輯沒多久跟老闆吵架，辭職了。換一個編輯來，我不知道他跟我有沒有默契，對我的書有多少熱情，編出來的書是不是我想要的樣子，所以就把計畫叫停，改跟別家出了。這恰恰是我們前面講談判的五大元素時提到的，我們談判不是跟這個公司談，而是跟這個人在談。人換了，談判可能也得重新來過。

　　所以，如果你是老闆，也必須留意這個狀況，底下一個超級業務走了，一些客戶可能也跟著走了，這是免不了的事。如何增加公司的價值，也就是業務帶不走的服務品質，以及如何跟業務保持良好關係，可能他不是投靠敵營，而是自立門戶，將來還是可能把一些客人再帶回來，這些都是老闆必須先做好的心理與戰略準備。

　　第五個鎖住自己的方式是**靠專業知識**，比如我們跟對方說：「根據歐美先進國家的研究報告，我們的主張是對的，所以決定不讓步。」

鎖住之後，如何解套？

鎖住立場，當然也有條件要配合，第一是我們必須**有時間**。因為鎖住之後，談判腳步就會放慢，你必須有持久戰的準備。第二是必須**準備好退路**，萬一破局的話，我還有應變的方式。如果我沒有時間，也沒有退路，那就要解套出來。如何解套？

如果是用民意鎖住自己，那就用民意來解套。民意如流水，常常再做一次民意調查就可以解套了。

如果是用白紙黑字鎖住自己，那就用例外的規定解套。找到例外的情境或其他的條文，都是解套的方式。

如果是用第三者鎖住自己，那就用第三者改變主意來解套。第三者經常是掰出來的，我們可以說他被我們說服，改變主意了。

如果是用沒有能力鎖住自己，那就用另一個人來幫忙解套。兩車狹路相逢，我不倒車，是因為我不會倒，但我不會倒，不等於我的車子不能倒，所以可以讓另一個人進來幫我倒，這就解套了。

如果是用專業知識鎖住自己，就用新的論文發現來解套。新的科學發現或新的醫療方法，讓我們改變了立場。

解套的方法很重要。外國人把談判叫 give & take，取與予的藝術，所以談判過程中，有拿有給，有收有放，有張有弛，這樣才有旋律。我們經常會發現，在準備談判的過程中，內部鷹派的聲音特別大，好像只有會往前衝的人才是愛國、愛公司，主張妥協的人都是軟腳蝦。這種情形可以理解，因為在社會心理學上，

談判屬於「侵略性的社會接觸」，既然是侵略性，比較凶的人通常可以獲得內部比較多的掌聲。

可是，這就表示一定會為自己爭取到最大利益嗎？那就不一定了，如果凶就會贏，我們只要擺出臭臉，一號表情演到底就夠了，還需要學談判嗎？如果答案是否定的，那我們學談判就不能只學鎖門，還必須學如何開門。準備談判的時候，內部也不能只有一種往前衝的聲音。

更重要的是，我們不只學「如何」開門，鎖了門以後，還要知道「何時」開門，這就是節奏。前面介紹如何放慢談判的腳步，就是在學控制開門的時間。

七個解題模型，引導雙贏

開門之後，我們還要學一些解題的模型，讓我們能夠更有系統的套用。

第一個解題模型是「把餅做大」，美國人說把派做大，中國人說把蛋糕做大，都是同樣的意思。如果今天的談判屬於整合型談判，我們要和對方一起成就一項計畫，這時就需要一起把餅做大。

這裡套用的談判語言是：「你有沒有想過我們可以一起把餅做大？」這句話有兩個意思，一是告訴對方，我們對他沒有惡意；

二是引導對方往雙贏的方向思考。所以「把餅做大」要像芝麻開門一樣，經常掛在嘴邊。

因為雙贏必須靠導引。靠什麼導引？一是靠談判過程中的成本效益考量導引；二是靠平常的談判教育，將雙贏的觀念深植在他心中；三是靠談判對手的行為，要像跳華爾滋一樣帶領他。這裡講的是第三種。**只有談判者相信雙贏是可能的，他才會認真去找雙贏的解決方案。**

但是看待雙贏，邏輯上必須嚴謹，這裡只說「如果想多分一點，就把餅做大一點」，並沒有說「把餅做大一點，我們就多分一點」。什麼意思？

假設今天餅是十分，我們一人分五分。現在餅做大了，變成二十分了，你真的以為從此我們一人就拿十分嗎？不一定吧，可能我還是五分，他拿十五分！那我們為什麼還要把餅做大？因為機會多一點。當餅的大小翻倍之後，我們不一定能馬上多分，但起碼，多分一點的機會增加了。

還要注意，談判過程中有很多變數。有一次，我在廣東上課，一個學生的公司是做家具的，我們假設是甲公司，他跟生意夥伴乙公司過去合作愉快，雙方業績都有成長。他跟乙說，想一起把餅再做大，對方卻拒絕了。這問題可能出在哪？他認為是不是自己說服力不夠，或是準備的資料不夠充分？

我說可能是這個原因，但不全是這個原因。我們模擬一下，假設一開始你們的出發點都是零分，現在兩人合作，做到三十分，證明大家是可以合作的。於是你跟乙說，咱們加把勁，做到

六十分，如何？結果他卻全無下文。為什麼？

　　第一個原因，我們先排除自己說服力不夠的因素，可能是乙公司格局不夠，他覺得三十分就很滿足了，滿招損，謙受益，先把三十分做好再說，不要好大喜功。也有可能是乙公司資源不足，沒有錢再投進去了。我們常有一種錯覺，以為把餅做大是用說的，說要把餅做大，餅就做大了，可能嗎？要把餅做大是需要投入更多資源的，但是乙沒錢了，因此，如果我們公司要進到下一個階段，就必須找新的合作夥伴，不然餅是無法做大的。

　　第二個導致乙公司不願意跟我們繼續走下去的原因，可能是他覺得分配不公。比如現在我們努力達成三十分了，這三十分怎麼分？他可能覺得應該一半一半，但因為某些原因，我們拿到十六分，他只有十四分，所以他覺得被我們欺負或欺騙，不願意再一起走下去。這時我們就要說服對方，為什麼 16：14 是合理的分配，或是告訴他，雖然他現在只拿到十四分，但我們後面還會用什麼方法補償他。他被說服了，心裡沒疙瘩了，才有可能再跟我們一起走下去。也就是說，吸引他繼續一起走下去的原因，不只是漂亮的遠景讓他可以期待，還必須有實質的利益讓他可以抓在手上。

　　第三個原因是有人搶親。別忘了，談判的局裡面不是只有你們兩個人，還有其他玩家。當乙還沒跟我們合作的時候，他可能無人聞問。現在跟我們創造出三十分的成績了，丙就出現了。丙可能跟乙說：「你跟我合作吧，不必跟甲。甲能給你的，我都能給，甲不能給你的，我還是可以給你。」這時怎麼辦？

如果你是甲，你一定要告訴乙：「你是跟我合作才能創造出這三十分的成績，要是一開始就跟丙，根本不可能有三十分。」這是告訴乙，我們的貢獻是無法被輕易取代的，所以他想投靠丙是不智的。在這同時，我們也得思考，萬一乙真的被挖走了，我有沒有備胎？找好備胎，我們跟乙交涉時才會有底氣，不被乙勒索。

第二種解題模型是「交集法」。 交集法看似簡單，但是必須先搞清楚雙方要什麼，才可能找到立場的交集。

日本人分享過下面的例子，有一家日本企業要在中東找代理商，好不容易找到一個合作的對象，但是對方要求簽五年約，日本人只願意簽兩年約，這題怎麼解？

日本人對兩年很堅持，若對方無法答應，最簡單的辦法就是換一個能接受兩年約的代理商。可是，這個阿拉伯人又有很豐厚的人脈，日本人捨不得放棄，怎麼辦？要解這題就必須問：日本人到底要什麼？

深究後發現，日本人要的不是兩年，而是對新的代理商不信任，怕約簽得太長，中間又無法叫停，以後將無法控制。阿拉伯人要的是什麼？其實也不是五年，而是想簽一個比較長時間的代理合約，讓他能回收成本。

於是日本人建議：「要不，簽四年。」四年是日本讓過了兩年和五年的中線（三・五年），比較接近阿拉伯人的要求，阿拉伯人很高興。日本人繼續說：「每兩年評估一次，如果符合雙方

的期待，就把約走完，如何？」

於是，阿拉伯人得到了四年的合約，日本人得到了中間叫停的機制。雙方基本要求得到滿足，圓滿達成協議，這就是交集法解題。成功的關鍵是雙方沒有在兩年、五年的字面上去兜，而是去找背後的原因，這樣才有可能找到交集。

上面兩種解題模型都是在「求同」，多用在整合型談判。

第三種解題模型是「議題掛鉤」。議題掛鉤我們討論過很多次，這裡要強調的是，勒索式的掛鉤（如果你不給我 A，我就不給你 B），多用在談判開場，逼對方出來談；諂媚式的掛鉤（如果你給我 A，我就給你 B），雖然也可以用在談判開場，引誘他出來談，但更多的時候是用在收尾，讓他願意跟我們達成協議。

第四種解題模型是「切割交換」。這也是我們很熟悉的解題方法，一筆交易切成價格、數量、付款、交貨、保固等好幾個部分，你這個讓給我，我那個就讓給你。切割法解題已經變成談判鐵律，是非學會不可的談判基本功。

議題切割可以用在很多方面。台灣一家量販店跟配送公司談判，原因是配送公司在與量販店的合約未到期之前就要求漲價。原來，顧客在量販店購買冷氣，由量販店特約的配送公司負責配送、安裝，基本安裝費用由量販店支付，拉線超過五公尺的部分則由顧客自行負擔。最近由於銅管與線材的價格飆漲，安裝成本每天都在增加，所以配送公司要求調價，拉線超過三公尺的部分

應該由顧客支付，一對多冷氣也應該付比較高的費用。

　　但量販店認為，若顧客去年來買過冷氣，今年再來，發現安裝費用差這麼多，將很難接受。配送公司則表示，安裝費用若不調高，底下這些有執照的師傅都跑掉了。所以雙方進行協商，最後達成的協議是，安裝費用小幅調整，另外變更冷氣噸數級距，過去可能是一噸是一級，每一級安裝費用不同，現在縮小級距為半噸一級，這樣安裝師傅的工錢等於也調升了。另外，一對多冷氣的安裝費用也調高，讓配送公司的老闆可以跟師傅交代。對量販店來說，一對多冷氣在營業額的占比很小，也不至於因為安裝費用調高而流失顧客。這種「安裝費用不讓，但變更冷氣噸數級距」的解題方法，就是議題切割的漂亮運用。

　　掛鉤與切割，都是在交換，所以都是在求異，只有雙方要的東西不一樣才可能交換。所以有人問，談判是在求同還是求異？這不一定，要看談判的性質而定。

　　還有，切割交換之後，我們把協議草案帶回家，等待上級或國會的批准，這時有幾個狀況必須特別小心。

　　比如今天有個商品，我們開價十元，對方嫌貴，經過討價還價之後，我們跟對方達成初步協議：我們同意降兩元，八元，但是配上 A、B 兩個條件，A 我讓他，B 他讓我。所以我們帶回去的協議草案是「8+A+B」，這個包裹的協議基本上是平衡的，誰也不吃虧。

　　可是他把協議帶回去後，他後面的老闆們不高興，幾個長官

七嘴八舌，說怎麼可以答應 B，堅持要把 B 從協議中剔除。本來 8+A+B 的協議只剩下 8+A，我們當然不答應。在談判上，8+A+B 既然是個包裹，帶回去後只能逐條討論，包裹表決。也就是逐條討論得失之後，再放回去包裹裡面，看加加減減之後，整體是否平衡，能接受就都要，不能接受就通通不要。不能挑對自己有利的留下，對自己不利的剔除，這樣被派到前線的人將不知道該怎麼跟對方談判。

假設對方老闆把 B 剔除了，第二天，我們回到桌上繼續談，桌上擺著的變成「8+A+？」，請問現在要談什麼？

有人說，B 被他老闆剔掉了，現在要談該拿什麼去補那個問號。這是錯的。因為昨天的協議是 8+A+B，B 被他老闆剔掉了，就表示昨天沒有達成協議，所以今天應該要另起爐灶重談，而不是接著昨天的殘局繼續談，因為那將讓我們陷入被動。重談，可能談出 9+D 也不一定，沒有必要被昨天的數字框住，這是我們在談判時要特別小心的。

在進行切割交換時，有三點要注意：

第一，**要創造議題交換的空間**，所以一定要是多議題。切割就是把單議題切成多議題的方式，這是用談判技巧創造空間，另一個方式，則是用議題定義創造空間。第二章在討論談判五大元素的「事」時，我們介紹過「議題疆界」的概念：到底這個議題應該包括哪些部分？哪些相干，哪些不相干？比如員工跟老闆談，是談「待遇」還是談「工資」？當然是待遇。因為工資是單

議題，是鬥牛，沒得交換，只有將議題定義為談待遇，疆界放寬，納入假期、保險、培訓等許多議題，才有交換的空間。

第二，**要知道什麼跟什麼換**。也就是要排序，才知道要抓什麼、放什麼，這都是前面討論過的。

這裡要強調的是第三點，**要讓給對的人**。談判的「對」有兩個意思，一是「門當戶對」的對，一是「對口」的對。

先談門當戶對。談判是非常講究門當戶對的，為什麼？因為不要浪費你的讓步，每一次的讓步都要換東西回來。東西不一定是實體的，也可能是一份善意，我今天讓給你，沒有要你馬上回報我，但你必須知道我向你表達過善意，你欠我一份情。

假設我是總經理，你是對方公司的小科長，你來跟我談，我會跟你談嗎？不會。因為我如果跟你談，我讓了一個東西給你，身為總經理，我讓出來的東西必然有一定分量，但你有同樣分量的東西讓出來還我嗎？或者，我不要你回報我，只要你回去跟你老闆說，我讓了一步給你們，你們欠我一份情，但我有把握你會一五一十據實回報給你老闆嗎？可能也沒把握。如果都沒有，我怎麼可能親自出來跟你談？除非你是老闆的兒子或女兒，不然豈不是上駟對下駟？所以我只會請我的科長出來跟你談，這樣比較門當戶對。

我常跟年輕朋友說，如果你跟客戶談判，他沒給你、但也沒走人，那就表示不是不給你們公司，只是不給你，因為你位階還沒到，請你們老闆出來談，他就讓了。

第二個「對」是對口。談判時，我們都會設法培養跟對口，

也就是你經常接觸的窗口的關係。我一個馬來西亞朋友在教神經語言學,有一次跟一個總裁介紹他的課,六萬馬幣。總裁很感興趣,便叫底下的人資主管出來跟我朋友談細節。我朋友跟人資談的時候,又讓了一萬給他,最後是五萬成交。朋友告訴我,他的底價是五萬,但那一萬要放給對口,也就是人資經理,讓他可以跟總裁邀功。朋友告訴我:「跟總裁交情好,但平常都見不到總裁,有什麼用?真正重要的是培養一個每天能接觸到的對口,這才是實在的。」

第五種解題模型是「階梯法」。第三章談到新加坡開按摩店的學生和招商官員談租金的例子,最後就是用階梯法解題:根據業績不同,機動調整租金的多寡。我們談版稅(賣出多少本,版稅是多少百分比)、權利金、百貨超商的上架費或任何使用者付費的項目,都可以用階梯法解題。

因為用階梯法解題,沒有把價格鎖死,而是根據實際數量不同而調整,所以也算是 contingent contract 的一種,contingent contract 有人稱「不確定合約」,有人稱「相機合約」,就是根據實際狀況變化而變化的合約。這種合約也是一般認為最公平的合約,因為對未來的前景誰也沒把握,雙方就定下一個條件:將來數字達到多少,我們的費用就隨之調整,這樣誰也不吃虧。

第六種解題模型是「解組」。如果桌上只有一個議題,沒辦法切割或掛鉤,那就用解組的方式試試看。我一個學生是業務,

他們公司是做數位相機的，公司在台北，工廠在廣東，品牌公司在日本京都。有一次廣東廠製造了一批準備搶攻聖誕禮物季的產品，但京都派過去的品保人員就是不放行，認為沒有達標。前端的銷售急得不得了，因為不放行就沒東西可賣，於是和我學生一起給品保人員壓力，要求看問題到底出在哪裡。

他們就是用解組的方式，一個部分、一個部分檢查，看哪裡不達標。後來才發現問題出在外殼的顏色不對，線條沒對準，而不是相機功能的問題。於是我學生跟品保人員說：「既然不影響產品功能就先放行，一邊賣一邊修吧。」這樣才放行。

但聽我學生這樣一講，我也恍然大悟，以後買 3C 產品絕對不能買第一代的，都是未完成品。

第七種解題模型是「含糊」。 很多談判的結果是各說各話。對那些不急著馬上解決，但又不能假裝它不存在的議題，就先保留下來，用「雙方同意彼此不同意」的方式處理，以後時機成熟了再說。台海兩岸的九二共識，「一個中國，各自表述」，就是典型的例子。

在商業談判上用含糊的方式解題的例子也很多。一個在中國大陸國營企業工作的學生跟我分享他們與供應商談判的經驗，當時合約卡在一段話，甲方主張，乙方若未達成要求，應全額退費，但乙方認為只應退回不符合要求的部分。乙方未達成要求只是假設，這句話寫了不一定用得到，但又不能不寫，所以最後用一句話含糊過關：「應退回相應貨款」，將來真的碰到了再說。

　　於是這裡又帶出一個問題：談判達成協議，是逗點還是句點？很多時候它只是逗點，達成協議之後，在執行階段，還是需要談判來微調協議的定義，以因應隨時變化的最新狀況。所以現在才有「後談判」（post-negotiation）階段的概念出現。達成協議後，還需要有人在執行階段繼續「管理協議」。不是談完回來跟上面繳令，任務就結束了。

　　還有一種含糊稱為**「功能性的同義詞」**，也就是談的事情本質是一樣的，但換一種說法。一九八九年，東協國家在雅加達和越南談從柬埔寨撤軍的問題。當時越南還不是東協成員，它的部隊也還在柬埔寨沒撤走。東協表示，東南亞要和解，越南必須先從柬埔寨撤軍，而且要由聯合國監督以昭公信。越南反對，表示聯合國對越南有偏見，聯合國承認的柬埔寨政府也是在泰國的柬埔寨流亡政府，不是越南扶植的金邊當局，所以不願意接受聯合國監督。

　　到這裡，談判似乎陷入了僵局。但再想想，東協要的是國際監督，還是聯合國監督？應該是國際監督吧，所以最後達成的協議是越南願意接受一個「國際機制」的監督，這就叫功能性的同義詞。國際機制就可以有很多形式了，後來是聯合國祕書長派他的代表來監督撤軍。

　　可是有時候又不能太過含糊。過去新加坡金聲能源公司（KS Energy）曾和馬來西亞的 BR Energy 合作，爭取馬來西亞國油公

司的探勘案。KS 負責提供鑽井機與修井機，並承諾將「盡所有合理的努力」（all reasonable endeavors）促成鑽井與修井機在六個月內完成。

KS 還有一個下包的造井公司 Oderco，結果是 Oderco 的進度延誤，讓 BR 沒有爭取到國油公司的探勘案。BR 一怒，把 KS 告進法院，指 KS 沒有依照合約，盡所有合理的努力。KS 表示，這個案子並非 KS 單獨負責，而且已經讓 Oderco 及時獲得經費與器材，自己已盡力。

初審 BR 勝訴，因為法官認為 KS 應該一開始就到現場監工，並未盡所有合理的努力。但上訴時案子翻轉，上訴庭認為，KS 曾一天發幾次電郵給 Oderco 施壓，後來還到現場監督，但 Oderco 的行為當初無法預料，合作過程中 BR 知道這個情況，也從未表達過不滿，所以 KS 已經「竭盡全力」（best endeavors），沒有違約。法院表示 best endeavors 就是 all reasonable endeavors。

但是法官也建議，下次簽約時，雙方應就「合理的努力」的具體步驟寫入合約，尤其是下面三種狀況更應寫明：一、多變而無法預測的情況；二、陌生的環境；三、面對不願妥協的第三方時，怎麼做才叫竭盡全力。自身竭盡全力，不等於能使第三方竭盡全力，這個部分就不能太過含糊。

以含糊的方式解題，有時也跟談判的時程有關。二〇〇〇年十一月，新加坡同時和美國與澳洲舉行自由貿易協定談判。新加坡希望跟美國的談判能先談完，因為自由貿易協定裡面有一些敏

感的問題，比如新加坡願意開放幾張批發銀行（wholesale bank）的執照等等，若先跟別的國家談完，美國從那些協議中就可以知道新加坡的底牌，新加坡和美國的談判將因此居於不利的位子。

　　所以新加坡當時規畫，和美國的談判在二○○三年五月談完，比和澳洲的早結束。沒想到，澳洲自己跟美國也要從二○○二年十一月開始談自由貿易協定（記得，談判的局裡面永遠不是只有你們兩個人在玩），所以希望跟新加坡的談判能在這之前就先結束。這下新加坡的時程與戰術整個被打亂了。

　　如果必須先和澳洲簽自由貿易協定，那美國不是就知道新加坡願意開放幾張批發銀行執照嗎？有沒有辦法又和澳洲達成協議，又無法讓美國窺知底牌？後來新加坡和澳洲達成協議，後面附一個補充文件，表示「新加坡承諾，將來開放幾張批發銀行執照給美國，就開放幾張給澳洲」。

　　澳洲很高興，因為他們沒想到可以獲得跟美國一樣多的執照。新加坡也很高興，因為這樣即便和澳洲達成協議，美國也無從窺知新加坡的協議區到底有多大。這也是含糊戰術的另一個運用。

雙贏與共贏

　　在思考解題模型時，我們希望能夠雙贏，但華頓商學院的戴蒙教授反對哈佛這派老把雙贏掛在嘴邊，他表示，有的回合，我們不見得追求雙贏，因為配合整個戰略設計，可能是我贏他輸，

也可能是他贏我輸。我同意他的說法，因為我們不一定「每一回合」都要雙贏，有時為了誘敵深入，我們的確是以「輸」為談判的目標。但華頓商學院和哈佛法學院針對雙贏的爭論並沒有對焦，華頓商學院講的是過程，哈佛法學院則強調最後的結果，兩者並不矛盾。過程中未必每局都要雙贏，但最終結果還是以雙贏為目標。因為談判之所以發生，就因為它是「非零和」的，若談出來是一方贏一方輸的零和結果，相信很少人會願意談判。

　　至於要不要把「雙贏」掛在嘴邊，這也可以進一步討論。我認為是可以的，因為雙贏是後天學習的概念，不是先天的本性，它需要被強調、被導引。當我們跟對方說希望能夠雙贏的時候，至少有兩個功能：一是告訴對方我們沒有惡意，另一就是引導對方往雙贏的方向思考，可以降低對我們的敵意。

　　但是戴蒙教授的看法不同，他說，當有人跟他說希望能夠雙贏的時候，他第一個想到的是：「這傢伙是不是想占我便宜？」如果對方一直強調雙贏，就好像暗示他必須讓一點東西出來，不能拿那麼多。

　　這倒是一個有趣的觀察，有時候雙方沒有互信，一句話聽起來還真的有不同的感覺。就好像在南海問題上，中國大陸呼籲相關國家擱置爭議，共同開發，東南亞國家的解讀是：「你們中國人說南海都是你的，你當然說擱置爭議，那我的那一部分怎麼辦？」也就是說，中國說擱置爭議的意思是遞出橄欖枝，「不要吵了」，東南亞國家的解讀卻是懷有敵意的「不要爭了，都是我的」。雙贏也是一樣，當雙贏這個詞被用爛了，就可能出現戴蒙

教授所說的反效果。

　　那到底要不要經常把雙贏掛在嘴邊呢？我覺得**開局的時候可以，可以為談判定調，收尾的時候也可以，可以為談成的協議加上一個光環**。至於中間就不用了，因為中間各回合各有不同的戰術。

　　關於雙贏還有一個觀念要釐清，有的人喜歡把雙贏（win-win）翻譯成共贏，我認為雙贏就是雙贏，和共贏是兩回事。共贏可能是雙方共同成就一個案子，雙贏則可能是兩個獨贏構成一個雙贏，也就是雙方都認為自己贏了，這也是一種雙贏。

　　一家美國公司想找投資銀行幫他出售一家子公司。銀行要求的服務費是售價的一％，美國公司只願意出〇・六二五％，談判因此卡住。

　　銀行估算這家子公司大概只能賣二・五億美元，一％服務費就是兩百五十萬，這是銀行所能接受的最低價錢。但美國公司認為銀行低估了子公司的價值，子公司應該可以賣到五億，而不是二・五億。若照銀行要的一％，服務費就是五百萬，太高了，所以只願意付〇・六二五％。

　　這裡我們可以發現，雙方真正的問題出在對經濟前景看法不同，但雙方都認為自己才是對的，這時就很難妥協。所以，最後達成的協議是把服務費的百分比和金額切開：服務費的百分比聽美國公司的，〇・六二五％，美國公司認為自己贏了，很高興；但美國公司也必須保證銀行的服務費至少有兩百五十萬，銀行也

很高興。

因為美國公司一直認為自己的子公司可以賣到五億以上，所以準備拿五億的〇‧六二五％作為服務費給銀行，這個數字大於兩百五十萬，現在只要求它保證給銀行兩百五十萬，這有什麼困難？

從銀行來看，兩百五十萬先落袋為安，已立於不敗之地，可以回去交代了。將來如果子公司真的如美國公司所說賣了五億，銀行的服務費只會更多，所以也樂得接受。

雙方都認為自己贏了，這就是兩個獨贏構成一組雙贏。

雙贏也不等於均分，很多時候，雙贏是雙方贏不同的東西。比如我在社區開一家超市，我為了招攬客戶，把價錢壓得很低。你買到了便宜的商品，你贏，我也獲得了社區的好感與信任，我也贏，這就是雙贏。

那談判到底可不可以均分，用「差距除以二」達成協議呢？開場的時候不行，收尾的時候可以。

比如一件漂亮的衣服，賣方開價八千元，買方還價七千元。你是買方，你跟賣方說：「要不，我們各讓一半，七千五百，如何？」也許你真的可以以七千五百成交，但更多時候，賣方會繼續說服你：「這件衣服真的很適合您，完全就是為您而設計的。您都可以出到七千五百，我們差距越來越近了，只要您再加一點點，馬上就可以成交。錢再賺就有，但這麼適合您的衣服可不是經常碰得到的。」最後成交價很可能就落在七千五百到八千之間。

可見，先讓到中線的人輸。更有可能的是，你本來在店門口看到這件漂亮的衣服，心裡想的是：「五千我就買了。」沒想到一進店裡，對方開價八千之後，你原來想的五千在嘴裡都不敢吐出來就煙消雲散了。之所以這樣，就是受到對方下錨的影響。

圖 5.4　先讓到中線的人輸

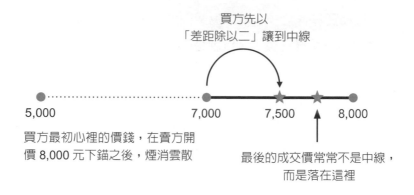

買方先以
「差距除以二」讓到中線

5,000　　　　7,000　　7,500　　8,000

買方最初心裡的價錢，在賣方開
價 8,000 元下錨之後，煙消雲散

最後的成交價常常不是中線，
而是落在這裡

如果談判談到最後，所有戰術都用完了，就卡在三百元差距，大家都疲憊不堪，這時你提議：「時間也晚了，就差這三百元，我們各讓一步吧，一百五十元，怎樣？」這樣的解題方法是可以接受的，它與雙贏無關，就是和抽籤、丟銅板一樣，談判談到最後，最機械性的收尾方式，這樣結束談判最省事。但是提醒一點，這個協議點不是雙方立場的中間點，這是我們要有的心理準備。

收尾時必須注意

最後，我們再補充一些談判收尾時必須注意的地方。

第一，我們可以在談完一系列困難的問題之後，**放一個簡單一點的議題在最後，而且很快就達成協議**。這樣做的好處是，讓對方感覺困難的都談完了，雙方關係改善了，問題也變得容易解決了，談判對雙方關係的進展是有幫助的。

這剛好也對應上心理學上的「峰終定律」（peak-end rule）。二○○二年諾貝爾經濟學獎獲獎者，心理學家康納曼（Daniel Kahneman）經過深入研究，發現我們對體驗的記憶由兩個因素決定：高峰時與結束時的感覺，無論是正向的還是負向的。結束時的感覺很重要，結束時很愉快，對方對跟我們談判的整體感覺都會是很愉快的。

第二，努力之後如果還是無法達成協議，而我們還是沒放棄跟對方合作的目標，不妨**用另一種方式維持關係，等待情勢改變**。

過去台灣一家企業想代理美國公司旗下的一個品牌，但談了幾年都談不下來，連集團總裁都親自出去談了兩次，還是談不下來。最後美方表示，幾年下來，對台灣這家公司很了解，也很欣賞，但這個案子沒辦法成就是沒辦法成。要不，先讓台灣公司代理一個小一點的品牌維持關係，以後如果有機會再代理大的品牌。這也算差強人意的結局。

　　《商業周刊》曾經報導台灣岱宇國際併購美國索爾（Sole）
的例子，非常精采。岱宇是全球前三大健身器材商，二○二○年
初購併了北美電商平台上銷售量最大的運動器材品牌索爾，當年
前三季營收增加了八五％，其中將近一半的貢獻就來自索爾，所
以是很成功的購併案。他們是怎麼談成的？

　　根據報導，早在二○一○年，索爾就因為大股東想趁營運巔
峰出售公司，主動向岱宇洽談購併。索爾是岱宇的主力客戶，當
時是北美電商平台銷售前三名的運動器材品牌，在實體通路上，
也打入美國最大的運動品牌通路 Dick's。美國又是全球最大的跑
步機市場，加上索爾剛好補上岱宇市場布局欠缺的「高價家用品
牌」缺口，因此岱宇對談判抱有很高期待。

　　可是索爾會主動開口出售，就是因為那是它業績最好的時
候，所以開價也很高，遠非岱宇所能負擔，怎麼辦？這就是我們
這裡講的情境，談不成，但也捨不得放棄。

　　岱宇於是向索爾提議：「你把國際總代理交給我，我幫你們
在美國以外的市場開闢疆土，只要營收能上層樓，未來你就有機
會賣更好的價格。」

　　這是提供對方另一種思路，也畫了個大餅給他。岱宇也規畫
索爾在美國的後端服務交由另一品牌 Spirit 負責，藉此降低索爾的
營運成本。這是大餅之外，又給對方一點小利。

　　二○一一年，岱宇說服索爾的股東，成為它的國際總代理。
岱宇將索爾的貨鋪給全球三十多個代理商，尤其幫助索爾打進歐
洲市場。索爾每年營收的成長，也從原本的一○％左右，增加到

二〇％。

　　這樣的關係維持了將近十年，二〇一九年，索爾再提購併的事，開出的價格近十億元新台幣，但岱宇手上的現金才八億三千萬元。於是岱宇提議，十億元中的三分之一用岱宇的股票替代現金。這就是切割法解題。

　　岱宇解釋，合併後，原本的團隊繼續經營美國市場，只要業績持續成長，股東手裡的股票價值就會增加。就這樣，岱宇買下了索爾。

　　在這同時，岱宇也說服各地通路：你們跟岱宇買跑步機後，與其換貼紙、改顏色、貼自己的牌，還不如直接賣岱宇的品牌，可以省掉貼牌的成本。在這樣的誘導之下，岱宇旗下的品牌快速在各地拓展，看到各國表現優秀的代理商、經銷商，更伺機收購，成為子公司，最終建立製造、品牌、通路一條龍的大格局。

　　如果不是那麼大的案子，一般小型談判，這次談不成，也可以試試看能否從對方口中得到一個有條件的承諾，比如現在不能答應，但什麼情況下可以考慮。比如現在不能降價，但如果購買量到達一定的數字，可能就有彈性等等。有這麼一個承諾到手，下次也有重啟談判的機會。

　　第三，**談判最後要不要簽文字合約，因情境不同而異**。我們受西方影響，總覺得最後簽個文字協議比較保險，但是有些第三世界國家對此就很反感。一位非洲的經理人曾表示，當美國人拿出厚厚的二十幾頁合約要他簽的時候，他就開始反感，認為這是

對他的不信任，也懷疑律師拿出的文件是否暗藏陷阱。在這種情境下，硬逼對方簽字，可能就砸了這次談判。

可是碰到某些文化，又不能只靠心照不宣。美國談判學者戴維斯（Paul Davies）分享過他在印度的談判經驗。他說在印度，談判進到最後階段，很多事在場外就已經達成共識，等著進會議室簽字了。可是你若以為這樣最後階段就很好談，那就錯了，大家在細節上還是爭得很激烈。戴維斯說，有時候大家都知道答案是什麼，但如果你不開口問，永遠得不到那個答案。亦即，該爭的還是要爭，不能靠一句「想當然耳」就以為過關了。

每個名詞的定義也要搞清楚。講個最簡單的例子，以前我在華府念書時，秋天到波多馬克河畔買螃蟹。商家是一打一打的賣，幾個同學就買了兩打，結果他給我們的是一打十四隻。我們很驚訝，問：「一打不是十二隻嗎？」對方還覺得我們大驚小怪，回答說：「在我們這行，一打都是十四隻。」連「一打多少個」這麼小的議題都還有不同的定義，何況大的東西？尤其隔行如隔山。或是到不同文化背景的國家談判，每一個名詞究竟什麼意思，還是多問一下比較保險。

邱永漢在《中國人與日本人》一書中也談到中、日兩國對談判的概念不同。在日本，六條一公斤的成鰻最受消費者歡迎，所以在採購鰻魚時，契約上就訂一公斤六條的價錢。但是當鰻魚運到日本，日本人打開一看，一公斤裡鰻魚有大有小，氣得直指中國人違約。日本的講法是，契約上寫一公斤六條，就是一條一百六十六公克的意思，這還要寫嗎？當然要寫，因為不是每個

人都是日本人，都跟日本有這樣的默契。

簽約時，要注意什麼沒有寫在合約裡面，這才是重點。對方寫了什麼你一定會看，但該寫而沒寫的，才是你要特別留意的重點。

我一個學生到九寨溝去玩，當地藏族小販問他：「要不要騎馬過去？一個人五元。」他很高興，說好呀。誰知騎過去後要騎回來，就是一個人十五元了。他說小販做生意都很會耍詐。

我說這不是耍詐，這是很會談判。我問他：「他說騎過去一個人五元，有說回來也五元嗎？如果沒有說，他就沒騙你啊，後半段是你自己想的。」這就是為什麼我們必須提醒談判者，一定要注意合約裡面沒寫什麼。

第二，當他問你要不要騎馬過去的時候，你可能有很多選擇，不一定非要過去不可，也不是非要騎馬過去不可，所以費用很低。但是一旦你騎馬過去了，你可能只有一個選擇，那就是騎回來。當你沒選擇時，人家當然就漲價啦。

除了注意什麼寫了、什麼沒寫之外，也要談清楚這些協議有沒有執行順序的問題。比如我們跟對方達成四點協議，我們可能認為這四點是各自獨立的。如果在執行的時候某一點卡住了，另外三點可以繼續執行，卡住的那一點我們稍晚再重啟談判釐清。但是對方可能認為這四點有一定的邏輯順序，A 做完才能做 B，B 做完才能做 C，C 完才能做 D。結果，到 B 的時候卡住了，也許一個定義當初沒講清楚，也許他覺得 B 能不能執行，要看我們有沒有做到我們承諾的某一點。也就是說，他把每一點的協議都彼

此相連，只要一個停擺，所有都得叫停。我們指責他沒有履行諾言，他也指責我們沒有履行諾言，於是整個談判又崩了。為防止這樣的事發生，我們應該在達成協議時，先釐清協議各點之間的關係：它們是各自獨立的，還是哪一條是哪一條的先決條件，這些搞清楚了才能避免紛爭。

談到釐清協議的內容，我們還可以談一下西方人的做法：在協議還沒到期的時候，能不能修改？西方人，尤其是美國人，有兩個根深蒂固的想法：一是不能改，因為簽了就簽了，我們必須尊重協議，才能維持關係的穩定，這叫「a deal is a deal」。另一方面，根據「情勢變更原則」，因為情勢改變導致協議無法執行，當然是可以改的。這看似矛盾的兩個觀念如何調和？

美國人的做法是，他們不太能接受重新談判的說法，但是可以接受重新談判的做法，他們稱之為「澄清」，修改多一點的叫「重新解釋」。在我們看來有點掩耳盜鈴，但實際情況就是這樣。這裡的標準句型是：「根據情勢變更原則，我方主張在協議精神不變的情況下，就某幾項條文重新解釋。」於是就開始大大方方的重新談判了。這些雖是美國人的戰術，但我們也可以學來用，還滿好用的。

最後還要學一個保護自己的戰術。有的談判者會耍小動作，明明沒達成協議，出去以後卻到處說跟我們多少達成一點共識。或者他帶了自己印的協議草案來，結果沒達成協議，我們也沒簽字，可是他出去以後卻到處分送，給記者，也給主管官署，表示這是我們的「意向」。收到的人哪會認為這只是他們單方面的意

向？很多人會認為那是我們多少已經達成的初步共識。這些協議的文字如果深入人心，我們將來要改變或反轉，也得花更大力氣。

更何況，「破局」可能是我們的戰術，我們想用破局給對方壓力，也讓對方看看，還有多少人等著跟我們談。結果他出去到處說跟我們有共識，本來對我們還有興趣的買家或賣家就一哄而散了，這樣我們將陷於被動。

如果你的談判對手習慣耍這種小動作，在離開談判桌前，我們必須跟他說：「今天雖然沒有達成共識，但在離開談判桌前，我們可不可以至少有一個共識，那就是：我們沒有共識？」

我們唯一的共識就是沒有共識，這在理論上叫「第二級的協議」，第一級的協議拿不到，至少拿個第二級的協議下桌，以免他出去亂講，讓我們陷於被動。這是一個謹慎的談判者應該要有的基本警覺。

第 6 章

談判戰術魚骨圖
組合戰術，實踐戰略，把「點」變成「面」

戰略只是一個方向，必須靠戰術去落實，將虛線變成實線。

戰略如果沒有戰術去實踐，那只是空想；

戰術若沒有戰略去賦予意義，即便贏得一時，

也只是零碎的點，構不成一個面。

討論完戰術的攻防之後，我們還需要掌握一些戰略，讓這些各自獨立的戰術能夠組裝成為一個有機體，彼此前後呼應。

戰略與戰術的關係

戰略和戰術有什麼差別？比如我現在的位置是在 A 點，目標是 B 點，A 要怎麼到 B？我可能有兩條路，走直線或走曲線。我必須決定走哪一條路，這是戰略。但是戰略只是一個方向，也就是圖 6.1 的虛線，必須靠戰術去落實，將虛線變成實線。

圖 6.1　戰略要靠戰術落實

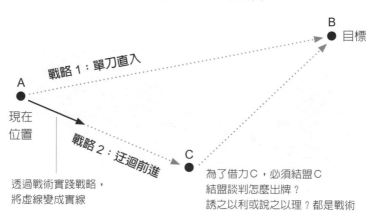

　　戰略如果沒有戰術去實踐，那只是空想；戰術若沒有戰略去賦予意義，即便贏得一時，也只是零碎的點，構不成一個面。

　　我有個學生是建商，他們跟地主合作，在台北建一棟大樓。地主有大地主和小地主，小地主擁有大約一〇％的土地，但要求房子蓋好後分一二％，建商無法同意。這棟大樓是預售屋，都完銷了，但是卡在小地主不簽字，遲遲沒辦法動工興建。

　　兩個地主原本是鄰居，數十年交情，現在小地主已搬離台北，住在嘉義。建商於是開始布局，他先用送家電、裝潢等誘因，與大地主結盟，同意簽字，同時成立一家營造廠開始動土，造成既成事實。三個月後再請公司一個女會計到嘉義找老地主，告知他大地主已經簽字，大樓的遠景可期，希望他能簽字。

　　女生講話比較柔，老地主就算想發脾氣也不好意思。這時又有一個情況改變：老地主提出，希望由他在國外的兒子擔任起造人，這樣他百年之後房子留給兒子可以節稅。這就是我們講的，談判者的 must、want、give 是會變的。要讓他兒子當起造人，涉及資金的匯進匯出，這些程序需要建商配合，於是談判的籌碼就轉到了建商這邊，變成建商擁有老地主想要的程序配合。最後建商願意配合，老先生在一二％的問題上退讓，圓滿達成協議。

　　以我們舉過好幾次的例子來說，甲要跟乙談，但是甲沒有籌碼，於是想借力丙去影響乙，這時，甲要做的是「引丙入局」，但怎麼引？是威逼，還是利誘？這是「謀」。甲是老闆，不一定要親自去談，他可能叫底下的張三去執行。張三於是想：如果要

引丙入局，就得放一點東西給他，但怎麼放、何時放才會有最大的效果？這是「策」。怎麼放是 how，何時放是 when，為什麼要放給丙是 why，就是這裡講的謀略。

我在北京幫一家銀行的私募基金部門上課時，學生告訴我，有一次，他們想投資一家新創公司，但發現還有好幾家創投也想爭取進入這家公司，所以他們必須讓自己的聘金變得更香甜，才能娶到新創公司。可是要怎麼做？

他們評估整個情勢，發現不管誰進入這家新創公司，將來生產了產品，銷售一定都得走一個重要通路才行。於是他們就先從通路著手，拿下通路或進入通路，然後告訴新創公司：「只有嫁給我，才能享有完整的產銷鏈，這樣才會有利潤。」就這樣順利進入了新創公司。這就是甲先跟丙結盟，然後拿下乙的例子。

結盟的順序安排

這個談判順序的安排，就是美國學者所說的 sequencing，這需要戰略的思維。談判順序非常重要，美國學者介紹了一個分析工具 backward mapping，也就是從我們想要達到的目標倒推回去，列舉出如果要達到目標需要哪些人，然後先對這些人下工夫。

比如我們有一筆金錢交易想要執行長批准，就要從執行長端倒推回去思考：執行長在做決定之前，會把這個案子交給誰評估？應該是財務長吧，因為財務長過去還滿得執行長信任的。財務長接到案子後，應該會尋求他信任的財務分析師的意見。所以我們

可以先和這個分析師說明我的計畫，只要他支持我們，將來這個
案子通過的機會就很大。

美國學者也舉了一個網路電視新創公司的例子，這家公司剛
創立時，同時有好幾個陣線要談判，包括資金來源、內容提供、
經銷網絡、製造等等。當時他們的資金快燒光，所以朋友都勸他
們先和創投、天使基金或其他企業夥伴談資金的挹注。但創投公
司比較保守，對網路電視前景沒有把握，不敢貿然把錢投入。

網路電視公司的老闆評估整個局，得到的結論是，他必須先
獲得至少一個大型消費電子公司的支持，這樣其他人才會放心投
入資金。於是，他把談判重點擺在索尼和飛利浦，等談到這兩家
電子公司願意加入，資金就一下湧進來。

當然，要做這樣的戰略布局，談判者必須要有全局的觀照，
看得到棋局裡有哪些人可以借力，也要對每個戰術的功能了然於
胸，這樣才能用戰術實踐戰略。如果我們把大型談判當作戰爭，
這些對象就是好幾條戰線，有我們內部各個部門，也有政府監管
單位、銀行、消費者等等。這些戰線之間是否有相互關係，是否
可以結盟，都是談判決策者心裡要有的戰略規畫。

即便決定好要跟哪些人結盟，也要考慮先跟誰結。第一章介
紹談判發生的三個條件時，我們討論過結盟，不過那是導論「如
何」結盟。下一章介紹談判的五大結構，也會講到結盟，不過重
點擺在「跟誰」結盟。這裡講戰略，我們關心的則是結盟的「順
序」。

一九九〇年八月，伊拉克海珊入侵科威特，一九九一年一月

十七日，第一次波斯灣戰爭爆發。當時美國國務卿貝克在國際巡
迴，拉一些志同道合的國家共同對抗海珊。在進行結盟時，貝克
在順序上非常小心，沒有先拉以色列進入同盟。因為美國不希望
波斯灣戰爭被外界認為是基督徒對抗回教徒的新十字軍，所以同
盟裡面越多阿拉伯國家加入越好。阿拉伯國家對以色列是有顧忌
的，若加入同盟時，發現以色列早就在裡面，可能會望之卻步。
所以才有學者指出，很多時候，盟友不一定要搶先入盟，甚至在
外部以默契的方式支持，可能效果還更好。

　　以上只是布局的概括輪廓，真正執行的時候當然更為細緻。
一位國貿界的前輩就跟我分享他的經驗，說在拉住對方的過程
中，要像釣魚一樣，釣線一下鬆一下緊，有收有放，這樣上鉤的
魚才不會掙脫。我非常同意，這就是上一章講的談判的節奏。

議題的順序安排

　　談判謀略，除了在「人」上面布局之外，在「事」的優先順
序上也有講究：什麼時候丟出什麼議題？這些議題如何搭配？這
些都要經過設計，這就是謀略。

　　一九七九年，美國跟中國關係正常化，在這之前有一連串的
談判。當時美國一共開了三條溝通管道：

　　美國駐北京聯絡辦事處主任伍考克跟中共談，一旦美國跟台
灣斷交，還會繼續跟台灣保持實質的、文化的、商業的、科技的
和軍事的關係。這五個議題是由易到難，所以美國就由易到難，

從實質關係開始，一個議題、一個議題慢慢丟出來。這在議題排列的結構上屬於「垂直排列」。垂直排列的缺點是，議題之間因為提出來的時間差，難以掛勾交換，但優點也在於談判者可以利用議題的時間差，調整談判節奏（圖 6.2）。

圖 6.2　議題垂直排列：談完一個再進到下一個

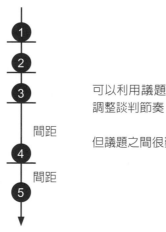

從圖中標示：
- ① ② ③
- 間距
- ④
- 間距
- ⑤
- 可以利用議題提出來的時間差調整談判節奏
- 但議題之間很難交換

為什麼要控制節奏？因為要配合美國國家安全顧問布里辛斯基在華府跟中共駐美代表談判的快慢。布里辛斯基跟中共代表談的是大局、遠景，談將來美中如何合作，包括美蘇限武談判、伊朗問題等，用美麗的圖像釣住中國。等華府的談判有進展之後，伍考克在北京才丟出科技、軍事等敏感問題。

北京要抗議，伍考克說北京可以直接透過他們駐華府的辦

事處跟美國國務院抗議。所以當時還擔任助理國務卿的郝爾布魯克，就開了第三條溝通管道，負責接收中國的抗議。

　　於是我們看到，伍考克在北京負責「給」（提出議題），郝爾布魯克在華府負責「收」（接收中共抗議），布里辛斯基在華府則負責「釣」（勾勒願景），三條管道彼此配合，構成漂亮的交響樂。

　　這裡我們補充一下議題垂直排列的概念與文化差異。美國人認為，一個議題達成協議後，進到下一個議題，最後的合約或條約雖然還沒簽，但是一個個議題往前走，表示已經達成了一個個協議，按理是不能回去翻案重談的。

　　但是中國人不這樣想，中國文化講究平衡，所以一個個議題談完，只要還沒簽約，我們總會不時回頭看一下，看看這幾個議題談完後，擺在一起有沒有什麼矛盾牴觸之處，再根據整體的條約精神做調整，讓它能夠平衡。

　　美國人認為中國人這樣做是違反誠信原則，因為這些個別的議題都已經達成共識，怎麼可能再回頭翻案？中國人說，只要還沒簽約，這些都還是草案，為何不可修改？認知不同，衝突於是爆發。美中貿易談判過程中，幾次衝突爆發就是這個原因。

　　竹科一家公司告訴我，他們跟美國客戶發生衝突，也是這個原因。當時他們把合約草案拿回來給法務看一下，法務看了後問：「你說這只是草案？」業務說：「是的，只是草案。」法務想，是草案就可以改，於是改動好幾個地方。美國人後來大為生氣，

認為台灣人出爾反爾，談判差點破裂。

　　還有一種戰略是大小議題的連環套。談判時，很多人喜歡從簡單的議題著手，認為先易後難，小議題達成協議，累積互信之後，再進到深水區就比較好談了。可是這個想法太一廂情願，因為簡單的議題談完之後，談判可能就此停住了，沒人能保證它一定會進入深水區。所以，有的談判者會讓一些簡單的議題不知不覺就帶有政治的意涵，讓它談著談著就進入複雜的深水區。

　　以以巴談判為例，以色列和巴勒斯坦談判，耶路撒冷是個敏感議題。巴勒斯坦主張，一旦巴勒斯坦建國，將以東耶路撒冷為首都。以色列說，耶路撒冷就是一個，沒有分東西，而耶路撒冷就是以色列的首都，不可能分割。僵局之下，以色列表示，要不先談耶律哥吧，巴勒斯坦難民回來，可以先安頓在耶律哥城。

　　耶律哥在耶路薩冷北方，也是一個有三千年歷史的古城。但巴勒斯坦人認為這是個陷阱，因為若難民被安置在耶律哥，巴勒斯坦勢必會在當地投入越來越多的建設，到時以色列可能會說：「人和錢都投入在耶律哥，那你們就定都在耶律哥吧。」所以反對這樣的議程安排。

單刀直入，還是以迂為直？

　　以迂為直的戰略也可以特別拿出來討論。第三章介紹出牌戰術時，分享過美國跟台灣進行智慧財產權談判時，佯攻談判地

點，實則要求換談判代表的例子。有同學問，為什麼一定要迂迴？難道不能直接提出要求嗎？

　　當然可以，單刀直入的戰略，就是直接提出要求，直球對決。但是直接提出要求，有可能碰到的就是對方直接拒絕。所以，有的談判者傾向用迂迴的方式，先讓對方欠自己一份情，再以要求回報的姿態提出要求。這裡借力的是心理學上的「互惠原則」，以及談判的「正當性」權力：用讓步創造提出後面要求的正當性。

　　難易議題的排列順序，反映出我們的議題戰略：

　　一、如果我想一上桌就在氣勢上鎮住對方，我會單刀直入，直接提出最敏感或最棘手的議題，直球對決。如果我想壓低對方對談判的期待，也會把難的議題擺前面，甚至將這些要求設定為談判發生的先決條件。

　　二、如果我以迂為直，我會先提出一個虛的議題，然後讓步，創造後面要求的正當性。

　　三、如果我想誘敵深入，我會把簡單的問題擺前面。

　　四、如果我想控制談判的節奏，我會在議題中間卡一個難的，作為繼續往下談的先決條件。

　　五、如果希望對方在談完後，覺得我們的立場變得有彈性了，我會在最後擺一個簡單一點的議題，讓他帶著美好的經驗下桌。

　　這些議題戰略，可以整理成圖 6.3。

圖 6.3　五種談判的議題戰略

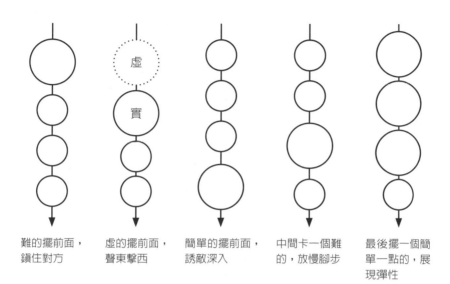

難的擺前面，
鎮住對方

虛的擺前面，
聲東擊西

簡單的擺前面，
誘敵深入

中間卡一個難
的，放慢腳步

最後擺一個簡
單一點的，展
現彈性

　　這些議題戰略在操作上都可以很精緻，以誘敵深入的戰略為
例，簡單的議題擺前面，是一個戰略概念，但在操作上可以是這
樣：第一個議題如果他讓步了，第二個議題我就讓給他，表示善
意。當然也可以是我先讓給他，期待他第二個議題也讓一步還給
我。如果禮尚往來了，還不要馬上進入難的議題，因為剛談完簡
單的就進入難的，善意還來不及累積就耗損掉了，也讓人感覺前
面的善意太假，所以一定還要談第三個議題，我們在這裡再放給
他，穩固了彼此的善意，再進入難的議題就比較好談。這些操作
都是戰術，都是為了達成誘敵深入的戰略目標而設計（圖 6.4）。

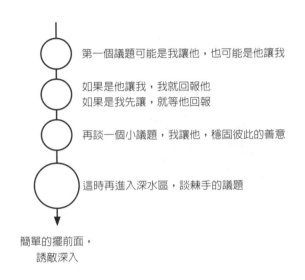

圖 6.4　誘敵深入戰略的實際操作

第一個議題可能是我讓他，也可能是他讓我

如果是他讓我，我就回報他
如果是我先讓，就等他回報

再談一個小議題，我讓他，穩固彼此的善意

這時再進入深水區，談棘手的議題

簡單的擺前面，
誘敵深入

談判戰術魚骨圖

　　談判戰術萬變不離其宗，只要掌握談判戰術的邏輯，就能在各個招式之間自由運用，游刃有餘。這個邏輯可以用「談判戰術魚骨圖」來說明。

　　魚骨圖的原型，是美國沃爾教授的談判戰術圖，但我們的運用比沃爾教授提出的複雜一點。魚骨圖是由一條直線、三條橫線所構成，在了解這些圖形之前，必須說明這些線條都是對方的，是我們要操縱的對象，不要誤會成我們自己的。

　　沃爾以一條縱軸來標示對方的滿意度：越往上表示越滿意，越往下越不滿意。

　　橫跨這條直線的有三條橫線，由上而下，第一條橫線沃爾稱之為「比較水平」，代表對方對這件事的期待與渴望，我用通俗的講法，稱之為對方的**「期待線」**。

　　第二條橫線沃爾稱之為談判「結果」，代表對方跟我談判之後，他得到什麼。沃爾特別強調，所謂他得到什麼，包括他從談判結果中得到什麼，加上他從過程中學到什麼的總和，我用通俗的講法，稱之為對方跟我談判的**「所獲線」**。

　　第三條線，是他如果不跟我談，跟別的選項談，又可以得到什麼，沃爾稱之為「選項的比較水平」，我用通俗的講法，稱之為對方的**「選項線」**。

圖 6.5　談判戰術魚骨圖

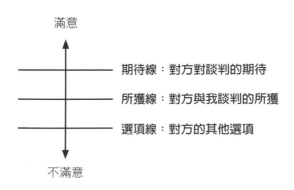

　　三條橫線在滿意與不滿意的縱軸上都有其刻度，通常期待線的位子最高，所獲線的滿意度次之，選項線的滿意度最差，只有這樣排列，對方才會願意跟我談。

　　比如，一個人期待拿到一百元，跟我談，他可以獲得八十元（很少人期待什麼就得什麼吧），跟別人談他可以獲得六十元，這樣他才會留在桌上跟我談。如果跟我談他可以獲得八十元，跟別人談反而可以獲得九十元，那他就跟別人談了。

　　三條橫線按照排列組合可以有六種排法，但是以前面講的情況最正常：期待線比所獲線高，所獲線比選項線高。

　　我把這個圖稱為「談判戰術魚骨圖」，所有的戰術都可以在這個魚骨圖上操作。很多業界朋友上了我的談判課後，對敵時都把魚骨圖擺在旁邊，對方的每一個招式都可以在魚骨圖上標示出來。但首先，我們必須了解魚骨圖的操作。

操作選項線

　　魚骨圖的操作，三條橫線有五個操作方向，也就是五個箭頭。

　　首先是選項線。選項線的操作只有一個方向，就是往下壓。我們提供對方很多訊息，讓他覺得我們的競爭對手其實並不靠譜，對手的產品只會讓他不滿意。唯有拉大第二條與第三條線的差距，才能凸顯跟我談判的滿意度，我們的談判地位也會越有保障。對應第一章介紹談判發生的三個條件，這就是第三個條件：讓對方知道跟我談判是可行、可欲的（圖6.6）。

圖 6.6　操作選項線

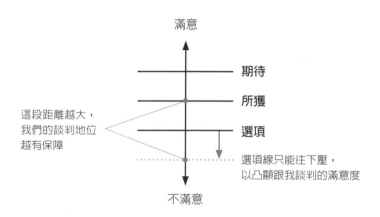

滿意

期待

所獲

選項

這段距離越大，
我們的談判地位
越有保障

選項線只能往下壓，
以凸顯跟我談判的滿意度

不滿意

操作所獲線

所獲線的操作可以有兩個方向：我們如果扮白臉，向對方示好，升高他的談判所獲，就是把所獲線往上推；如果我們扮黑臉，降低他的談判所獲，那就是將所獲線往下壓，但最多也只能壓到選項線。要是我們不小心把對方跟我談判的所獲壓得比選項還低，代表跟選項談判讓他更滿意，他就跟選項談了（圖6.7）。

但還是有例外情況必須留意。假設我今天早上碰到你，你問我要去哪裡，我說去找張三，他想買我的房子，你說：「啊，你不早講，我好喜歡你的房子。」我說：「你沒跟我說，我哪知道你喜歡啊？」你問我跟張三開價多少？我照實說:「一千五百萬。」

圖 6.7　操作所獲線

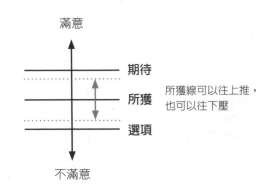

你想了想說：「一千五百萬我也買不起啦，這樣，您先跟張三談，如果他出超過一千三百萬，你就賣他。如果不到一千三百萬，賣我，我願意出一千三百萬。」也就是我還沒見到張三之前，已經有你這個退路一千三百萬在旁邊了。

當我跟張三談判的時候，他殺我的價，把我的所獲線往下壓，我被迫節節退讓。請問，我最多只會讓到哪裡？一千三百萬。因為你出價一千三百萬，這是我的選項，也是我跟張三談判讓步的底線。在遇見你之前，可能我還有別的底線，但是你開價一千三百萬之後，一千三百萬就變成我的底線。

結果我跟張三談好久都談不出結果，張三也乏了，最後他拿出一張支票說：「好啦，就一千兩百九十萬啦，不行就算了，我明天要去歐洲，這個案子也不必談了。」望著這張支票，你說我的反應會是什麼？要不要接受？

當然要。因為我如果拒絕他，第二天再舟車勞頓的去找你，我哪有把握你說要買是順口說說，還是真的要買？就算當時是真的要買，我也沒把握再去找你的時候，你會不會已經買了別家的房子。面對這些不確定性，我們通常會接受比底線低一點點的結果。可是張三如果拿出來的支票是一千兩百萬，差距太大，我們就不會要了。

操作期待線

期待線的操作就比較複雜了，操作期待線也是兩個方向：我們可能升高他的期待，也可能降低他的期待。通常進行整合型談判時，我們會升高他的期待，讓他對未來有一個憧憬；進行分配型談判時則要降低他的期待，這樣他才不會一直希望多分一點，並持續給我壓力。

升高或降低對方的期待，其實跟談判的不同階段也有關，在吸引對方上桌的時候，我們會升高他的期待，讓他相信跟我們合作前景大好，或買我們的東西可以帶來多大好處，提升多少業績。等他決定跟我們合作或決定買了，就進到分配型談判了，分配合夥之後的利潤或商品的售價，這時就要降低他的期待。

有些人在分配型談判時也會升高對方的期待，不過這是一種戰術。因為當期待線升高，所獲線沒有跟上去時，中間的差距就是「挫折」，如果對方在挫折的情況下行為會失控，或是對成本效益的考量會失準，而對我們有利，我們就會增加他的挫折，故

意刺激他失控。如果不是這種心機，通常我們都不會隨意升高對方的期待，因為對方的期待升高了，要求也會拉高，加在我身上的壓力也跟著增加，這都不是我想要的。

圖 6.8　操作期待線

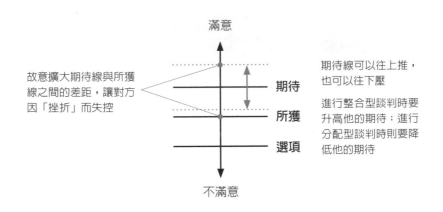

操作魚骨圖

了解這三條橫線的相互關係後，我們要開始操作魚骨圖了。

升高對方的期待，引誘對方上桌

戰術第一招是升高對方的期待，我們可以用美麗的願景，加

上一些統計數字，升高他對投資或跟我合夥獲利的期待；或是用專櫃的擺設或櫥窗的布置、廣告、影片，升高他對這個商品或這件衣服穿在他身上的期待；或是用第三章介紹軟出牌時討論過的示弱戰術，升高他對我繼續讓步的期待，然後越陷越深。

這些都是升高對方的期待，引誘他上桌的戰術，都在操作第一條橫線，也就是圖 6.9 標示①的箭頭。

如果美麗的願景不足以吸引他上桌，還可以先給他一點小利，就像很多自由貿易協定的早收條款，讓他有點具體的東西可以握在手上，對繼續談判的期待就會升高，這就是圖中標示②的箭頭。箭頭②可以作為箭頭①的輔助，如果給他一個願景就足以拉高他的期待，未必要急著丟出小利引誘他上桌。

圖 6.9　第一招：升高對方的期待

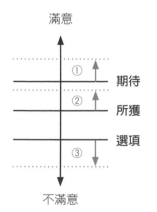

如果有足夠的資訊，還可以提供給對方參考，讓他知道競爭對手的產品不可靠或承諾不靠譜。這就是圖中標示③的箭頭。三個箭頭，構成談判戰術的第一招。

進入實質談判階段，降低對方的期待

等對方上桌了，就進入實質談判階段，用的是戰術第二招。假設我是賣方，現在就要開始談價格了，談判的性質在這裡是分配型：賣方要分買方口袋裡的錢。

既是分配型，賣方就要降低買方對談判結果的期待，讓買方相信賣方是不會降價的。前面介紹的戰術第一招是升高他對談判遠景的期待，現在第二招是降低他對談判結果的期待。怎麼降低？燜他，或用讓步的幅度、次數、速度告訴他，我們就讓到這裡為止了，再等下去我也不會再讓，也就是圖 6.10 標示①的箭頭。

因為要降低對方的期待，所以我的姿態會很強硬，如果對方給我一個期限，我根本不理這個期限；如果對方找一個第三者進來調停，我也不願見那個第三者，這些都是降低對方期待的戰術。沃爾教授把這些戰術稱為「姿態性戰術」（posturing tactics），認為它們雖然與桌上的議題無直接相關，但還是可以透過影響對方期待的方式，牽動談判的最後結果。

如果我姿態強硬，對方卻不認為我是認真的，我威脅他，他也沒把我的話當一回事，這時我可以把部分威脅付諸實現，讓對方知道我是認真的。

　　比如我是工會，告訴資方說我們要罷工，資方不理我，認為工人有經濟壓力，不可能真罷工，或是自認財力雄厚，經得起停工幾天的經濟損失，不怕我罷工。這時我可能先怠工，或是用某種方式進行假罷工，比如美國有些餐館工會進行假罷工，會在晚餐時段讓他們的朋友每人占據一張桌子，點一碗湯，坐一個晚上。資方抱怨，但也清楚萬一真罷工，可能連這一碗湯的錢都賺不到，不如妥協吧。這就是把部分威脅付諸實現，即圖 6.10 標示②的箭頭，把對方的期待拉下來。

圖 6.10　第二招：降低對方的期待

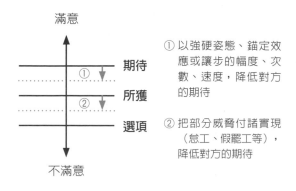

　　我們常講的熵對方，也屬於圖中標示①的戰術，熵他、不回應對方開出來的條件，都是在降低對方的期待。

收尾階段，讓他嘴巴甜甜的回去

降低對方的期待之後，就進到談判的收尾階段，也就是戰術第三招。如果我們還是想跟對方達成協議，這時就可以找白臉出來，讓一步比他最後期待要高一點的數字，讓他高興。比如他原來期待我給他一百元，經過幾次交鋒之後，他的期待降到五十元，只期待我給他五十元就可以了，誰知我最後給了他七十五元！讓他有種失而復得的喜悅。

這種比他的期待高一點的讓步，學者稱之為「關門讓步」，目的是要讓他嘴巴甜甜的回去，這種讓步也被稱為「甜他嘴巴的東西」，也就是圖 6.11 標示數字①的戰術，這也是比較常見的談判戰術。

有時候談判者會在期限前一刻，讓出非常接近對方底線的一步，看他要不要。比如你賣一輛舊車，開價二十萬，底價十八萬，廣告打出去之後，連續四天都乏人問津，好不容易第五天等到了唯一的客人，他出價十七萬八千。你賣不賣？相信這時你一定恨透了這個買方，因為他出價太高了，高得太接近你的底價了。如果他出價十五萬，你一定很爽快的說 no，可是他出價十七萬八千，你就很難決定了。

你可能會想：十七萬八千和十八萬就差兩千，如果為了多賣兩千，放棄眼前的客人，下一個買家不知道還要等多久，耗下去的時間成本划算嗎？

或者你會想：現在已經有人出價十七萬八千了，再熬一

下，冒出來一個願意出價二十萬的應該不難。現在就接受十七萬八千，不再等一下，豈不可惜？

　　左思右想，要不要接受十七萬八千，所有心思都寫在你臉上，而表情是會出賣你的。你的對手只要盯著你的表情，就會發現他出價的十七萬八千應該很接近你的底線，可能他只要再加一點點，就可以買到這個東西。出一個非常接近對方底價的數字，就是圖示中標示②的箭頭。

圖 6.11　第三招：讓他嘴巴甜甜的回去

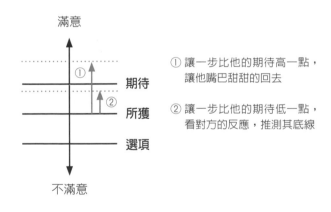

談判戰術的相互關係

　　談判戰術的三招，剛好落在談判開場、中場和收尾三個階段，可以簡單畫成圖 6.12。

圖 6.12　談判戰術的相互關係

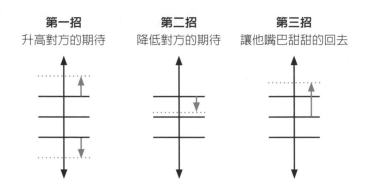

第一招
升高對方的期待

第二招
降低對方的期待

第三招
讓他嘴巴甜甜的回去

注意這三招的順序。

有一次我要賣房子，找房屋仲介來談，他一看就說我這房子有很多缺點，風水也不好，聽得我心裡毛毛的，也不太開心。很明顯，他是在降低我對房子售價的期待，這樣我就會用比較低的價錢跟他簽約，他也比較好賣。也就是他一上桌就用了第二招，但問題是，我還沒有委託他賣啊，他現在就在我面前把這房子說得一文不值，我怎麼敢相信他會認真幫我賣？

所以我又找了第二個仲介，他一看就跟我說這房子好，挑高、視野、建材、方位、大小都很完美，他手邊有好幾個客戶，就在等我們這棟大樓有這樣的房型釋出，交給他，他一定很快就幫我賣掉。

這餅畫得多大！他就是從第一招升高期待切入，我也很高興跟他簽了約，後來的確很快就賣掉了。

　　我一個當房仲的學生告訴我，他剛入行時師父教他，在看房子時一定要表現出比業主還喜歡這間房子，對賣掉這間房子充滿信心，這樣業主才會放心把房子委託給你賣。他師父教的，就像我遇到的第二個房仲。

　　後來那個房子很快就賣掉了，如果沒賣掉呢？按照魚骨圖的邏輯，就會進入第二階段，也就是第二招，仲介要開始「熰」我，他可能每天都會跟我回報，說今天來了幾組客人，但都因為出價沒達到我的標準，我應該不會答應賣，所以都拒絕他們了。回報幾次之後，我可能會開始懷疑我最初訂的價錢會不會太高，當我開始鬆動的時候，仲介當然也會發現，這時就可以進入第三招關門讓步了。他可以降低我的期待，最後又幫我談高一點的價錢，讓我很高興成交，整個 SOP 大概就是這樣走的。

　　但是注意，這三招不是線性的關係，不是第一招結束就進到第二招，第二招結束就進到第三招這樣流暢。因為到第二招降低對方期待的時候，你會熰對方，這時新的競爭對手可能會出現，所以你一定要盯著整個局，萬一有競爭對手出現，你還得回去告訴客戶，那個新供應商的產品不穩定，是不可靠的。說服買方留在桌上後，你再回去熰他。熰著熰著，他可能興頭冷了，沒興趣了，這時如果我們還有興趣，一定要有一些動作，強調你還有興趣，讓他願意繼續留在桌上。所以第二階段和第一階段之間，我們可能折返幾次，最後才會走到收尾階段（圖 6.13）。

圖 6.13   談判戰術之間並非線性關係

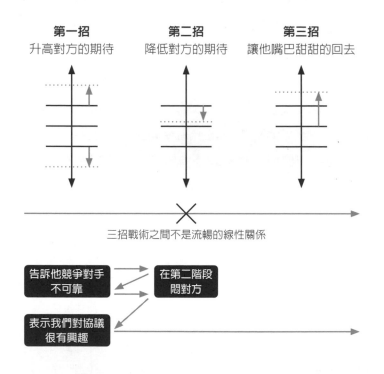

前面我們介紹了台灣和日本豐田談判合建汽車廠的案例,談
判從一九八〇年談到一九八四年,拖的時間不可謂不長,台灣可
能也有興頭變冷的時候,但豐田談得很細緻,每當台灣好像冷掉
的時候,他們就在灶裡加把柴,讓火又燒起來,這些做法包括:
豐田高層不斷公開表示非常重視這個合作案,認為台灣可以作為
豐田向東南亞擴張市場的橋頭堡,他們還派人到台灣勘查設廠的
場址,以及公布一份被外界認為可以打八十分的兩千多項科技轉

移明細表。儘管豐田在一些膠著的談判點上還在燜台灣，但上面這些動作都讓談判始終有往下走的動力。

星巴克的招術

一個學生跟我分享了中國大陸某城市引進星巴克的談判過程。這個城市有兩個商圈，蛋黃區的第一商圈有一家百貨公司A1，經營了十二年，業績是全市第一。外圍一點的第二商圈，有B、C、A2 三家百貨公司，A2 是 A1 的分公司，我學生是 A2 的經理。

B、C、A2 三家比較的話，C 的地點最好，B 的面積最大，A2 雖然面積比 C 大，但是地點最偏。就業績來講，B 的業績也是C 和 A2 的兩倍。就建築和風格來講，A2 開幕才兩年，建築最新，而且年輕時尚。B、C 則比較穩重，B 尤其走的是高端風格。

星巴克想進入這個城市，計畫至少開兩家店，希望能在主流商圈，而且面積越大越好，對工程品質和履約方面的要求也不能馬虎。就地點來看，如果第一商圈進不去，那在第二商圈就應該選地點最好的 C 公司。如果就面積來看，應該選面積最大的 B 公司。所以星巴克就跟 B、C 接洽，而沒有找 A2。

A2 認為，自己雖然地點偏了一點，但是建築最新，年輕時尚的風格也比其他同業更適合星巴克。而引進星巴克也一直是 A2 的目標，所以 A2 主動去找星巴克，希望星巴克能到他們公司參觀一下。

星巴克去了，對建築硬體很滿意，A2 也表示，如果星巴克願

意進駐，他們可以把店裡最好的位置留給星巴克。這就是談判戰術的第一招，升高對方對談判的期待，也就是把魚骨圖的第一條線往上推。

在和星巴克交談的過程中，A2 知道星巴克非常在意法律風險、履約風險，以及後續開發的問題。這就是我們所說，很多情報要談判開始，雙方有了互動之後才蒐集得到。於是 A2 順勢告訴星巴克，B 公司過去在履約方面有過瑕疵，而 C 公司面積太小，在後續開發上有一定的局限。這就是把魚骨圖的第三條線往下壓，降低他對其他選項的滿意度。

星巴克回去後不到三天，A2 就以書面回應履約的重要性，強調他們是值得信賴的。這就是給對方一些小利，滿足他的要求。至此，我們介紹談判第一招的三個戰術在這裡都出現了。

A2 表示自己也不是要特權，只希望能把他們放在局裡和 B、C 一起評比，星巴克同意。於是星巴克上桌，第一階段結束，進入第二階段。

星巴克再次派人到 A2 勘查，提出面積要求一百五十平方公尺。A2 表示面積大小要公司開會才能決定（這很明顯是第二階段「燜」的戰術，降低對方對談判結果的期待），但希望星巴克能告知預定開店的時間和裝修時間（測試星巴克的時間壓力）。

星巴克回覆後，要求 A2 確認面積，A2 說：「上面說只能八十平方公尺。」星巴克當然不滿意，於是雙方就面積大小進行了一個月的談判。耐人尋味的是在這個階段談判並沒有破局，雙方都把對方「釣」在桌上。

可是星巴克沒辦法無限期耗下去，因為距離他們預定開店的時間越來越近，星巴克於是告訴 A2：「面積再不確認，我們就要找別家了。」

A2 問：「如果面積達成你的要求，是否可以馬上簽約？」

星巴克不回答，只是若無其事的問：「A1 可不可以開店？」

A2 說：「現在不可以，但一年後可以考慮。」這是又一次升高對方對談判的期待。

但大餅歸大餅，星巴克還是要求 A2 增加面積，A2 說：「只能增加到一百平方公尺。」

星巴克不答應，還是堅持要增加面積，A2 說：「一百三十平方公尺，但必須馬上簽約。」

星巴克說：「第一家店非常重要，一定要一百五十平方公尺，答應了馬上簽。」

A2 說：「如果簽了，可有排他性，也就是一定時間內不跟 B 公司和 C 公司合作？」

我學生告訴我，他只是要要看，也沒把握要得到。在談判上，這種臨結束前再咬一口的戰術叫「回馬槍」，再多要一點試試看。通常耍回馬槍的一方也不認為自己一定要得到，所以我們如果是被耍的那一方，只要裝作沒聽到，或是輕描淡寫的笑說：「哈哈，你真會開玩笑。」就可以把對方的回馬槍化解掉。

沒想到在這個案子裡，星巴克居然答應了：「可以給兩年的排他性。」

A2 很高興，說：「好，一百五十平方公尺，成交。」

　　A2 用的讓步方式是很清楚的切臘腸：從八十平方公尺，到一百平方公尺，再到一百三十、一百五十平方公尺，目的就是拉長讓步的時間，降低星巴克的期待。因為如果讓得太快，表示你太想要，說不定星巴克在面積之外還會提出其他別的要求。

　　而星巴克最後額外給 A2 兩年的排他性，就是我們講關門讓步時，甜他嘴巴的東西，所以星巴克也很會談。

　　我學生是從 A2 的角度分享談判經驗，當他很開心的講完後，我說：「我怎麼覺得這也有點像星巴克的招術啊？」

　　我認為星巴克最終的目標是進入第一商圈的 A1，但是從釣 A2 上鉤開始布局，當星巴克跟 B、C 接觸，獨獨沒找 A2 的時候，遊戲就開始了。這是一種「大風吹」的遊戲，找不到位子或發現自己被排除的玩家會非常緊張，於是做出相當的讓步。

　　以前柯林頓當總統時也玩過這招，白宮新聞祕書邀請媒體訪問總統時，故意漏了一家。這家媒體知道自己被獨漏非常生氣，跑去向新聞祕書抗議，新聞祕書為作業疏失表示抱歉，同意給他們一個獨家專訪作為補償。這家媒體很高興，因為這可以秀給其他媒體看，自己不是被獨漏，而是有更好的安排，訪問的內容也會大幅刊登，而這正是白宮要的。

　　因為如果把那麼多媒體統一找來開記者會，每個人拿到的東西都一樣，幾乎可以肯定沒有人會全文刊登。用了這招大風吹之後，白宮就有機會借力媒體之間的競爭，讓自己的主張在媒體上更完整的呈現。

　　再回來看星巴克的案例。當星巴克若無其事的問「A1 可不可

以開店」時，我學生跟我說他趁機祭出了 A1 作大餅釣住星巴克，我說這也有可能是星巴克用議題掛鉤，趁機掛進了 A1。

　　所以，如果讓星巴克來講這個故事，講法和心得一定不一樣。這也應證了我前面所說，所謂雙贏，可能是雙方都認為自己贏了的「兩個獨贏」。不過這又有什麼關係？大家都認為自己贏了，不也是談判的最高境界嗎？

第 7 章

談判的五大結構

權力、議題、成員、陣營、實質，相互影響

談判者經常在不同結構中借力使力，
有時我們會從「權力結構」切入，看如何增加我的籌碼；
有時從「議題結構」切入，找尋議題上的交鋒與突破點；
或從「成員結構」切入，結盟或創造競爭者給對方壓力；
或從「陣營結構」切入，從他內部製造不同意見。

　　討論完談判的攻防戰略後，最後這一章，我們用五大結構為談判做總結。第二章的五大元素，是鋪開談判的局，前一章的魚骨圖是理順戰術的肌理，這一章的五大結構，則是把前面的討論收攏回來，做一個總結。

　　這五個結構不像奧運的五環，五個結構大小不一，權力結構最大，其他四個結構，每一個都會影響權力結構。

權力結構

　　第二章討論談判五大元素的「力」時，提到我們可能擁有的談判籌碼。那時特別強調權力的兩個重點，一是，談判的權力是動態的，不是靜止不動的。權力的變化，不脫「消長」二字，唯有懂得把握時機，才能成功。

　　二〇一七年，德國弗萊堡大學有個博士生把我在北京大學出版的一本談判書翻譯成德文在德國出版，還寫了一本博士論文。當時我就跟他們強調，翻譯時要特別注意，中國人的權力觀念是動態的，是不斷變動的。這就是一個太極兩儀圖，根據消長的原則不斷旋轉。因為談判的權力有消有長，所以要掌握談判的時機，在具有爆發力的時候出牌。

　　第二個重點是，運用權力的目的，是要對方移動位置。權力可以用在手上，推對方，讓他節節敗退，也可以用在腳上，鎖自

己，讓他知難而退。不管是哪一種，他都是退，我們都贏。

這一章，討論五大結構中的權力結構，我們強調的是權力的三個性質：

第一個性質是前面介紹過的，**談判的權力是議題權力，不是整體權力**。因為是議題權力，有的議題我強，有的議題我弱，強者不恆強，弱者不恆弱，才可能有將強弱議題掛在一起談的議題掛鉤戰術。戰術從來不是憑空想像出來的，它必須有談判理論作為支撐，這也是為什麼我們在介紹戰術時，還必須帶一點理論的原因，這樣才能知其然也知其所以然。

第二個性質是，**談判的權力是相對的，不是絕對的**。因為談判需要雙方互動，不是關起門來孤芳自賞，所以我們除了**找籌碼**之外，還要**比籌碼**，這就是相對權力的概念。

前面談到選項或退路，也是我們談判的籌碼。可是，不是只有你一個人在學談判，對方也在學談判，你在找退路，他也在找退路。如果雙方都有退路，誰贏？這就是從相對角度來思考。

如何比較退路的好壞？第一是比較**退路能取代對方多少**？比如，有一個上游不供貨給我了，我能否找到另一個供應商供貨？它的產能夠嗎？第二是**這個退路多久可以派上用場**？一個是數量，一個是時間，這樣就能比出優劣。

比如甲跟乙談判，如果談不成，甲還有退路 A，乙也有退路 B。A 只能取代乙的五〇％，但是馬上就能派上用場，B 可以取代甲的八〇％，但是要半年以後才能派上用場。請問，如果現在談

判，甲和乙誰比較強勢？

圖 7.1　比籌碼，甲和乙誰比較強勢？

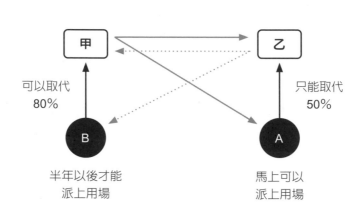

應該是甲。因為現在談，乙等於沒有退路。但乙如果熬得了半年，半年後，他的退路成熟了，權力的相對態勢就改變了。

有一年，我到河南鄭州上課，一個學生分享他的經驗。他在鄭州一棟大樓有一間位於十二樓的辦公室想出租。位在二十一樓的外商知道後立刻表示想租，因為總公司覺得二十一樓太高了，想搬到低一點的樓層，但是租金、付款方式（半年付）都希望比照二十一樓。外商說他們有點急，希望今天就能決定。

我學生一聽，急？好耶，因為談判時，誰沒時間誰輸。何況他也有把握，像他們這麼大面積、中間又沒柱子擋著的辦公室，

鄭州沒幾棟。所以他提出希望付款方式由半年付改成季付。對方說沒辦法，我學生說：「你不要馬上拒絕我，考慮一下，明天再回我。」

結果第二天沒下文，我學生打電話去問，對方說：「我們總公司的條件沒辦法變，你們一定要改成季付，所以我們就決定租十一樓了。」煮熟的鴨子就這樣飛了。後來我學生花了五個月才把辦公室租掉了一半。一張好牌打成爛牌，所以他才會來上課，請我幫他分析一下，到底問題出在哪裡。

我告訴他，他對自己過度自信，他認為外商很難找到像他一樣大面積、中間又沒有柱子擋著的辦公室，但他忘了，這棟大樓每一層都是同樣格局。他沒想到對方也是會找退路的，十一樓也在招租，他完全不知道。

另一方面，他對自己的退路又過於自信，像他這樣大面積的辦公室不多，但反過來，要找到像這個外商一樣，一租就租一整層的也不多。當他花了五個月才找到有人租半層時，才發現自己的退路不是很好的退路。他當然也可以再等等看，看有沒有願意租整層的房客出現，但都已經等五個月了，他根本不敢再把時間耗下去。

更糟糕的是，他的 must 本來應該是「租掉整層」，但是當他知道外商急著租的時候，他便想多要一點，變成去追求「季付」了，這是典型的歧路亡羊。

除了議題權力和相對權力之外，權力的第三個性質是，**它是**

對方的認知，不一定是事實。國際政治學者談到權力的時候，有時候會用「被認知的權力」（perceived power），就是這個原因。

比如，我們說有時間的人贏，其實真正重要的不是「我有沒有時間」，而是「對方認為我有沒有時間」。他認為我有時間，就跟我真的有時間一樣重要。因為談判時，我們都不是跟「真實的他」在談判，而是跟「我所看到的他」在談判，這就讓談判者有了虛張聲勢的空間。

圖 7.2　談判的權力是「被認知的權力」

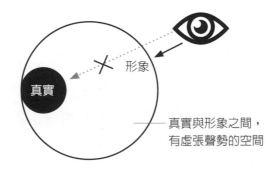

我們不是跟「真實的他」在談判
而是跟「我所看到的他」在談判

形象

真實

—— 真實與形象之間，
有虛張聲勢的空間

權力和戰術的三角形關係

虛張聲勢，是用戰術膨脹權力，這裡又帶出了權力和戰術的三角形關係。

　　首先，權力是靜態的，它不會直接影響到結果。權力需要透過戰術去用，才會有結果。比如我們擁有對方想要的東西，但是要透過議題掛鉤戰術，才可能影響到結果。

　　權力和戰術的關係有三層：

　　第一層是前面說的，權力透過戰術去影響結果。

　　第二層是，權力制約了所能使用的戰術。每個談判者的戰術都可能有一定的特性，這跟他的文化背景有關（比如日本人喜歡玩逆轉勝，美國人就不喜歡），也跟他有多少籌碼有關。比如我們說燜對方，我們自己要有時間，才可能燜對方啊。不然光在書上學了燜對方這招，沒這個實力也用不出來，所以戰術是受到權力的制約。

　　第三層是，戰術也膨脹了權力。虛張聲勢是一種，另一種就是「堅守立場」，美國學者哈比（W. M. Habeeb）指出，我們可以從兩個方面鎖住立場，一是增加我的選項，使我們不受對方牽制。二是，如果無法增加選項，就要靠意志力的較勁，透過各種管道或行動傳達訊息，讓對方知道我願意比他付出更大的代價，拿到我想要的東西。增加選項與資源有關，堅守立場則是膨脹權力的戰術。

　　對方為什麼相信我會堅守立場？

　　第一個原因是我沒有其他選擇，基於需要，絕對不能退讓。

　　第二個原因是基於歷史使命或個人與家族的榮耀，非爭取到這個標的物不可。這兩個原因讓我願意付出比對方更大的代價，爭取這次談判的勝利。

　　第三個原因是我已經一窮二白，沒什麼不敢輸的，所以敢於付出比對方更大的代價。過去北韓跟美國談判時，就告訴美國，平壤即使斷了一條腿，也要爭取到這個標的物。這就是我們常聽人說的，「穿皮鞋的怕穿草鞋的，穿草鞋的怕打赤腳的」。

　　權力透過戰術去達成結果，可是戰術要發揮作用，必須有條件配合。我們介紹過只讓一次的「一步到位」戰術，它就有配套條件。以勞資談判為例，如果資方要用這招，必須注意大環境好不好，以及旁觀群眾是否支持等條件。

　　如果大環境不好，失業的人多，群眾也覺得工會有點貪得無厭，這時資方說：「好，我就讓一次，要是工會再不答應，我也沒辦法。」就容易獲得群眾支持。反之，如果景氣大好，群眾也很同情工會，這時資方再用這招，效果就會打折。

　　談出一個結果後，就要觀察，這一回合的結果，如何影響下一回合我們跟對方談判的權力關係。比如，一開始我是弱勢的一方，但是經過一回合談判後，我的籌碼增加了，下一回合我就可以跟對方平起平坐。

　　我們可以把權力、戰術和結果的關係，畫成圖 7.3 的三角形結構，前面提出的問題，就是研究談判權力的六組問題：

一、這個時候，跟這個人談，我有什麼籌碼？

二、他慣用的戰術有什麼特性？

三、權力如何制約戰術？

四、戰術如何膨脹權力？

五、戰術要影響結果，需要什麼條件配合？

六、這一回合談判的結果，如何影響下一回合談判？

只有掌握這個三角形結構和六組問題，才算了解談判的權力結構。

圖 7.3　權力、戰術和結果的關係

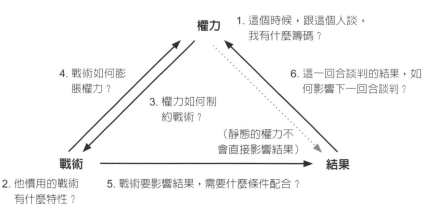

權力

1. 這個時候，跟這個人談，我有什麼籌碼？

4. 戰術如何膨脹權力？

6. 這一回合談判的結果，如何影響下一回合談判？

3. 權力如何制約戰術？

（靜態的權力不會直接影響結果）

戰術

結果

2. 他慣用的戰術有什麼特性？

5. 戰術要影響結果，需要什麼條件配合？

議題結構

談判的第二個結構是議題結構。議題結構觀察的是：桌上是單議題，還是多議題？議題是垂直排列，還是水平排列？是抽象議題，還是具象議題？

先看**議題的數量**。單議題或多議題，不是簡單的描述，而是

「我想要」它是單議題還是多議題。在談判一開始，我們要創造交換的空間，把單議題發散成為多議題，這樣才有東西可談。發散出去創造談判空間，有三種戰術：

一、擴大議題疆界，將議題做廣義解釋，容入多個小議題；

一、議題掛鉤，將我們強勢的議題與弱勢的議題掛在一起談；

三、議題切割，將價格、付款、交貨、數量、保固等切出來成為各個組件，這樣才可能交換。

收尾的時候，則可以反向操作，將多議題收攏回來，打包處理，這就是整批交易，目的是夾帶議題。

所以，議題是單還是多，可以不是描述，而是戰術（圖 7.4）。

圖 7.4　議題的發散與收斂

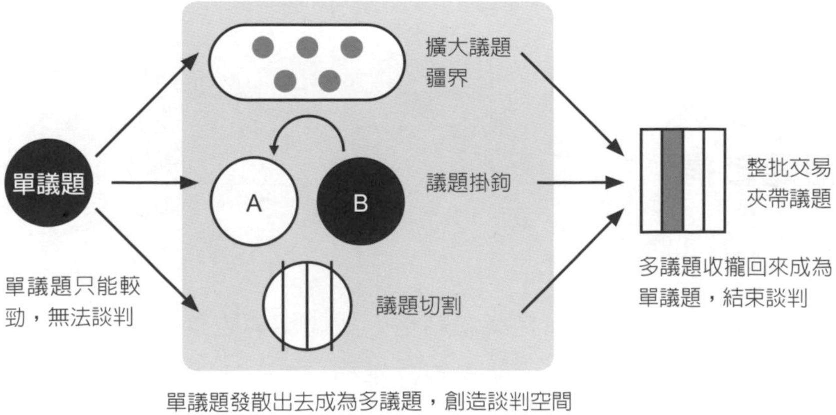

擴大議題疆界

議題掛鉤

議題切割

整批交易夾帶議題

單議題只能較勁，無法談判

多議題收攏回來成為單議題，結束談判

單議題發散出去成為多議題，創造談判空間

　　多議題的排列可以是**垂直的**，也可以是**水平的**，視戰略設計而定。如果我想用每一個議題提出的時間，控制談判的節奏，我會用垂直排列。議題垂直排列的重點不在交換，而在談判節奏的快慢。

　　如果想讓談判更有效率，我會將同一性質的議題放在一組，在這個組裡面進行交換，這個你讓我，那個我讓你，這就是英文所說的「滾木」（logrolling）。

　　從前面各章的討論中，我們已經很清楚，議題掛鉤不只創造了談判的空間，也為我們增加了談判的籌碼，這就構成議題結構和權力結構的重疊部分（圖 7.5）。

圖 7.5　議題結構和權力結構的重疊之處

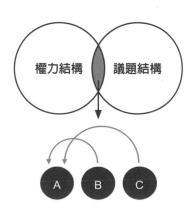

議題掛鉤增加了議題數目，
也改變了權力的態勢，
所以是兩個結構的重疊之處

議題結構還可以分為**單軌與雙軌**。

二〇一七年，英國開始與歐盟進行脫歐談判。英國原先的計畫是雙軌進行：一組人馬談脫歐的條件，包括分手費、北愛爾蘭與愛爾蘭共和國的邊界劃定，以及英國脫歐後，在英歐人與在歐英人的待遇問題；另一組人馬談英國與歐盟的貿易關係。英國認為雙管齊下比較有效率，也讓人感覺談判有進展。

但是德國反對，德國表示脫歐必須先談定，才曉得英國是以什麼身分跟歐洲談貿易條件，所以必須是單軌的。最後是英國屈服，議題結構以單軌談判呈現：先談脫歐條件，再談英歐貿易關係。

很多國際談判都有這種政治與經濟分進合擊的談判設計，這樣談的好處是，經濟談判若達成協議，會給當事各造一些誘因，在政治細節上不再堅持，才能早點享受到經濟協議的成果。但問題是，往往經濟議題談到一半，又碰到政治議題的坎，不先解決這個問題，經濟問題就談不下去。結果經濟議題與政治議題的雙軌，又合而為一成為單軌談判了。

議題結構的另一個面向，是看**議題的「顯著程度」**。

比如我是訓導主任，碰到學生違反校規，我可能認為愛的鼓勵比鐵的紀律更有效，可是所有同學都睜大眼睛，盯著看我怎麼處理這個重大的違紀事件。這個事件被關注的程度（也就是顯著程度），以及我的角色限制（學校對訓導主任維持校規的功能有一定期待），限制了我的戰術選擇。因為必須捍衛制度，我只能扮黑臉，如果真的要有一個白臉，也只能留給班導師扮演了。所以，如果你來跟我談判，希望我網開一面，我因為受到前述兩個

限制，想幫忙也沒有辦法。

和顯著程度一樣會束縛住談判者的，是**議題的抽象與具象**。

談判桌上的議題有抽象，也有具象。具象的好談，抽象的難談。摸得到、看得到的是具象，比如金錢、物質；摸不到、看不到的是抽象，比如國家民族大義、祖宗八代的清白、個人的死生榮辱，這些都是難談的。因為具象的東西容易切割，或是像錢一樣，可以打折，但祖宗八代的清白押在桌上，可能打折嗎？所以難以轉圜。

抽象議題在談判一開始時可能還不會被放在桌上，但是在談判過程中，如果雙方情緒越來越高亢，講話越來越難聽，榮辱、自尊、民族主義等，就會逐漸冒出來，像藤蔓一樣遮住了談判問題的本質。這時雙方若沒有警覺性，不知道叫停休會，或是上級沒有適時介入制止，談判就會越談越偏， 最終陷入僵局，甚至破裂。所以我常提醒談判者，不要講一大堆冠冕堂皇的話來墊高自己，最後只會讓你下不了台。

這裡我們可以做個整理：

桌上的議題是垂直排列，還是水平排列？這是議題結構。

如果我打算將議題做垂直排列，我是要把難的擺前面，還是容易的擺前面？這是戰術。

為什麼把難的擺前面？我可能想拖一下時間，或是想先破局挫挫他的銳氣，這是戰略。

戰術是為戰略服務的。戰略只是一個構想，戰術是將戰略落

實的具體做法。

但戰略卻能將各個分散的小戰術集合起來，賦予它生命。

結構則是描述戰術互動後所呈現的圖像。

成員結構

成員結構是看這個談判的局裡面，或這個博奕的棋盤上，有多少個玩家？看得見的、看不見的（沒有出現在談判現場，但是會給談判者帶來心理壓力），有多少人？

成員結構和前面的議題結構不同，議題結構是操作戰術後所呈現出來的議題排列圖像，成員結構則是談判者在設計戰略之前必須先掃描的談判環境。

談判的局裡面有哪些人可以讓我們借力使力？可以讓我們結盟？不見得每個人都會成為我談判或結盟的對象，但我總要知道局裡面有多少人，棋盤上有多少人在下棋。也許有些人現在不是我談判的對象，但以後有可能是。

觀眾

成員結構裡面，觀眾也是一個重要部分，我們就先從觀眾講起。假設我們今天跟甲談判，但目的是吸引在旁邊觀看的乙和

丙。於是我在跟甲談判時會特別慷慨，拿甲當樣板，讓這些觀眾願意坐下來跟我談。

　　可是也有反過來的情況，我因為怕乙、丙發現我讓這麼多給甲，之後他們也有樣學樣，所以在跟甲談判時格外謹慎，不敢讓太多，深怕讓太多會創下惡例，讓我後患無窮。

　　曉得這個結構以後，如果我是甲，當我發現對方拿我當樣板，我就會適度提高一些要求，因為對方現在需要我，我多要一點，大概都要得到。錯過這個時機，他不需要拿我當樣板了，我的要求就達不到了。但是注意，提高的要求必須適度，過了那個度，對方還是可能反彈的。

　　反過來，如果我發現對方不敢讓給我，是怕創下惡例，我就可以主動跟他說：「放心，您讓給我只是特例，不是先例，別人不可能有樣學樣的。」他也許不會馬上回答我，但是應該會放鬆許多。

　　談判時有一個很重要的原則叫「減少對方讓步的成本」，目的是讓他敢輸。他讓給我，他損失什麼？既然是他讓給我，裡子是一定輸的，我拿到裡子後，面子能不能留給他？能不能讓他在輸的時候，少花一點時間成本？當然，他要付的更大成本是先例，所以我們一定要讓他放心，這只是特例，不是先例，這樣他才敢輸。只有清楚談判的局裡面，成員結構的性質，才會曉得對方敢讓或不敢讓的原因是什麼，也才會曉得如何因應。

　　有一個概念這裡可以討論得再深入一點：今天這場談判，可能影響到下次我們跟另一個對手的談判，所以才不希望創下惡

例。亦即，「現在」的談判，可能影響到「未來」的談判。可是再想，難道我現在的談判，就沒有受到「過去」某一次談判所影響嗎？應該也有吧。對方上一次跟誰談判的表現或達成的協議，也是我這次跟他談判時的參考。所以過去的談判、現在的談判、未來的談判，可能都會連在一起，美國談判學者克朗普（Larry Crump）稱之為「談判的連結」。這種時間序的連結，理論上稱為 consecutive linkage。

再回來談觀眾，觀眾不一定都要進到局裡面才會對談判者造成壓力。比如我今天代表政府出去跟某國談農產品進口，我談判的結果，直接影響到國內農民的收入，這些農民團體雖然沒有在談判現場，但是在我心裡的壓力卻沒少過。

記者也是觀眾，他們的報導與評價，影響到我在國人眼中的形象，所以我希望能獲得正面的評價。偏偏談判在性質上是一種「侵略性的社會接觸」，只有表現得很凶，才能讓觀眾覺得很過癮。如果我在乎評價，而記者又逼得很緊，我只有表現得越來越凶，但是張牙舞爪卻不保證談得出結果。太多觀眾的壓力，反而會出現我們最不願看到的現象：對觀眾的忠誠壓過談判的邏輯。這種時候，談判經常只有破裂一途。

這也是為什麼我們說談判應該「過程保密，結果公開」。觀眾光是在心理上存在，都可能對談判者造成龐大的壓力，何況在談判現場盯著？所以談判地點的選擇就非常重要了。通常我們不會選擇在太公開、太容易讓人圍觀的地方談判，除非我們是想做秀給誰看，否則都會選擇一個不受觀眾干擾的地方。

競爭對手

　　當我們跟不同成員互動的時候，談判是有虛有實的。曾經有這樣一個例子，甲、乙兩家公司是競爭對手，都生產 A 和 B 兩個產品。有一次，一個客戶想買 B 產品，請甲公司報價，甲公司報了非常高的價錢，談判當然破裂。

　　乙公司看到這情形暗自竊喜，心想，哪有人報價這麼離譜的？於是就順勢拿下 B 產品的訂單。其實甲公司的目的，就是要引乙公司去生產 B 產品，好讓乙公司分神，然後它趕快加強 A 產品的品質，提高進入的門檻。等乙公司發現 B 產品的市場快被填滿了，想轉身進入 A 產品的市場，才發現自己已經無法跟甲公司在 A 產品上競爭了。

　　當甲公司跟買方談判的時候，它心裡真正想的是競爭對手乙，怎麼把乙引去生產該產品。所以跟買方的談判是虛，跟競爭對手的博奕是實，跟買方談判破裂，也是它想要達成的結果。所以談判可不可能以破裂為目的？可能。碰到談判有虛有實的時候就有可能。

　　又比如，我是買方甲，跟賣方在談判。理論上，商品的最後售價是我們買賣雙方一來一往在桌上決定的，但實際上，價格可能不是我跟桌子對面的人決定的，而是跟我坐在同一邊的競爭對手買方乙決定的。乙不斷拉高價格，逼得我也不得不拉高價格，結果反而讓賣方有了將談判轉為拍賣的機會。賣方可以在我和乙之間兜售商品。這時，我跟賣方的談判反而不是主戲，搞定在我

旁邊不斷惡性加價的對手才是當務之急。

　　這時，我們必須設定停損點，看什麼時候棄子出場，退出遊戲，才能改變惡性競爭的螺旋。無論買方被對手逼著加價，或賣方是被對手逼著減價，都一樣要設定停損點。

第三者

　　我們還要看一下局裡面有沒有第三者，在我跟對方發生衝突時，可以介入調停。有第三者介入，僵持的雙方才有降低衝突的下台階。

　　如果我們是調停者，一定要找到最適當的時機介入，才能發揮最大的調停效果。通常我們會先讓子彈飛一下，等衝突的來龍去脈變得更清楚，或是當事雙方陷入僵局，無法自己解決衝突的時候，我們介入才有用。如果雙方還對自己的能力充滿信心，還認為自己可以全贏，根本不會需要我們。

　　所以等一下是對的，《孫子兵法》說：「上雨，水沫至。欲涉者，待其定也。」意思是我們要過河，雖然這裡沒下雨，但河面上有很多泡沫，顯示上游在下雨，水勢湍急。這時最好等一下，等雨勢稍停，水流緩和再過河。尤其現在假消息這麼多，用 AI 製作的深偽影片又如此充斥，眼見未必為憑，更不能遇事就立即反應。

　　除了時機之外，調停者還要有名分、有籌碼，光是公正不阿是沒有用的，必須擁有能改變當事雙方行為的籌碼，以及這本書

裡所介紹的解題模型，才能當一個好的調停者。

　　反過來，如果我是衝突當事者，調停者也許有私心，不介入調停。在國外，這常發生在勞資衝突時，政府遲遲不介入。這時，我可以升高衝突或引爆衝突，把事情變大，逼調停者介入。第一章介紹談判發生的三個條件，講到澳洲航空執行長用停飛引爆衝突，逼政府介入，就是典型的案例。

　　還有的時候，談判談著談著，對手就不見了。為什麼會發生這種狀況？因為公司被併購了。新的公司說不定有新的想法，所以談判必須叫停。如果是外商，可能是國外的總公司被併購，台灣的分公司業績好好的，卻也必須配合總公司的命令，撤出台灣。這下我跟對方談判的局整個就變了。

　　有的外商集團會這麼做：集團下有好幾家子公司，其中一家子公司積欠我們貨款沒還，我們跟它索債，結果集團另外成立一家新公司，把積欠貨款的公司連同債務，打包賣給那家新公司，這下變成我要跟那家新公司討債了。新公司只有幾名律師，工作就是應付我，集團則擺脫債務，繼續正常往前走。這也是談判對象一下子改變，成員結構發生變化的狀況。

外交談判的成員結構

　　一九六○年，美國逮捕了蘇聯間諜阿貝爾，蘇聯逮捕了美國U2偵察機飛行員鮑爾，東德也逮捕了一個美國大學生普萊爾。美

國律師唐納文到東柏林和俄國與東德談判，成功用阿貝爾換回兩個美國人。以一換二，借的就是談判成員結構的力。這就是湯姆漢克主演的電影《間諜橋》的精采故事。

　　當時東德想透過跟美國的談判凸顯它是主權獨立的國家，這樣在蘇聯面前腰桿子也比較直。唐納文就抓住這點告訴東德，美國堅持用阿貝爾換蘇聯手裡的鮑爾和東德手裡的普萊爾。美國與蘇聯和東德分別談判，然後在同一時間、不同場地進行換俘。東德想藉由談判凸顯自己的獨立地位，若堅持要美國也讓個什麼給東德，才願意釋放普萊爾，美國將讓整個談判破局。意思是到時怎麼跟蘇聯交代，你們自己琢磨。

　　唐納文接著說，蘇聯間諜阿貝爾一直到現在都沒有供出任何情報，因為他相信自己還回得了蘇聯（如果供出任何東西就回不去了，因為回去必死）。如果他知道談判破局，回不去了，在極端失望的情況下，你說他可不可能供出一些原本絕對不會講的情報？這樣蘇聯損失更大。唐納文只是沒有直接點出來：蘇聯當然也會算到這點，如果到這個地步，蘇聯會怎麼追究談判破局的責任？

　　東德當時是蘇聯的附庸，之所以一直想爭取獨立的地位，就是因為在蘇聯面前沒有獨立的地位，不敢跟蘇聯翻臉。所以最後東德讓步，釋放了美國大學生普萊爾。

　　此例之中，阿貝爾、鮑爾、普萊爾三人是「議題」，美國、蘇聯、東德是「成員」，兩個結構在這裡是連動的。

　　外交談判的成員結構遠比商業談判來得複雜。一九八二年，

北京和倫敦開始就香港問題進行談判，曾為了談判到底有幾方交過一次手。一九八二年十二月，負責香港事務的英國外交部次官鮑斯達訪問香港時曾提出，可以「讓香港作為一方參與談判，發揮獨立作用」，因為香港前途好比一個三腳凳，「其穩定性依賴於英國、中國和香港地區」。也就是說，談判是中、港、英三方談判。

北京反對，認為香港的位階怎麼可能跟北京一樣？所以談判是中、英兩方，港英政府可以列入英方談判隊伍之中，但不可以是單獨一造。談判的成員結構在這裡完全不能含糊。

可是也有靠含糊過關的。一九八八年，柬埔寨交戰各派在印尼雅加達進行談判，當時柬埔寨是越南扶植的金邊政府當權，但聯合國承認的是在泰柬邊境的柬埔寨流亡政府。流亡政府由過去柬埔寨的三派勢力組成：施亞努親王一派、美國支持的龍諾一派，以及最後被越南侵入推翻的赤棉一派。如果按照政治實力，談判就是兩造：金邊當局總理洪森一造，流亡政府一造。可是這樣一來，是不是等於國際承認金邊當局的合法性？金邊政府是越南入侵後扶植的政府，如果這個政府合法，是不是等於侵略者也合法？

所以還有一種觀點是，談判應該是四造，因為流亡政府是三派勢力組成，三派其實各自獨立，所以應該是四造的談判。

哪一造的合法性如何，影響到談判的位子該怎麼安排。最後在「到底有幾造」的問題上擺不平，擔任調停的東協建議，別在成員的正當性上糾結了，所有的安排都標榜是「非正式」。這樣邀誰來參加，位子怎麼排、怎麼坐，跟承不承認它的合法性完全

沒有關係。雅加達的談判因此冠上「雅加達非正式會議」（Jakarta Informal Meeting, JIM）之名，也被稱為「雞尾酒會」，因為雞尾酒會也是不排座位的。

陣營結構

接著看我們陣營內部的團結與衝突，我把它稱為陣營結構。陣營結構的衝突，可能出現在我和老闆之間，也可能出現在平行的部門之間。

主理—代理關係

委託人與代理人之間的關係，在理論上稱為「主理—代理關係」（principal-agent relationship）。

假設我今天代表公司出去談判，我真的清楚老闆要什麼嗎？有的老闆可能自己也不清楚，有的老闆則是心意善變，旁邊的人一講，他的想法就改變，或者打從一開始，我就誤會老闆的意思了，這些都可能造成我跟老闆之間互信的流失。

有一次，我在一家企業上課，上課前我跟總經理聊天，總經理突然接到從美國打來的電話。原來，這家企業代理美國一家公司的產品，美國人找了台灣一家很有名的律師事務所，這家企

業也找了另一家很有名的律師事務所，結果文人相輕，兩家律師
事務所根本是仇家，打得難捨難分。所以美國人直接打電話給台
灣公司的總經理，說我們各自叫律師收兵吧，不然他們這樣打下
去，將來我們很難合作。

　　因為照律師這樣打下去，最後簽的約一定是寫得一清二楚，
一點灰色的迴旋空間都沒有，將來會很難執行。也就是說，台灣
和美國兩家公司的老闆要的是「和」，但他們各自委託的律師要
的都是「贏」。委託人和律師本屬同一陣營，但現在陣營結構出
現裂縫。

　　反過來，如果我代表公司出去談判，我會希望獲得什麼樣的
權力或空間？代理人需要的權力或空間，會因談判階段而不同。
談判開始時，代理人需要的是彈性，在選擇先談哪個議題、什麼
時候談、在什麼地方談等問題上可以有彈性。談判開始後，我會
希望有自主性，可以自己決定怎麼談，而不必擔心後面突然有人
出來下指導棋。談判到了最後階段，我會希望有足夠的授權，讓
我能夠跟對方達成協議。雖然我達成的協議還需要上級批准，但
我總要有一點授權，讓我對某些事有決定權。「彈性」「自主性」
「授權」，是談判代表在談判過程中，最需要的權力和空間。

　　這些權力與空間，很多時候要靠自己去爭取。你希望在談判
過程中有自主權，你就必須讓你的老闆信任你，願意給你自主權。

　　川普時代美國財政部長穆努欽是真正的談判高手。二〇二〇
年，新冠肺炎肆虐，美國和其他國家一樣，都推出了拯救經濟的

紓困方案。但是共和黨的白宮和民主黨的參議員，在紓困方案的錢怎麼來、該發多少、發給誰、怎麼發等問題上，有不同意見。因為這牽涉到共和黨主張小政府和民主黨主張大政府的不同理念，以及各黨對發錢後，政府與人民關係如何界定的不同盤算。穆努欽就是在這個時候銜命代表白宮去和民主黨參議員談判。

這談判有多難談，你可以想像一下，假設你是談判者，但背後有一個自認天底下最會談判的老闆川普，隨時準備把你換下來，他自己上場。川普旁邊還圍著政敵，等著看你談不成的時候嘲笑你。結果穆努欽居然可以談成，他站在中間，把川普和民主黨參議員的立場分別往中間拉近。任何談判的進展，他都說是川普的指導，將一切功勞歸給川普，讓好大喜功的川普也笑呵呵的覺得不需要自己跳下去談，因為他信任穆努欽，這相當不簡單。穆努欽談成，不居功，他也不張揚的擴張了財政部的權力，因為紓困基金的錢大部分是由財政部來分配。川普得面子，穆努欽得裡子，同時也奠定了他是川普政府中最能跟民主黨打交道的人的地位。川普後來連任失敗，若連任成功，穆努欽一定還大有前途。

有時候，我們出去談判，但背後老闆不只一個，該怎麼辦？

假設我是談判代表，談回來的協議還需要國會通過。國會裡有兩派，所以我必須確保我談回來的協議，必須落在兩派意見的「重疊區」，這樣才有機會通過。單滿足一派，另一派變成唯一輸家，在國會肯定過不了關。

重疊區越大，談判者出去談判的彈性就越大，因為立場調整

之後，可能還是落在重疊區裡面。重疊區如果太小，我們的立場就被綁死，相對僵化。

不過重疊區小，也可以反過來玩，告訴對方說：「很抱歉，我必須堅守立場，因為我根本沒有彈性的空間。如果讓得太多，回家過不了關，談也是白談啊。」至於對方買不買單，又是另一回事了。

外國學者有個比喻，談判代表出去談判，因為必須服從背後老闆的指令，所以自由裁量的空間並不大，就好像被栓了一條繩子一樣。這時的關注重點是，繩子有多長。繩子夠長，空間就比較大，繩子太短，就像被綁在樁子上一樣，只能圍繞著樁子打轉。

所以碰到繩子短的談判者，嚴格來講，他只是來傳話的，並不是來談判的。過去美國和蘇聯談判時就發現，蘇聯的談判代表前一天還好好的，第二天就翻臉破局；或前一天還張牙舞爪，第二天突然堆起滿面笑臉達成協議，原來背後都是莫斯科的指令。莫斯科決定哪一個議題可成，哪一個議題破局走人，前線的談判者都只是負責執行而已。

所以有些西方觀察者會花很多時間觀察兩國談判代表的出身背景、口才如何或性格如何，其實都抓錯重點。因為如果整個大氣候充滿敵意，兩國劍拔弩張，派出來的談判代表即使是外長，腰上栓的繩子也很短，決策全出自國內的主子，這時研究談判代表的個性與能力，根本一點用都沒有。

雙層賽局

陣營結構裡面也有觀眾。前面討論成員結構時，就把陣營內外的觀眾初步掃描了一次。對外談判時，有些成員現在是觀眾，但有機會變成下一次談判的對象，這是外部觀眾。

以前述例子來說，我代表國家出去進行農業談判，國內的農民團體盯著我看，因為我談出來的結果直接影響到他們的生計，這是內部觀眾，也是陣營結構的一部分（圖7.6）。

圖 7.6　談判的觀眾

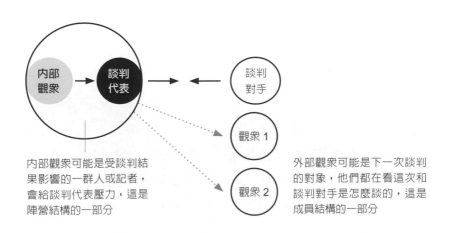

內部觀眾可能是受談判結果影響的一群人或記者，會給談判代表壓力，這是陣營結構的一部分

外部觀眾可能是下一次談判的對象，他們都在看這次和談判對手是怎麼談的，這是成員結構的一部分

談判的內部觀眾也構成美國學者普特南（Robert Putnam）在一九八八年提出的國際談判的「雙層賽局」。普特南的概念

是，每一個國家在對外談判時，其實都有兩層的結構，第一層是政府，第二層是人民，包括國會及各種利益團體。上層的談判結果，必須經由下層批准，下層則給予上層壓力。下層各個團體也會談判、結盟，當然也會形成前文所述的立場的重疊區。

另一位學者米娜（Helen V. Milner）則為下層的影響力做一些補充，指出一國下層各個團體的「利益」「制度」，以及「資訊的透明度」，影響到人民對外交談判，尤其貿易談判，到底有多少影響力。

政府與政府談判，都希望能爭取到國內人民的支持，同時還想影響到對方的人民，希望能透過他們影響他們的政府。過去美國逼台灣開放菸酒市場時，台灣連繫美國的反菸團體，爭取同情，用普特南的架構，就是希望與美方第二層裡面的友我團體結盟。

第二層各個利益團體之間，以及政黨之間的較勁，也會影響到第一層政府官員出去談判時，議題的排列順序。所以就政府而言，尤其是貿易談判，談判桌上 must、want、give 的排列順序經常不是理性的評估結果，而是不同政治勢力較勁後的產物。

一般商業談判雖然沒有普特南講的雙層賽局，但談判者有時會設法影響對方內部，或是利用股東之間不同的意見，也跟一國想爭取對手國第二層的支持，是一樣的概念。

微軟跟雅虎的談判

二〇〇八年，微軟跟雅虎的談判是精采的典型。

　　當時微軟因為要和谷歌對抗，準備併購雅虎，雖然談判最後破局，但過程中各個結構可以看得非常清楚。

　　微軟想併購雅虎，對抗谷歌。谷歌則向雅虎示好，同意幫雅虎賣搜尋廣告，希望藉此拆散微軟和雅虎的結盟。雅虎自己也企圖借力谷歌，增加跟微軟談判的籌碼。

　　微軟對雅虎的三心二意非常生氣，表示雅虎既然加入谷歌陣營，那跟微軟就不必談了，微軟可以改跟美國線上（AOL）和 My Space 結盟。

　　這幾場談判在成員結構不斷擴大的情況下，主從關係不斷變化。原本微軟與谷歌的談判是「主」，微軟併購雅虎，也是想增加自己對抗谷歌的籌碼，所以是「從」。可是當谷歌也接觸雅虎，使雅虎跟微軟談判時能挾谷歌以自重，微軟氣得去找美國線上與 My Space 來對抗雅虎要挾時，微軟與雅虎的談判一下子變成主戲，谷歌反倒成了觀眾。

　　我們可以畫出這個談判的關係圖，圖裡每一條線，都是一個單獨的談判，但卻和其他談判環環相扣，且主從、虛實不斷變換。

　　圖 7.7 看到的是「成員結構」，在閱讀前一章談判謀略時，這個案例也可以拿出來一併思考，因為這是「人」的戰略的最佳注解。

　　「事」的戰略也出現過，當談判陷入僵局時，微軟也曾想改從「議題結構」切入。微軟當時提議，如果併購整個雅虎有困難，那就購買部分，將搜尋業務和廣告業務這兩塊賣給微軟，郵件、即時通訊、內容產權這三塊留給雅虎。

圖 7.7　微軟跟雅虎的談判關係圖

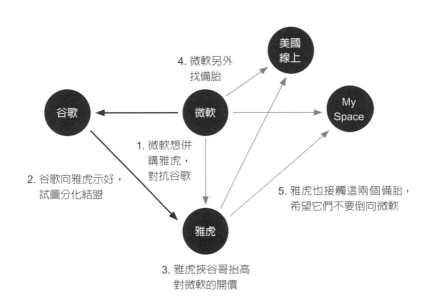

這樣還是沒成。於是，微軟找了個時機，開高價，然後引爆衝突，在震撼中開始對雅虎股東喊話，這是從「陣營結構」切入。微軟告訴雅虎的股東們，若非雅虎的執行長作梗，股東們早就從這個併購案中獲得可觀利益了。這在雅虎內部造成不小的震盪。這戰術跟外交談判時訴諸雙層賽局中的第二層民意，是同樣的操作模式。

最後這個案子雖然以破局收場，但微軟玩轉「成員結構」「議題結構」「陣營結構」，一波一波推出，戰術、戰略都非常漂亮。

陣營結構的矛盾與戲碼

有時候，內部的不和，是受到外部的影響。我一個學生的公司是幫日本品牌代工，日本公司裡面，硬體部門跟軟體部門不和，結果，日本的硬體部門就結盟台灣公司的硬體部門，軟體部門則結盟台灣的軟體部門，同樣的軟體部門和硬體部門對抗，可以像導電一樣，從日本一路打到台灣，讓人大開眼界。

作為談判者，我們也會借力對方內部的不和，蒐集到我想要的情報。我一個學生是一家面板公司的採購，要買一個日本的產品。日本公司在台灣有分公司，但也跟另一個台灣公司成立了台灣廠，銷售幾乎一樣的東西，但是業績分開計算。日本公司的主流派（姑且這樣稱呼）支持分公司，非主流派則支持台日合資的台灣廠，他們底下還有同樣五家台灣協力廠商，他們報給分公司和台灣廠的價格也不完全相同。

於是我學生就分別在日本主流派、非主流派、分公司、台灣廠、協力廠商之間穿梭，在他們相互批評之間，蒐集到很多情報。但我這個擔任採購的學生告訴我，每天這裡聽一點、那裡聽一點，頭都昏了，這還真是複雜的陣營結構。

還有一個很有意思的案例，我一個學生是企業二代，他們公司獲得德國原廠授權，製造工具機賣給一家日本公司的東南亞和南亞廠。德國自己製造的是高階工具機，賣給日本公司的日本廠，因為日本廠生產高階產品；東南亞和南亞廠生產中階產品，

所以用台灣製造的中階工具機。

　　我學生的父親，也就是上一代的老老闆，和日本的老社長有幾十年交情，現在業務已逐漸放手給我學生。日本方面也是一樣，老社長把海外業務交給他女婿負責。這次談判是日本女婿從新加坡飛來台灣，跟我學生談，二代對二代。他要買台灣的工具機，但殺價殺得很凶。我學生不讓價，日本女婿放話，不讓就直接從德國進口工具機到東南亞，閃過台灣。我學生問我這該怎麼談？

　　我說，直接從德國進口是虛張聲勢，因為德國的高階工具機比較貴，要用在高價的高階產品才划算。東南亞的中階產品價格本來就不高，用德國的高階工具機是不划算的，而且這個產品算小眾，日本人的選擇其實不多，最後還是得買台灣貨。

　　再者，兩家公司上一代交情深厚，不可能讓一個女婿把幾十年的交情搞壞。女婿這麼凶，他們的陣營結構有沒有矛盾，也還需要弄清楚。台灣公司可以做的，是在議題結構上找空間，比如東南亞和南亞的四個廠，需要工具機的急迫性都一樣嗎？數量和價格都一樣嗎？如果不一樣，這中間可有階梯式或是其他不同的搭配組合？這就是空間。

　　誰知，跟我學生聊著聊著，才發現他們自己的陣營結構也有問題。

　　我學生在美國念完書，他老爸就幾乎每天一通電話，要他回來接班。他回來準備接班時才發現，公司是爸爸和幾個叔叔一起創立的，幾個叔叔都有兒子，也就是他的堂弟，也都對公司有想法。我學生告訴我，他回台灣坐上接班的位子後，才體會到明朝

建文帝的心情：怎麼每個叔叔看起來都像燕王朱棣啊？

在公司草創之初，沒有制度，對幾個叔叔也沒有什麼 KPI 的要求，許多決策也只是在飯桌上商量一下就去做了，從來沒做過審慎的評估與調查。我學生回來後，直呼這樣不行，一定要有制度才行，對叔叔過去跟日本人那種閒話家常式的談判也不以為然。

這次輪到我學生要跟日本人談判了，幾個叔叔和堂弟大有看好戲的味道：平常老是批評我們，今天就看你能談出什麼結果！

所以對我學生而言，這次跟日本人談判，重點不在於贏多少，而在於能不能談成，讓他順利接班。日本人可能也知道這點（幾十年的交情，不可能不知道我學生家族裡的爭鬥），所以就對我學生施壓：降價，就保證你能夠談成，順利接班。日方是以我學生家庭狀況為槓桿（這就是陣營結構），為自己爭取到最大的利益。

可是內部不和也可能是戲，是演給外人看的。有一次，我到香港給 IBM 上課，同學跟我分享了一個案例，他們三人到一家公司談判，當時準備談的是 A 議題。沒想到客戶的老闆也在，一看到 IBM 的人當場就發飆，指責他們 B 議題做得很爛，罵完之後就生氣離場。下面談判怎麼談？

我學生解釋，B 議題不是他們部門做的。客戶說他們知道，也跟老闆解釋了，但老闆不管，印象裡就是 IBM 的東西不好。今天老闆已經發脾氣了，這時談 A，最好 IBM 能多讓一點，這樣他們跟老闆才好交代，老闆氣消一點，案子也比較好過。

　　我學生告訴我，他們覺得整件事應該都是一個局，故意用老闆生氣（這就是陣營結構中的上下級衝突），擠壓 IBM 談判的空間。

　　但為什麼 IBM 會看到老闆生氣？因為談判場地在客戶公司，客戶才有機會演出這樣的雙簧。場地就是我們下面要談的「實質結構」其中的一部分。

實質結構

　　實質結構包括了四個部分：場地、座位、溝通管道、期限。這四個元素和談判桌上的議題沒有直接關係，但處理得好或不好，卻可能影響到談判進展得順或不順。

場地

　　實質結構的第一個部分是場地。如果能夠選擇的話，我們應該選擇什麼樣的場所或誰的地方來談判？

　　「如果能夠選擇的話」是很重要的前提，有時候我們太弱，根本沒得選，只能由強勢一方指定地點。如果能夠選擇的話，第一，當然不會選觀眾太多的地方，前面講過，觀眾的壓力常常逼得談判者「演給觀眾看」，而不是努力談出一個協議。我們也不會選一個歷史壓力太大，或交通太方便、太容易讓談判者轉身就

離開的地方。

　　至於在我方還是對方的地方談判，就不一定哪個比較好了。在我們的場子談判，我請示上級比較方便，也可以找人演雙簧給對方看，就像前面香港 IBM 碰到的狀況。如果是糾紛談判，我還可以控制電梯只停幾個樓層，預先做好緊急事件的因應措施。但是對方到我這裡談，我就沒有辦法看到對方所不願意透露的訊息。

　　反過來，我們到對方的場子談判，我原來占的優勢變成他的優勢，但我卻可以到他工廠看生產的情形，說不定還真能看出一點他原本不想讓我知道的訊息，比如從產線的忙碌狀況，推測他的訂單等等。所以，地點的選擇可以輪流，一次在我們公司，一次到他們公司，這樣感覺上比較公平。

　　當然，這些都是通則，實際狀況要看談判的性質而定。前面談到我學生在新加坡開高級按摩店，跟政府招商單位談判的案例，他就是把談判地點選在他的按摩店，這樣招商官員才會看到店裡牆上掛著外國政要的照片，興奮得更想要我學生到他那邊去設點。

　　二〇二一年四月，美國決定重返伊核協議。伊核協議是二〇一五年伊朗和安理會五個常任理事國（中、美、英、法、俄）加上德國，所簽訂的協議。二〇一八年，川普當總統時宣布退出，二〇二一年拜登上台後決定重返。當年四月，簽約國和伊朗在維也納就伊朗的核子計畫是否符合伊核協議規定進行談判，美國也參加。但是伊朗表示，在美國退出的這兩年，對伊朗實施了很多制裁，這些制裁若不取消，伊朗不願和美國直接談判。所以四月

在維也納談判時，中、英、法、俄、德在一個大飯店的會場和伊朗談判，由歐盟擔任主席，美國代表團則在旁邊另一個旅館的分會場。這邊談出什麼結果，由歐盟代表到隔壁告知美國，美國再把它的意見讓歐盟代表帶回主會場，談判變成了一場穿梭外交，這是一般商業談判看不到的情況。

座位

實質結構第二個部分，座位的安排，也可以從簡單到複雜做一些說明。

簡單的狀況是，我們自己跟對方談判，最好是隔著角坐，比如四方桌，一方坐東邊，一方坐南邊，不要面對面坐，這種座位的安排被認為是最輕鬆、最沒壓力，而且分享一份文件也比較自然，比較沒有針對性。

如果是長桌的話，談判雙方就只能面對面坐了。主談當然坐中間，但是記得，要確保兩方的談判者都有足夠的空間，這樣大家比較能投入談判，七個人的位子，擺五張椅子，是滿好的安排。最差也要六個人的位子，擺五張椅子，這樣才能確保每個談判者都有一塊桌面，這樣他才會認真參與談判。

過去我參加過一次勞資談判，工會代表或為捍衛自己利益，或怕主談的工會理事長太軟弱，所有幹部都要參加，一共十二人，既給資方壓力，也監督工會理事長不能輕易讓步。資方這邊輸人不輸陣，所有主管都參加，也湊了十二人。雙方各十二人，

加上總經理，一共二十五人。二十五人一坐下來，會議室坐得黑壓壓的，大家圍在會議桌邊，根本沒有足夠的空間寫東西，心浮氣躁之下，怎麼可能達成協議？

但是桌子也不宜太長，拉個可以擺十張椅子的長桌，結果兩邊各只坐了一、兩人，這樣氛圍就太冷了，談判也沒勁了。當然，我們是假設大家想談成，所以建議桌子的長度要適中，過猶不及。但如果你的目的是不想談成，就可以把我教的反過來用，刻意營造冷冰冰的氣氛。

我一個學生就是這樣，他是公司的高階主管，和客戶因為一個爭議談判破裂，關係陷於谷底，可是老闆卻要求他盡快跟客戶重開談判。我學生認為，兩家公司才剛剛談判破裂，就主動邀對方重開談判，這無異示弱。應該燜一下，等對方自己燜不下去了來找他們，他們才有談判的籌碼。可是老闆卻要求現在就開始談，怎麼辦？

於是他就找了一個很大的禮堂，拉了一張很長的桌子，坐兩個人來談。整個氣氛根本熱不起來，談判自然也沒談成。

從這個故事我們可以學到什麼？

第一，我們可以用談判的方法，達成不談判的目的。你看我在那邊揮汗如雨，好像很想談的樣子，其實我根本不想談成，刻意營造冷冰冰的氣氛只是方法之一，前面幾章介紹過，開場時的「小題大做」，或中場階段的「節外生枝」或「人事改變」，都屬於這類戰術。以前《紐約時報》就評論過以色列總理納坦亞胡，說他根本不想跟巴勒斯坦談判，但總能讓包括美國和巴勒斯

坦在內的各方都認為他是想談的，是以巴和平唯一的希望，所以都護著他。納坦亞胡被稱為「政治的魔術師」，也不是浪得虛名。

第二，如果你是我學生的老闆，你應該感嘆一個命令要落實有多難。你在上層下命令要談判，但底層就有辦法在你命令中摻水，雖不至於陽奉陰違，但總讓你的命令無法確實落地。《孫子兵法》講的「上下同欲」，還真不是一件容易的事。

外交談判上的座位安排則比較複雜，它具有某國跟某國能否平起平坐，以及是否承認某國合法性等複雜的政治意涵，所以常常為了位子怎麼擺傷透腦筋。如果最後還是擺不平，而談判又非得進行不可，最常用的方式就是不擺名牌。不擺名牌，就卸下了各種政治意義的束縛，反倒可以讓大家認真談判。

溝通管道

實質結構第三個部分是溝通管道。

大型的談判，溝通管道常常不只一條，課長對課長、經理對經理，不同的層級，有不同的對應窗口，這可以想像成垂直的或階層式的多管道。要不就是採購對業務，研發對研發，不同的功能，有不同的溝通對象，這屬於水平的多管道。

這麼多溝通管道，傳達的訊息可以是一樣的，也可以是不一樣的，有的扮黑臉，有的扮白臉。重要的是，各管道所傳達的訊息與傳達的時間，必須精準算過或協調好，這就是「談判管理」。

美國前國務卿季辛吉在回憶錄中說，有一次他到上海見一些

中共官員，沒見到周恩來。會談之後回到美國，幾個月後再到北京，見到周恩來，周恩來可以很自然的接著幾個月前在上海的話題往下講，就好像他也在現場一樣，而且話題銜接得自由自在，毫無縫隙。這就是上乘的談判管理功夫。

不同層級的溝通管道，接觸的頻率也不同。以國際談判為例，課長跟課長碰頭，可能每週一次，這屬於工作層級的溝通。再上面，司長與司長碰面，可能一個月一次，到了次長級的會面，也許就是半年一次了。既然高階的會面溝通頻率不高，他們談的當然也不會是細節瑣事，一定是談合作遠景，為談判添加動力。有時是下層的談判陷入僵局，上層出來解決僵局。下層的層次低，多從法律和行政程序與對方協商；上層層次高，關照全局的面比較廣，權力的靈活度也比較大，因此會用政治藝術去化解糾紛。

商業談判也經常出現多管道的溝通。一般的商業談判是這樣做，我帶一批人出去談判，我會交待底下的人：「張三，人家不是要請你吃午飯嗎？吃飯時你跟他說……李四，你不是跟他約吃晚餐嗎？你跟他說……後天早上我跟他們大老闆打球，我再跟他說……」每個人傳過訊息後都要回報，看對方的反應，我們再計畫下一波訊息要不要出去或怎麼出去。

假設我是買方，我可能安排採購扮黑臉，由他告訴供應商我們可能改規格，去找他的競爭對手。我工廠的廠長是使用者，我讓他扮白臉，在發現供應商沒什麼反應之後，他跟對方接觸時就透露一些「內幕」，告訴對方，公司好像是真的想換供應商了。

等我跟對方老闆打球時，就不會談細節了，我只會跟他高來高去談遠景，但傳達一個訊息，就是我們公司對和他們合作仍充滿信心，這是一個正向的遠景。我用三條管道，傳達出不完全一樣的訊息，有大有小、有黑有白，接下來就看在對方內部怎麼發酵了。

　　上面都是不同管道，傳達相同的訊息，比如可能改規格，換別家廠商，但我們也可能是透過不同管道，傳達不同的訊息。

　　我一個朋友過去是一家中階手機公司的副總，那時還是功能型手機。手機生產後要送到外國實驗室去認證，他們選定一家德國的實驗室。他們的採購跟德國實驗室在台灣的代理商談判時，代理商說送到德國去認證需要多少小時（給了具體數字），每小時多少錢（也是具體數字），所以總數是多少。採購跟代理商談，最多只能談數字。

　　於是副總決定派公司的工程師直接飛到德國，跟德國實驗室的人談時數。他用科學家對科學家的語言，說服德國人承認原先報的時數多估了。減少認證所需的時數，手機公司的成本也因此降低許多。

　　這裡我們看到的是一個乘式：被乘數是小時，乘數是單價。在台灣的採購談單價，派去德國的工程師談小時，一個談乘數，一個談被乘數，最後談到想要的結果。這就是不同管道傳達不同的訊息，分進合擊，是這裡最重要的精神。而分進合擊之所以能夠成功，靠的就是借力實質結構中的多管道溝通。

　　當然，我們也可能用相同管道，傳達不同的訊息。前面談到黑白臉的時候，我們說一個人也可以唱黑白臉，另一張臉在背

後。黑臉還是黑臉，白臉還是白臉，但是可以跟對方抱怨：「昨天差點被你騙了，這價錢不能接受啦，有一部分沒加進去，害我回去被老闆罵一頓。」我還是白臉，是我回去以後被老闆罵一頓（但老闆並沒有出現在現場），所以價格必須加一點才行。這就是同一條溝通管道，傳達兩種不同的訊息。

我們可以把這個討論整理成如圖 7.8 的四個象限。

圖 7.8　訊息與溝通管道

	相同訊息	不同訊息
相同管道		
不同管道		

這四個象限，再根據時間去微調，亦即什麼時間，透過什麼管道，傳達什麼訊息給對方的哪一個人，這樣的談判才會有層次。

至於溝通管道所傳達的訊息是真的，還是虛張聲勢，或是要不要封閉溝通管道，燜一下對方，看他的反應，則是戰術層次，不是我們這裡談的結構了。

期限

　　實質結構最後第四個部分是期限。有沒有時間跟對方耗，這是籌碼；談判有沒有期限，這是結構。有時間或沒時間，是可以裝的，但是期限，尤其是法律的期限，是沒辦法裝的。

　　比如我是總統或總理，我一定要在選舉之前與某國達成貿易協議，這樣我才有訂單及時為我爭取到選票，這是我所面對的談判結構。對方就是根據這個結構去設計他的戰略：計算何時跟我談判，我讓的可能最多，他也最能幫得上我，而且不會弄巧成拙，得罪另一個候選人。前面談到中國如何選擇時機和美國進行貿易談判，就是這個狀況。

五大結構與五大元素

　　權力、議題、成員、陣營、實質五個結構是環環相扣的：

　　新的成員加入談判，帶來成員結構的變化，讓我有新的對象可以結盟；

　　他也帶進新的議題，讓我可以用掛鉤戰術，改變議題結構；

　　議題掛鉤讓我增加籌碼，權力結構也跟著改變。

　　這個變化也可能繞著另一個方向：我先在談判時帶進新的議題，因為這個新的議題，帶進了新的成員。所以是議題先變，然

後人跟著變。人、事一變，權力關係也跟著改變。

　　有時這些變化也不是我主動的，比如某個外在事件發生，戰爭、流行疫情等等，一下子擠壓了我的談判時間，我們變得一定要在什麼時間之前談出結果，這就是實質結構的改變。談判時間受到擠壓，權力的天秤就跟著改變，一連串的漣漪效應就發生了。

　　五大結構的變化，隨著談判的進展而變動。五個結構等於是我們作戰的地形，這個地形不但環環相扣，更是不斷變動的。

　　我們可以將五大結構的相互關係畫成圖 7.9。

圖 7.9　五大結構的相互關係

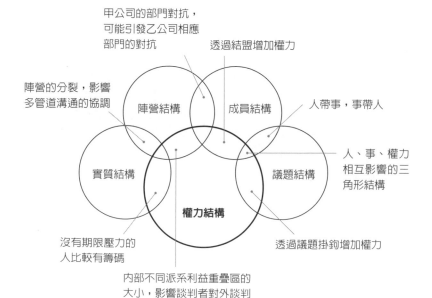

　　圖 7.10 則是將談判的事、人、力、時、情五大元素，鑲嵌在五大結構裡面。

圖 7.10　談判的五大元素與五大結構

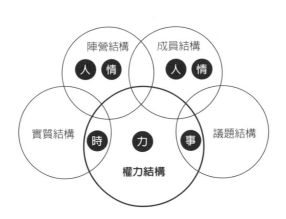

　　談判者也經常在不同結構中借力使力，有時我們會從權力結構切入，看如何增加我的籌碼；有時從議題結構切入，找尋議題上的交鋒與突破點；或從成員結構切入，結盟或創造競爭者給對方壓力；或從陣營結構切入，從他內部製造不同意見。根據不同的環境，選擇不同的切入點。

　　前面介紹過的微軟和雅虎談判是一個案例，現在再來看另一個案例。

　　我學生是中國大陸一家國營企業的工程師，他們要跟德國買

一套設備，有甲、乙、丙、丁四家廠商可以選擇，他們根據各種標準評比，選定了廠商乙。

第一回合談判在上海舉行。乙公司報價兩千萬美元，這價錢有點高，但也不是漫天要價，因為中方也知道他們之前的成交價就是兩千萬。但是中方表示太貴，提出了很多對價格質疑的問題。中方是有備而來，對產品的性能、價格等都做了詳細的研究。尤其精采的是，他們還用「明知故問」的方式，虛虛實實問了德方幾個問題。

這幾個明知故問的問題讓德國人開始緊張，不知道中方準備得有多深。這時主談代表離席上廁所，副代表則在桌上翻資料，誰也沒講話，就這麼過了十分鐘。這裡可以看出中方很會製造談判的緊張氛圍。

十分鐘後，主談代表回來，神色自若的問副代表：「這價錢是什麼時候決定的？」副代表說是之前透過電郵報價的。主談代表於是跟中方說：「這時間有點久了，我們得回到德國請示一下。」談判於是休會。

第二個月，德國人回到上海，告知中方：「總公司非常重視和中方的關係，願意和中方結為戰略夥伴，並將中方作為這套設備展示與培訓的基地，所以願意主動降兩百萬，以一千八百萬賣給中方。」

中方不滿意，覺得一千八百萬還是太高，砍價到一千五百萬，德方拒絕。

中方告訴德方：「我們每一次購買設備的外匯，都要經過上

面審批的。這次審批下來就這麼多，你們不滿意，我們只有再送到上面批，但這樣一來時間就拖下去了，什麼時候批下來誰也沒把握。」

我學生告訴我，其實他們也很急著要這套設備，但刻意表現得氣定神閒。而他說審批下來的外匯無法滿足德方的獅子大開口，就是用「沒有能力」鎖住自己。

可是德方還是不讓步，所以第二回合還是沒進展。

第三回合，中方飛到德國去談。他們先在下榻酒店的會議室，把甲、乙、丙、丁四家廠商都找來，說明中方的需求，然後個別拉到四個房間分開談判。這個戰術顯然奏效，德方明顯感受到了壓力。

中方飛到德國，就是實質結構的場地安排。把四家廠商都找來，就是借力成員結構，讓德方親眼看到競爭對手的存在。我學生跟我說，其實他們已經選定乙公司，把甲、丙、丁找來，只是為了給乙壓力。但是乙當然不知道，所以才會開始緊張。

最後德方讓步，同意一千五百萬成交，但也許為了下台階，也許為了回去好交代，德方在同意一千五百萬的同時，要求中方必須同意成為新產品的展示與訓練基地。中方同意，但是加了一句：「第一年免費，第二年開始收費。」這小小的回馬槍耍得很漂亮。

我學生跟我說，他們談完之後很高興，但後來發現，自己其實沒有贏。

「為什麼？」我問。

　　他說，後來他們發現，同樣的東西，去年德方賣給泰國才賣一千三百萬美元！

　　也就是說，這套設備以前的確賣過兩千萬美元，不過那是剛推出來的時候，現在經過幾年，東西越來越便宜，中方卻沒有在這條線索上繼續追下去。

　　後來他又發現，他們還有一個地方沒談好。其實我在聽他的故事時就發現了：議題結構太過簡單，就一個價錢而已，其他配套呢？

　　我學生說：「後來發現，付款方式、訓練、零件、交運等，好多部分都沒談到。之後都造成了或大或小的糾紛。」

　　我說，至少來上過課，以後就會談得更好了。這也是我對所有讀這本書的人的期待。從談判發生的三個條件，到談判的五大元素，再到現在這一章的五大結構，你會發現談判其實有它的肌理，有它一套邏輯。

　　沒學過談判的人，可能只會敘說談判的故事，但是學過談判的人，就可以用這本書教的框架，去提煉你的談判經驗。這樣你往下傳承的時候，才不會只是一招招的戰術，而會開始有章法。

　　我在上談判課的時候，很多公司主管問我：「你怎麼檢驗同學們有沒有學到這些技巧？」

　　我通常的做法是請他們寫一份個案分析，講一個他們自己經歷過的談判案例，先講事實，後做分析。分析時必須用我教過的這些架構，將經驗做整理。

　　有人用談判發生的三個條件，檢視當初對方之所以跟他談或

不跟他談的原因；有人用事、人、力、時、情五個元素，回想他們當初準備談判時，少考慮了哪一項，以致談出來的結果不如理想；也有人用談判的五大結構，檢視談判過程中這五個結構如何跟著變化。

最重要的是，他們過去可能談完就談完了，從來沒有靜下來回想整個談判的歷程與細節。現在為了繳交作業，不得不放慢腳步，停下來把一個案子再想一遍，這就是我說的「提煉」。

最後，我再請他們回答一個問題做總結：如果讓你再談一次，你的談法會不會一樣？哪些部分你會想辦法加強？

能夠完成這項作業，應該就有學到一些東西了。你也可以試試看，相信你一定可以成為談判高手。

後記
是日也，天朗氣清，惠風和暢

　　一九八一年，我在美國約翰霍普金斯大學國際關係研究所修讀碩士的時候，選了札特曼教授的談判課。一轉眼，今年二○二一年，剛好四十年。

　　不是為了四十年而寫書，而是寫完書後，一抬頭，才發現四十年就這樣過去了。單計算教書生涯，一九八六年一月取得學位回台，一九八八年一月首度應企業界邀請，以課餘時間在公民營機構講授談判，至今也三十三年了。

　　三十三年來，我發現談判是一門又老又新的學問。老的部分，是它的基本理論不會有太大改變，比如談判的籌碼是「我們是否擁有對方想要的東西」，這個框架大概不會變，但是內容會變。什麼是「對方想要的東西」，時代不同，內涵就不同；什麼是「對方」，也必須把世代的差異放進去一起考量，這就是新的部分。

　　千禧年的時候，一些談判學者開始思考線上談判的可行性，後來發現還是行不通。電郵來、電郵去，看不到對方表情，加上時差，很難想像這樣可以談出任何協議。談判還是得靠面對面的觀察，以及即時的反應，才能抓到最細膩的部分。就這點來看，談判無疑是很老派的人際互動。

但是新冠疫情肆虐之下，我們不得不依賴視訊做遠距互動。新的遠距談判模式勢必會逐漸浮現，這又是新的部分。

三十三年來，我在兩岸也出了很多本談判書，我把出版的每一本書，都視為一個「容器」，把我到當時為止的一些想法與心得「裝起來」，供後面想學談判的朋友參考。這本書應該是到目前為止，「裝」得比較完整的一本。有些例子雖然我以前也寫在別的書裡面，但因為過去的很多書都絕版了，這些例子對說明幾個理論又很有用，所以我在這裡又重新收錄，讓大家重新學習或複習。

談判是介於雅和俗之間的學問，也就是理論和實務的交界。不能純講理論，因為談判最後是要落地的，要用，而且要有用才算數。美國有一派談判學者喜歡用很多數學公式，研究讓步的時候還開根號、算斜率，我真有點懷疑，如果都這樣研究，談判者還沒上桌大概就昏倒了。可是也不能太實務，實務鑽得太深，就變得只會賣那樣東西了，賣車的就只會賣車、賣房的就只會賣房，沒辦法在不同談判主題之間遊走。所以理論和實務之間要維持一個平衡。

在講授談判的時候，我採取西學為體，中學為用的態度。因為傳統的中國東西常常沒有架構，但純西方的東西在中國人的社會又很難落地。所以我的課程骨架是西方的正統理論，血肉是中國的傳統兵學。東方遇見西方，建構出我的課程體系。

我也認為，**談判不只是技巧，它也是一種思維方式，更是一種「贏者不全贏、輸者不全輸」的素養。因為談判不只是用來殺**

價或買賣，更多的時候，它是在幫我們解決衝突。我希望每一個學過談判的人，都能一起把餅做大，使所有的衝突都像和風細雨一樣，輕鬆解決。所以我取王羲之〈蘭亭集序〉中的字：「是日也，天朗氣清，惠風和暢」，把我的課程名為和風談判課程。

在推廣談判藝術的過程中，最常被問到的就是：「我的個性適不適合談判？」其實我覺得還是有兩個性格上的要求要注意：一是不能有潔癖，談判時講的是「贏者不全贏、輸者不全輸」。若個性上有潔癖，不能妥協，非得談個全贏不可，談判是談不出結果的。

第二是必須耐煩。談判時很多細節都很繁瑣，所以要在細節上談好，就必須耐得住。過去美國總統川普就很不耐煩，不過好在他有信任的心腹律師羅斯幫他打理這些繁瑣之事。所以，如果你的個性像川普，就得先確定旁邊有一個細心的羅斯能補你性格上的不足，不然就得換一個耐得了煩的人上桌。

最後提醒大家，讀案例非常重要，儘管每家公司的情況不一，但成功案例後面的戰略思維都值得我們參考。如果談判雙方可以一起讀一點成功的談判案例，透過共同學習，建立夥伴關係，他們達成協議的機會會比一般爾虞我詐的人要大得多。這也是為什麼我們會說「學過的人好談」的道理。

最後，希望這本書真的能給大家一點幫助，讓大地吹起一股和煦春風。

www.booklife.com.tw　　　　　　　　reader@mail.eurasian.com.tw

商戰 217

劉必榮談判精華課：
33年經驗集大成，上過這堂課，視野、思維無限寬廣

作　　者／劉必榮

發 行 人／簡志忠

出 版 者／先覺出版股份有限公司

地　　址／臺北市南京東路四段50號6樓之1

電　　話／（02）2579-6600・2579-8800・2570-3939

傳　　真／（02）2579-0338・2577-3220・2570-3636

總 編 輯／陳秋月

資深主編／李宛蓁

專案企畫／賴真真

責任編輯／劉珈盈

校　　對／劉珈盈・李宛蓁

美術編輯／林韋伶

行銷企畫／陳禹伶・黃惟儂

印務統籌／劉鳳剛・高榮祥

監　　印／高榮祥

排　　版／杜易蓉

經 銷 商／叩應股份有限公司

郵撥帳號／18707239

法律顧問／圓神出版事業機構法律顧問蕭雄淋律師

印　　刷／祥峰印刷廠

2022年1月初版

2022年3月5刷

定價 460 元　　　　ISBN 978-986-134-404-1

談判不只是技巧，它也是一種思維方式，更是一種「贏者不全贏、輸者不全輸」的素養。因為談判不只是用來殺價或買賣，更多的時候，它是在幫我們解決衝突。我希望每一個學過談判的人，都能一起把餅做大，使所有的衝突都像和風細雨一樣，輕鬆解決。

——《劉必榮談判精華課》

◆ **很喜歡這本書，很想要分享**

圓神書活網線上提供團購優惠，
或洽讀者服務部 02-2579-6600。

◆ **美好生活的提案家，期待為您服務**

圓神書活網 www.Booklife.com.tw
非會員歡迎體驗優惠，會員獨享累計福利！

國家圖書館出版品預行編目資料

劉必榮談判精華課：33 年經驗集大成，上過這堂課，
視野、思維無限寬廣／劉必榮 著 . -- 初版 . -- 臺北市：
先覺，2022.01
368 面；14.8×20.8 公分 --（商戰系列；217）

ISBN 978-986-134-404-1（軟精裝）

1. 談判　2. 談判理論　3. 談判策略

177.4　　　　　　　　　　　　　　　110019910